CODE

DES CHEMINS VICINAUX

ET DES ROUTES DÉPARTEMENTALES

PETITE ENCYCLOPÉDIE JURIDIQUE
XXII

CODE

DES
CHEMINS VICINAUX

ET

DES ROUTES DÉPARTEMENTALES

PAR

AUGUSTE GISCLARD

Avocat à Périgueux
Ancien Conseiller de Préfecture et ancien Maire

Ouvrage couronné par l'Académie de Législation de Toulouse

TOME II

PARIS

A. DURAND et PEDONE-LAURIEL, ÉDITEURS

Libraires de la Cour d'Appel et de l'Ordre des Avocats

G. PEDONE-LAURIEL, Successeur

13, RUE SOUFFLOT, 13

1882

CODE DES CHEMINS VICINAUX

CHAPITRE XI

DOMMAGES RÉSULTANT DE L'EXÉCUTION DE TRAVAUX VICINAUX

335. — *Principes*. En principe, tout dommage causé aux propriétés d'autrui donne naissance à une action en indemnité ou réparation de la part du propriétaire lésé contre l'auteur du dommage. Ce principe de droit commun, écrit dans les art. 1382 et 1383 Cod. N. se trouve rappelé ou consacré d'une manière spéciale par l'art. 4 de la loi du 28 pluv. an VIII, en matière de travaux publics.

JURISPRUDENCE

(*a*) *Le dommage doit être direct et matériel.* (C. d'Ét. 21 avril. 1848. S. 48. 2. 508. — 19 mars 1849. S. 49. 2. 383. — 19 avril 1854. S. 54. 2. 558.)

(*b*) *Cas divers dans lesquels des dommages sont dus.* — *Exhaus sement ou abaissement de la voie devant les maisons.* Le dommage est direct et matériel, et par suite, donne droit à indemnité lorsqu'une maison est privée des facilités d'accès dont elle jouissait avant l'exécution des travaux, notamment au cas d'abaissement du sol de la voie publique au devant de cette maison. (C. d'Ét. 12 juillet 1864. S. 64. 2. 279).

Il en est ainsi, à plus forte raison, lorsque des travaux d'abaissement de la voie publique ont pour effet de supprimer l'accès des propriétés riveraines. (C. d'Ét. 21 février 1867. S. 67. 2. 365. Douai 11 février 1837. S. 37. 2. 366. Paris, 10 février 1829. S. 33. 1. 604).

Dans le cas d'exhaussement d'un chemin vicinal au devant de la propriété d'un particulier, l'administration ne peut être tenue de payer, outre la somme nécessaire pour le raccordement de cette propriété avec la voie publique, aucune autre indemnité pour les dommages prétendus qui ne seraient pas directs et matériels. (C. d'Ét. 10 avril 1852. S. 52. 2. 477).

Mais si dans l'exécution de ces travaux d'exhaussement une portion de chaussée pavée appartenant au propriétaire a été enfouie sous les remblais, il lui est dû une indemnité à raison de la perte de ces pavés. Même arrêt.

On ne saurait considérer non plus comme direct et matériel le dommage causé à une maison par la diminution des facilités d'accès résultant de l'exhaussement de la route sur laquelle elle est construite, alors qu'il a été laissé au même niveau que le sol de la cour de cette maison un espace de plus de 6 mètres 50 centimètres, formant un chemin latéral à la route, par lequel les voitures peuvent en faisant un détour accéder de la route à la cour. Dès lors, il n'est dû dans ce cas aucune indemnité au propriétaire. (C. d'Ét. 16 août 1860. S. 61. 2. 43).

(c) *Dépenses pour se mettre à l'abri d'un dommage.* Le propriétaire auquel l'administration a fait sommation extra judiciaire d'avoir à faire les constructions nécessaires pour se préserver des dommages que pourraient occasionner à sa propriété des travaux entrepris par l'État sur le terrain voisin, est fondé ensuite à réclamer de l'État le remboursement de ses dépenses. (C. d'Ét. 18 février 1854. S. 54. 2. 479).

(d) *Aggravation d'un cas de force majeure.* Les concessionnaires ou entrepreneurs de travaux publics, tels que ceux d'un chemin de fer, sont responsables de l'aggravation apporlée par ces travaux aux dommages que des particuliers ont pu éprouver par l'effet d'événements de force majeure (C. d'Ét. 4 juillet 1860. S. 67. 2. 237.)

(e) *Augmentation de la masse des eaux*. Le propriétaire d'un immeuble sis le long d'un chemin vicinal a le droit de réclamer une indemnité d'une compagnie de chemin de fer si les travaux de la compagnie ont eu pour effet de lui causer un préjudice en augmentant la masse des eaux se déversant sur ledit chemin. (C. d'Ét. 4 juillet 1873. S. 75. 2, 189. 20 juin 1873. S. 75. 2. 160.)

La commune, dont un chemin vicinal a été dégradé par le déversement des eaux de sources mises à jour par l'ouverture des tranchées d'un chemin de fer, peut demander, de ce chef, une indemnité à la compagnie concessionnaire de ce chemin. (ibid).

Lorsque, par suite de travaux pour l'établisssement d'un chemin de fer, les eaux pluviales se trouvent accumulées sur la partie abandonnée d'une ancienne route bordant une propriété privée. (C. d'Ét. 11 mai 1854. S. 54. 2. 637.)

(f) *Fièvres occasionnées par les eaux stagnantes*. Lorsque, par suite de la négligence de la compagnie concessionnaire d'un chemin de fer, à procurer l'écoulement des eaux réunies dans les chambres d'emprunt, pratiqués pour l'exécution des remblais du chemin, la stagnation de ces eaux a eu pour résultat de donner naissances à des fièvres d'accès parmi les habitants des maisons voisines. (C. d'Ét. 29 mars 1855. S. 55. 2. 649).

(g) *Eaux d'un puits viciées*. Il y a lieu à dommages lorsque des latrines établies dans une caserne ont donné lieu à des infiltrations qui ont altéré et corrompu les eaux des puits des propriétés voisines au point de les rendre impropres à aucun usage. (C. d'Ét. 20 décembre 1855. S. 56. 2. 512).

Mais le propriétaire d'un puits dont les eaux auraient été momentanément troublées par l'exécution de travaux publics, ne serait pas fondé à réclamer une indemnité contre l'État. (C. d'Ét. 14 décembre 1853. S. 56. 2. 512.)

(h) *Mur déchaussé.* Le propriétaire dont le mur a été déchaussé par suite de l'exécution de travaux publics, a droit, de ce chef, à une indemnité, bien que ledit mur soit sujet à reculement. (C. d'Ét. 20 février 1868. S. 69. 2. 29. — C. d'Ét. 19 janvier 1850. S. 50. 2. 238.)

(i) *Inconvénients peu graves. Gêne momentanée à un commerce.* Ces inconvénients, comme par exemple la poussière ou la diminution de quelques avantages de vue, la privation momentanée de l'accès des voitures à une auberge ne donnent pas lieu à dommages, même au cas où les inconvénients résulteraient de la suspension momentanée des travaux (C. d'Ét. 20 février 1840. S. 40. 2. 234. — C. d'Ét. 20 janvier 1843. S. 43. 2. 204. — C. d'Ét. 6 avril 1870. S. 72. 2. 32. — C. d'Ét. 4 mai 1870. S. 72. 2. 87).

Chaque habitant d'une ville ou commune devant supporter personnellement et sans indemnité toutes les charges et sujétions qui sont la conséquence nécessaire du régime municipal, et autorisées par les lois ou règlement de police, une ville ou commune qui, après y avoir été dûment autorisée par l'autorité supérieure, fait exécuter des travaux de nivellement sur la voie publique, n'est pas tenue d'indemniser les propriétaires ou locataires riverains des pertes qu'ils ont pu éprouver momentanément dans leur commerce, à raison de l'interruption ou du resserrement de la circulation des passants, lorsque, d'ailleurs, on ne peut reprocher à la ville ou commune ni faute ni négligence. (C. Cass. 12 juin 1833. S. 33. 1.604. — C. d'Ét. 19 avril 1854. S. 54. 2. 558. — C. d'Ét. 26 avril 1855. S. 55. 2. 703).

Le préjudice momentané causé à des commerçants par l'exécution de travaux entrepris pour construire un marché sur une place publique n'est pas de nature à leur donner une action en indemnité contre la commune, si leurs magasins ont ouverture, non sur ladite place, mais sur des rues voisines, et si, pendant toute la durée des travaux, l'entrée de ces magasins est restée accessible au public (C. d'Ét. 10 mars 1869. S. 70. 2. 166.)

De même le particulier auquel la commune a loué une boutique dépendant d'un immeuble dont elle est propriétaire n'a droit à aucune indemnité à raison de la gêne momentanée résultant pour lui de démolitions effectuées par la commune dans le voisinage de la boutique, pour l'exécution de travaux de voierie, alors que l'accès de la boutique sur la voie publique n'a pas été modifié. (C. d'Et. 8 août 1865. S. 66. 2. 167.)

Mais ce particulier peut, au contraire, réclamer de la commune une indemnité si, pendant la durée des travaux de démolition, les abords de la boutique ont été impraticables, et si la poussière provenant des travaux ne lui a pas permis de la tenir ouverte pour l'exploitation de son commerce. (Même arrêt.)

Les propriétaires de maisons situées sur une voie publique, qui, par suite de travaux publics, a été fermée aux voitures à l'une de ses extrémités, mais qui est restée ouverte de l'autre côté et se trouve encore en communication avec les autres voies publiques, ne sont pas fondés à réclamer une indemnité à raison de la dépréciation que leurs maisons ont pu subir, cette dépréciation ne constituant pas un dommage direct et matériel. (C. d'Et. 4 avril 1856. S. 57. 2. 149. — C. d'Ét. 5 mai 1859. S. 60. 2. 286).

L'établissement d'un passage à niveau sur un chemin vicinal traversé par une voie ferrée, n'enlevant pas à ce chemin son caractère et sa destination de vicinalité, et ne faisant qu'apporter une simple gêne à la circulation, ne saurait être considéré comme pouvant servir de base à une demande d'indemnité de la part de la commune contre la compagnie du chemin de fer. (C. d'Ét. 14 août 1865. S. 66. 2. 136. — C. d'Ét. 1er mai 1858. S. 59. 2. 188.)

336. — *Compétence des conseils de préfecture.* C'est une question qui a été longtemps l'objet d'une grave dissidence entre les tribunaux de l'ordre administratif et ceux de l'ordre judiciaire, que celle de savoir s'il n'y a pas lieu de distinguer, quant à la compétence pour le règlement des indemnités réclamées à raison des dommages causés par l'exécution de travaux publics, entre le cas ou les dommages ont un caractère de permanence qui les assimilerait à une expropriation partielle, la connaissance de l'affaire devant alors appartenir aux tribunaux ordinaires, et le cas où les dommages sont purement temporaires, la compétence de l'autorité administrative devant être limitée à ce dernier cas.

Cette distinction a été rejetée dans ces derniers temps par les décisions du tribunal des conflits, auxquelles s'est ralliée en définitive la cour de cassation par un arrêt du 29 mars 1852. S. 52. 1. 410.

Décidé dans ce système, qu'il n'y a pas lieu de distinguer entre les dommages permanents et les dommages tempo-

raires, et qu'en conséquence l'autorité judiciaire n'est compétente que pour connaître des actions en indemnité, pour
expropriation totale ou partielle. (Conf. 29 mars 1850. S. 50.
2. 429. 18 novembre 1850. S. 51. 2. 219.)

Les demandes d'indemnités pour dommages, permanents
ou temporaires, résultant de l'exécution de travanx publics
sont de la compétence exclusive de l'autorité administrative,
toutes les fois que ces travaux n'entraînent pas une dépossession
véritable de tout ou partie de l'immeuble sur lequel ils sont
exécutés, et n'ont pas, dès lors, le caractère d'une expropriation totale ou partielle.

Ainsi; l'autorité judiciaire est incompétente pour connaître
de l'action en indemnité formée par un particulier contre
une compagnie de chemin de fer pour le dommage résultant
de l'occupation du sous sol de sa propriété, le percement d'un
tunnel n'opérant point la dépossession d'une partie quelconque de l'immeuble dans lequel il est pratiqué, mais constituant l'établissement d'un simple passage souterrain, dont il
appartient à l'autorité administrative seule d'apprécier les conséquences dommageables. (Agen, 22 novembre 1861 S. 62. 2.
212).

Le dommage causé à une propriété par l'expropriation du
terrain voisin doit être réglé non par le jury d'expropriation,
mais par l'autorité administrative, s'agissant non d'expropriation, mais de simples dommages causés par des travaux publics. (Cass. 14 août 1864. S. 65. 1. 142).

C'est à l'autorité administrative, à l'exclusion des tribunaux,
qu'il appartient de régler les indemnités dues pour toute espèce de dommages temporaires ou permanents, résultant de
l'exécution de travaux publics : l'autorité judiciaire n'est
compétente que pour connaître des actions en indemnité pour
expropriation totale, ou partielle. (Riom, 3 février 1851. S. 51.
2. 187. — C. d'Ét. 22 avril 1858. S. 59. 2. 187. Cass. 29 mars
1852. S. 52. 1. 410. Cass. 27 janvier 1868. S. 68. 1. 203. —
C. d'Et. 20 juin 1816. S. c. n. 5. 2. 160. — C. d'Et. 10 février
1877. S. 79. 2. 9.)

La règle de compétence posée dans l'article 8 de la loi du
28 pluv. an viii, est générale et s'applique aussi bien aux contestations qui peuvent s'élever postérieurement à la réception
des travaux qu'à celles qui sont antérieures à cette réception.
(C. d'Et. 16 mars 1857. S. 57. 2. 780.)

337. — *Dommages résultant de la suppression ou du déplacement d'un chemin public*. Les dommages qui peuvent résulter de l'établissement, du déplacement ou de la suppression d'une voie publique, sont de ceux dont il appartient aux conseils de préfecture de connaître, par application de l'art. 4. de la loi du 28 pluviôse, an VIII. (France judiciaire. 1879. 2. 178.)

337. (*bis*).— *Question préjudicielle de propriété*. Il ne peut être statué par l'autorité administrative sur la demande en indemnité formée par un particulier à raison du dommage causé par des travaux publics à un terrain, dont il se prétend propriétaire, mais dont la propriété lui est contestée par un tiers, tant que cette question de propriété n'a pas été jugée par les tribunaux compétents, sauf à lui à faire valoir ultérieurement ses droits s'il vient à être reconnu propriétaire. (C. d'Et. 4 juin 1857. S. 58. 2. 301. Cass. 12 janvier 1850. S. 50. 2. 62).

Le propriétaire qui prétend que des travaux publics, exécutés dans l'intérêt de la commune, nuisent à sa propriété, en aggravant pour elle la servitude d'écoulement des eaux à laquelle elle est soumise, ne peut porter sa réclamation devant le juge de paix, par voie d'action possessoire : dans ce cas, où la propriété du demandeur n'est pas contestée, le juge de paix est incompétent, même pour constater la possession et le dommage qui pourraient plus tard servir de base au réglement de l'indemnité par l'autorité administrative. (Cass. 9 janvier 1856. S. 56. 1.317).

338. — *Dommages envers les personnes*. — *Accidents*. La compétence des conseils de préfecture n'est applicable qu'aux dommages causés aux propriétés et non aux personnes dans l'exécution de travaux publics,(Angers, 22 novembre 1866. S. 67. 2. 221. C. d'Ét. 13 décembre 1866. S. 67. 2. 221. Paris 19 mai 1866. S. 67. 2. 221. Besançon 10 mars 1862. S. 62. 2. 215. — C. d'Et. 23 juillet 1868. S. 69. 2. 223.)

La compétence exclusive des conseils de préfecture, pour connaître des réclamations des particuliers à raison des torts et dommages procédant du fait des entrepreneurs de travaux publics, n'existe qu'à l'égard des torts et dommages purement civils, et non relativement à ceux qui ne sont, que la conséquence d'un délit commis par l'entrepreneur ou ses préposés dans le cours des travaux : les réclamations concernant cette dernière sorte de dommages sont compétemment portées devant la juridiction correctionnelle saisie de la connaissance du délit (Cass. 23 juin 1859. S. 59. 1. 781.)

Pareillement l'autorité judiciaire est seule compétente pour connaître de l'action en indemnité formée contre un entrepreneur de travaux publics par un de ses ouvriers, à raison de blessures causées à celui-ci dans l'exécution des travaux. (C. d'Et. 11 décembre 1856. S. 57. 2. 650. — C. d'Et. 4 février. 1858. S. 59. 2. 124. Id. 16 août 1860. S. 61. 2. 318).

Id. Pour connaître de l'action en responsabilité civile dirigée, contre une commune par une personne blessée dans un accident survenu au cours d'un travail public, exécuté pour cette commune, et imputable à une faute des ouvriers, commise par eux en dehors des ordres de l'administration (Angers, 22 novembre 1866. S. 67. 2. 221.)

Id. Pour statuer sur l'action par laquelle une femme, prétendant que la mort de son mari a été causée par des travaux publics, demande, de ce chef, une indemnité à la commune, soit comme responsable des faits de négligence imputable à l'entrepreneur qui a exécuté les travaux, soit comme ayant participé à ces faits. (C. d'Et. 15 décembre 1865. S. 66. 2. 334).

Id. Pour statuer sur l'action en dommages intérêts intentée par un ouvrier, tant contre un agent des ponts et chaussées que contre le département à raison de blessures par lui reçues, dans l'exécution de travaux relatifs à une route départementale auxquels il était employé, alors que ces blessures sont imputées à une faute de l'agent des ponts et chaussées dont le département serait responsable (C. d'Et. 13 décembre 1866. S. 67. 2. 336.)

Dans le cas où un ouvrier a reçu des blessures au cours des travaux de construction d'un chemin vicinal d'intérêt commun auxquels il était employé, l'autorité judiciaire est encore compétente, à l'exclusion du conseil de préfecture, pour connaître de la demande en indemnité formée de ce chef par l'ouvrier, soit contre le contre-maître sous les ordres duquel

il travaillait, soit contre les communes intéressées à l'exécution dudit chemin (C. d'Et. 12 mai 1869. S. 70. 2.
198.)

Pareillement, l'autorité judiciaire est compétente, à l'exclusion de l'autorité administrative, pour connaître d'une demande en indemnité formée contre une commune par un
ouvrier employé à des travaux exécutés par elle, et fondée
sur ce que le réclamant aurait reçu des blessures par la faute
des agents chargés par la commune de diriger lesdits travaux. (C. d'Et. 15 avril 1868. S. 69. 2. 125).

339. — *Compétence administrative.* Une demande en
dommages intérêts pour blessures par imprudence, fondée sur
un quasi délit civil qui aurait été commis à l'occasion d'un
travail public par un entrepreneur ou par un agent de l'administration, échappe à la compétence des tribunaux ordinaires et doit être déférée au conseil de préfecture. (Tribunal des conflits. 17 janvier 1880. France judiciaire. 1880. 2.
497).

C'est également à l'autorité administrative qu'il appartient
de connaître de l'action en responsabilité civile dirigée contre
une commune, à raison de blessures causées à des tiers par
l'imprudence ou la négligence des ouvriers employés à des
travaux communaux ayant le caractère de travaux publics.
(Trib. Cass. 17 avril 1851. S. 51. 2. 577.)

Dans le sens de la compétence des conseils de préfecture.
(C. d'Ét. 19 juin 1856. S. 59. 2. 462. — C. d'Ét. 16 août 1860.
S. 61. 2. 318. C. d'Ét. 9 décembre 1858. S. 59. 2. 462. Conflits. 24 décembre 1877. S. 79. 2. 312. Paris, 19 mai 1866. S.
67. 2. 221. 9 janvier 1874. S. 74. 2. 266).

340. — *Compétence d'ordre public. Ne pas y déroger.*
Il ne peut être dérogé par une clause spéciale du cahier
des charges d'une entreprise de travaux publics à la règle
de compétence tracée. dans l'art 4 de la loi du 28 pluv.
an VIII, d'après laquelle c'est au conseil de préfecture qu'il
appartient de statuer sur les difficultés qui peuvent s'é-
lever entre les administrations et les entrepreneurs concernant le sens et l'exécution de leurs marchés. (C. d'Ét.
17 mai 1855. s. 55. 2. 794.)

En conséquence, lorsque le cahier des charges attribue la connaissance de ses contestations au ministre des
finances, sauf recours au conseil d'état, la décision du
ministre qui rejette la réclamation de l'entrepreneur doit
être considérée comme un simple refus, qui ne fait pas
obstacle à ce qu'il soit prononcé par le conseil de préfecture sur cette même réclamation. (id).

La clause d'un devis par laquelle l'administration et
un entrepreneur de travaux publics s'engagent respectivement à accepter, sans appel, les décisions qui seront
rendues par le conseil de préfecture sur une certaine
nature de contestations, est nulle comme contraire à l'ordre public. (C. d'Ét. 23 juin 1853. s. 54. 2. 220).

341. — *Compétence des tribunaux civils.* En matière de
dommages causés par des travaux publics, les tribunaux civils
sont compétents toutes les fois qu'il y a expropriation proprement dite, c'est à dire dépossession partielle ou totale de la
chose. Si, au contraire, sans qu'il soit pris aucune parcelle de
la propriété, il ne s'agit que d'un trouble apporté à la jouissance, c'est à la juridiction administrative seule qu'il appartient d'apprécier l'existence et l'étendue du dommage allégué,
et de fixer l'indemnité qui peut en constituer la réparation.

Toutefois, même dans ce dernier cas, les tribunaux civils
sont compétents pour statuer : 1° S'il y a convention entre
l'administration ou celui qui la représente et le particulier. Il
suffit que cette convention soit alléguée. 2° Si le jury, dans la
fixation de l'indemnité, a fait entrer au nombre des éléments
de son appréciation le dommage qui fait l'objet de la nouvelle
réclamation. 3° Enfin s'il a été donné acte devant le jury de
ce que l'expropriant se proposait de faire tel ou tel ouvrage
déterminé pour obvier à l'inconvénient qui, dès ce moment,
lui était signalé. (Cass. 20 janvier 1873. S. 73. 1. 197).

C'est aux tribunaux qu'il appartient de statuer sur la validité et l'exécution d'une convention intervenue entre un entrepreneur de travaux publics et un particulier, relativement
à l'indemnité due pour dommages causés par ces travaux. (C.
d'Et. 30 janvier. 1822. C. N. 9. 2. 25. C. d'Et. 28 février 1866.

S. 66. 2. 374. Lyon,22 mars 1833. S. 34. 2. 623. Cass. 14 août 1854. S. 55. 1. 142.)

Lorsqu'une action en dommage intérêts pour raison d'un événement dommageable, repose sur plusieurs causes de responsabilité,les unes du ressort de l'autorité administrative,les autres du ressort de l'autorité judiciaire, la compétence doit être divisée de manière à ce qu'il y ait deux procès : l'un judiciaire, l'autre administratif. (C. d'Et. 8 juillet 1808.G. n. 5. 2. 402. C. d'Et. 23 juillet 1838. S. 39. 2. 271.)

Jugé dans le même sens, que le conseil de préfecture, saisi tout à la fois d'une question de responsabilité à la charge d'un entrepreneur de travaux publics, dépendant du point de savoir si le fait qui lui est reproché rentrait ou non dans l'exécution de ses travaux, et d'une question de dommages intérêts réclamés par un tiers auquel ce fait a porté dommage, ne doit prononcer que sur la question de responsabilité, et renvoyer aux tribunaux la demande en dommage-intérêt (C. d'Et. 14 mai 1817. C. N. 5.2. 275.)

Mais le juge des référés est incompétent pour prescrire l'exécution d'ouvrages nécessaires,pour prévenir les dommages que peuvent causer les travaux publics. (Aix, 12 février 1858. S. 59. 2. 375.)

342. — *Compétence du jury d'expropriation*. Le conseil de préfecture, compétent pour fixer l'indemnité due au riverain d'une voie publique, à raison de ce que des travaux exécutés sur cette voie ont déterminé la chute d'un mur sujet à reculement, n'est pas compétent pour statuer sur le chef par lequel le riverain réclame,en outre, une indemnité pour privation de jouissance du terrain retranchable jusqu'au jour de l'expropriation de ce terrain : ce sera au jury d'expropriation qu'il appartiendra de régler cette indemnité. (C. d'Et. 10 janvier. 1867. S. 67. 2. 366.

C'est au jury d'expropriation et non au conseil de préfecture qu'il appartient de régler l'indemnité réclamée par un propriétaire,tant pour le prix d'un terrain dont il a été dépossédé, sans accomplissement des formalités légales, pour l'ouverture d'une route, qu'à raison des dommages qui ont été la conséquence directe de cette dépossession. (C. d'Et. 8 mai 1869. S. 70. 2. 198).

Les tribunaux ordinaires sont seuls compétents, à l'exclusion du jury d'expropriation pour statuer sur l'action en délaissement ou en indemnité formée par le propriétaire de terrains, occupés définitivement pour un travail d'utilité publique, lorsque les formalités prescrites par la loi sur l'expropriation n'ont pas été préalablement remplies. (Toulouse, 15 janvier 1869. S. 70. 2. 18.

Ces tribunaux ne peuvent, dès lors, en même temps qu'ils fixent l'indemnité, déclarer que cette fixation demeurera comme non avenue, si les partis obtiennent de l'autorité administrative, dans un délai déterminés, l'exécution des formalités nécessaires pour arriver au règlement du dommage par le jury d'expropriation. (Id.)

343. — *Mode d'évaluation des dommages.*

Pour fixer le montant de l'indemnité due à raison de dommages résultant de l'exécution de travaux publics, on doit prendre uniquement pour base d'évaluation les dommages actuellement éprouvés, sans y faire entrer ceux qui pourraient résulter de travaux à exécuter ultérieurement. (C. d'Et. 9 fév. 1850. S. 50. 2. 360.)

L'indemnité allouée au propriétaire doit comprendre somme suffisante pour rétablir la maison dans l'état où elle était avant les réparations, en tenant compte du renchérissement des matériaux et de la main d'œuvre qui a pu se produire entre l'époque où le dommage a été évalué et celle où les réparations s'effectuent. (Id.)

Et si, par suite des travaux de la commune, les logements de la maison sont devenus inhabitables, il y a lieu de faire entrer dans l'indemnité la représentation des pertes de loyers que le propriétaire a supportées et qu'il supportera jusqu'au moment où les logements pourront être de nouveau habités. (Id.) (C. d'Et. 13 août 1868. S. 69. 2. 340. 21 fév. 1867. S. 67. 2. 365.)

Au cas où le propriétaire exerçait une industrie dans l'immeuble qu'il habitait, il a encore le droit à une indemnité pour le trouble apporté à son industrie, et pour les dépenses qui en ont été la conséquence. (C. d'Et. 13 août 1868. S. 69. 2. 340.)

L'administration peut offrir de faire cesser le dommage en

exécutant certains travaux. (C.d'Et.5 fév. 1857. S. 57. 2. 778. C. d'Et. 18 août 1856. S. 57, 2. 587. C. d'Et. 3 août 1866. S. 67. 2. 300.)

L'administration ne peut exiger que le propriétaire exécute lui-même les travaux réparatifs moyennant un indemnité. (C. d'Et. 22 fév. 1855. S. 55. 2. 526.)

L'administration peut se soustraire à des dommages périodiques moyennant une indemnité à forfait. (C. d'Et. 22 fev. 1855. S. 55. 2. 526. 20 juillet 1836. S. 36. 2. 517.)

Le particulier ne peut conclure à l'exécution de certains travaux réparatifs. (C. d'Et. 4 mai 1870. S. 70 1. 86.)

Le conseil de préfecture ne peut imposer des travaux déterminés à l'administration. (C. d'Et. 14 mars 1873. S. 75. 2. 87. 18 mars 1869. S.70. 2.134. 27 sept.1859. S. 60. 2. 508. 16 fev. 1870. S. 71. 2. 192.)

Les intérêts des dommages accordés ne courent qu'à dater de la demande de ces intérêts. (C. d'Et. 28 déc. 1854. S. 55. 2. 356. (nombreux arrêts.) C. d'Et. 24 juin 13 août 1868. S. 2. 328.)

D'autres arrêts ont décidé qu'ils étaient dûs à partir de la prise de possession, (C. d'Et. 23 avril 1839. S. 40. 2. 94. C. d'Et. 20 janv. 1853. S. 53. 2. 522.)

344. — *Compensation avec la plus value.* L'indemnité due à un particulier pour la dépréciation de sa propriété,par suite de l'exécution de travaux publics,ne peut être réduite à raison d'une plus value que cette propriété aurait acquise, si cette plus-value ne résulte pas directement des travaux dont s'agit. (C. d'Et. 12 juillet 1864. S. 64. 2. 279. 21 fév. 1867 : S. 67. 2. 365.)

L'indemnité ne peut être réduite sous prétexte qu'une plus-value résulterait pour tous les immeubles du quartier de l'ouverture d'un boulevard dans le voisinage. (C.d'Et.3 août 1866. S. 67. 2. 300.

De même l'augmentation de valeur résultant, pour une propriété, de l'exécution de travaux publics, ne peut donner lieu à une indemnité de plus-value à la charge du propriétaire qu'autant que cette plus-value a été procurée directement par les travaux exécutés et n'en est pas seulement une conséquence indirecte (C. d'Et. 7 mars 1861 . S. 61. 2. 637).

Et une telle augmentation de valeur ne peut donner lieu à une indemnité de plus-value à la charge du propriétaire qu'autant que cette plus-value est immédiatement appréciable. (C. d'Et. 8 mai 1861. S. 62. 2. 144.)

Dans l'évaluation de l'indemnité à laquelle peut avoir droit un particulier, à raison du préjudice qu'il a éprouvé par suite des travaux d'exhaussement ou d'abaissement du sol de la voie publique au-devant de sa maison, il doit être tenu compte des avantages qu'a pu procurer à l'immeuble l'ensemble des travaux exécutés. (C. d'Et. 18 mai 1860. S. 61. 2. 172.)

Il n'appartient aux préfets ni de statuer sur le règlement des indemnités dues aux propriétaire lésés par l'exécution de travaux publics, ni d'autoriser les entrepreneurs à occuper les propriétés privées à l'effet de réparer le dommage souffert par suite de ces travaux. En conséquence, le préfet excède ses pouvoirs en autorisant une compagnie de chemins de fer dont les travaux ont mis en péril un certain nombre de maisons, à occuper celles de ces maisons qu'elle jugerait pouvoir être conservées, afin d'y faire les réparations nécessaires aux lieux et place des propriétaires des maisons qui devraient être démolies dans l'intérêt de la sûreté publique. (C, d'Et. 7 avril 1859. S. 60. 2. 62.)

345. — *Prescription.* Les délais de la prescription à l'égard de l'action en indemnité pour dommages divers et successifs résultant de travaux publics, doivent être calculés d'une façon distincte pour chacun des faits dommageables, à partir du jour où ces faits se sont produits. (C. d'Et. 21 avril 1854. S. 54. 2. 559.)

Est interruptive de prescriptions une réclamation d'indemnité à raison d'exécution de travaux publics, bien qu'elle ait été portée devant un juge incompétent ; par exemple devant une commission de dessèchements, au lieu du conseil de préfecture. (C. d'Et. 26 juin 1852. S. 53. 2. 86.)

La prescripiion de deux ans établie par l'article 18 de la loi du 21 mai 1836, ne s'applique pas à l'action en indemnité formée contre la commune, par le riverain d'un chemin vicinal, à raison d'un dommage causé à la propriété de ce dernier par des travaux exécutés sur ce chemin. (C. d'Et. 13 mars 1874. S. 76. 2. 30.)

Le propriétaire d'une maison qui, ayant souffert des dommages dans sa propriété par suite de travaux publics, a lui-même démoli et reconstruit la partie de cette maison endommagée, ne perd pas le droit de réclamer indemnité, alors même qu'il aurait laissé passer plusieurs années sans réclamation et sans mettre l'administration en demeure de faire constater le dommage allégué, seulement en agissant ainsi, il met à sa charge la preuve de l'ancien état des lieux et du dommage par lui allégué. (C. d'Et. 22 fév. 1855. S. 55. 2. 525.)

346. — *Propriétaires. Locataires. Vendeurs.* Les locataires peuvent demander une indemnité pour le préjudice qu'ils souffrent par suite de l'exécution de travaux publics.(C. d'Et. 7 déc. 1856. S. 56. 2. 732. — C. d'Ét. 5 août 1869. S. 70. 2. 60. — C. d'Et. 24 juin 1868. S. 69. 2. 189. 4 juillet 1875. S. 74. 2. 125. 24 juin 1868. S. 68. 2. 189.)

Le propriétaire d'une maison n'a pas qualité pour réclamer, au nom de ses locataires, l'indemnité qui peut leur être due, à raison de l'exécution de travaux publics. (C. d'Et. 24 janv. 1861. S. 61. 2. 575. 7 mars 1861. S. 61. 2. 635. 15 déc. 1855. S. 66. 2. 334.)

Il ne peut réclamer une indemnité qu'à raison du dommage résultant pour lui du trouble apporté par les travaux à la jouissance du local qu'il occupe personnellement ou qu'à raison des dommages que les locataires lui ont demandé pour privation de jouissance. (C. d'Et. 7 mars 1861. S. 61. 2. 635. 1er avril 1869. S. 70. 2. 166. 12 juillet 1864. S. 64. 2. 279).

En cas de vente d'une propriété, aux abords de laquelle des travaux publics ont été exécutés, c'est au vendeur et non à l'acquéreur, qu'il appartient de réclamer de la commune une indemnité à raison du dommage causé par ces travaux, si, au moment de la vente, lesdits travaux étaient en voie de construction et si le raccordement avec la voie publique se trouvait alors déjà effectué. (C. d'Et. 29 janvier 1875. S. 77. 2. 308.)

347. — *Dommages résultant de faits non autorisés.* Ce n'est pas devant le conseil que l'action doit être portée, lorsque les torts ou dommages proviennent d'une faute commise par les entrepreneurs ou leurs employés durant l'exécution des travaux : par exemple, d'une contravention aux règlements de grande voirie. Dans ce cas, c'est aux tribunaux qu'il appartient de connaître de la réclamation. (C. d'Et. 23 juin 1848. S. 48. 2. 765. Cass. 1er juillet 1843. S. 43.1. 670. — Cass. 3. août 1837. S. 38. 1. 927. — Caen. 2 août 1864. S. 65. 2. 47. — Cass. 25 avril 1866. S. 66. 1. 258. — Cass. 17 avril 1868. S. 69. 1. 61. — Cass. 18 février 1879. S. 79. 1. 216.)

Mais il suffit, pour que les conseils de préfecture soient compétents, que les travaux exécutés, bien qu'ils n'aient pas été spécialement prescrits par l'administration, soient la conséquence directe et nécessaire de ceux autorisés par elle. (Paris, 19 mai 1866. S. 67. 2. 221.)

L'autorité administrative, seule compétente, à l'exclusion de l'autorité judiciaire, pour connaître des dommages causés par l'exécution de travaux publics, l'est également pour vérifier si le fait dommageable, à raison duquel une action civile a été intentée contre des agents de l'administration de la direction des travaux , constitue de leur part un acte arbitraire engageant leur responsabilité personnelle, ou s'il n'est, au contraire, qu'une mesure nécessitée par les besoins du service et que ces agents étaient autorisés à prendre. (Cass. 11 fév. 1868. S. 68. 1. 157. — Conflits, 8 mai 1850. S. 50. 2. 556.)

C'est à l'autorité administrative et non aux tribunaux qu'il appartient de prononcer sur les indemnités auxquelles peuvent donner lieu, au profit d'un propriétaire, soit la non-exécution, soit l'exécution imparfaite des travaux imposés par le cahier des charges aux commissionnaires de travaux publics. (Cass. 15 déc. 1841. S. 42. 1. 173. — C. d'Et. 28 juin 1837. S. 37. 2. 501.)

Jugé encore :

Le conseil de préfecture est compétent quand les dommages ont été occasionnés par les entrepreneurs, pourvu que les travaux aient été ordonnés par des préposés de l'administration en cette qualité. (C. d'Et. 18 avril 1832. S. 34. 2. 506. — Cass. 20 août 1834. S. 34. 1. 529. — C. d'Et. 6 juin 1807. S. C. N. 2. 255.)

Les conseils de préfecture sont incompétents pour connaître des demandes en dommages-intérêts formées même reconventionnellement par des entrepreneurs de travaux publics contre des particuliers. Dès lors un conseil de préfecture saisi. d'une demande en indemnité formée par un propriétaire contre un entrepreneur, à raison d'extractions de matériaux pratiquées dans la propriété du demandeur, ne peut, accueillant en même temps une demande reconventionnelle en dommages-intérêts intentée par l'entrepreneur pour troubles apportés à ses travaux, réduire en conséquence le chiffre de l'indemnité due au propriétaire. (C. d'Et. 16 fév. 1870. S. 71. 2. 191.)

348. — *Contre qui doit être dirigée l'action en dommages.* L'action d'un particulier en réparation du dommage à lui causé par des travaux de rectification à une route départementale doit être dirigée contre le département, bien que le conseil général ait mis les indemnités auxquelles l'exécution des travaux pourrait donner ouverture, à la charge d'une ville dans l'intérêt de laquelle des modifications ont été faites au tracé. (C. d'Et. 7 fév. 1856. S. 56. 2. 732.)

Le particulier auquel a été causé un dommage provenant de travaux exécutés par une commune sur un de ses chemins, peut demander à cette dernière une indemnité, bien qu'elle ait consenti, avec une autre commune, une convention par laquelle celle-ci s'est chargée, vis-à-vis du réclamant, des conséquences de ces travaux. (C. d'Et. 13 mars 1874. S. 76. 2. 30.) *Res inter alios acta.*

Les actions exercées, à l'occasion de travaux exécutés sur chemins vicinaux de grande communication, par les propriétaires à qui ces travaux porteraient préjudice ; doivent être intentées contre le préfet, et non contre le maire. (Douai, 27 nov. 1878. S. 79. 2. 204.)

Lorsqu'il s'élève des contestations entre les communes intéressées à un chemin d'intérêt commun et l'entrepreneur des travaux de confection dudit chemin, c'est au préfet, et non aux maires desdites communes, qu'il appartient d'agir en leur nom. (C. d'Et. 12 janvier 1877. S. 79. 2. 29.)

PROCÉDURE DEVANT LES CONSEILS DE PRÉFECTURE.

349. — *Expertises.* — *Formes.* — Les conseils de préfecture ne peuvent accorder des indemnités pour dommages résultant de l'exécution de travaux publics, sans ordonner une expertise préalable. (C. d'Et. 28 déc. 1854. S. 55. 2. 366. 21 janvier 1876. S. 79. 2. 61.)

En matière de travaux communaux l'ingénieur en chef n'est pas tiers-expert de droit. (C. d'Et. 10 avril 1860. S. 61. 2. 46.)

Au cas d'une demande en indemnité pour blessures les conseils de préfecture peuvent choisir leurs médecins d'office. (C. d'Et. 11 mai 1854. S. 54. 2. 638.)

Si l'entrepreneur néglige de nommer son expert, le conseil fait cette nomination d'office. (C. d'Et. 4 mai 1843. S. 43. 2. 365.)

Les experts peuvent faire des rapports séparés. (C. d'Et. 4 fév. 1869. S. 70. 2. 64.)

Il n'est pas indispensable que les parties soient mises en demeure de paraître devant les experts, il suffit que le rapport leur soit communiqué. (C. d'Et. 4. fév. 1869. S. 70. 2. 64.)

Le conseil n'est pas toujours libre d'ordonner un supplément d'expertise. (C. d'Et. 7 janvier 1869. S. 70. 2. 31.)

Le tiers-expert n'est pas tenu de se mettre en rapport avec les deux premiers experts. (C. d'Et. 15 juin 1864. S. 65. 2. 55.)

Les dispositions de l'article 56 de la loi du 16. sept. 1807 relatives aux expertises et tierces expertises sont applicables à tous les cas où des indemnités sont réclamées, à raison de dommages causés par l'exécution de travaux publics. (C. d'Et. 21 juin 1866. S. 67. 2. 247.)

Serment. La nullité qui résulte du défaut de serment est d'ordre public, tellement qu'elle n'est point couverte par le concours ou l'assistance des parties à l'expertise, et le défaut de réclamation de leur part devant le conseil de préfecture. (C. d'Et. 25 août 1849. S. 50. 1. 128.)

Et cette formalité doit être réputée avoir été omise toutes

les fois que, dans la procédure, il n'existe aucune trace de son accomplissement. (C. d'Et. 1er déc. 1852. S. 53. 2. 429.)

Récusation. On ne peut récuser les experts quand on ne s'est pas opposé à leur vacation. (C. d'Et. 17 avril 1856. S. 57. 2. 149.)

L'expert n'est pas le mandataire de la partie et ne peut être récusé sans motifs. (C. d'Et. 28 juillet 1864. S. 64. 2. 278.)

La commune ne peut choisir son architecte pour expert. (C. d'Et. 20 janv. 1865. S. 65. 2. 315.)

350. — *Frais.* Dans le cas où l'indemnité due par un entrepreneur de travaux publics à un propriétaire a été réglée à l'amiable par experts respectivement nommés, les honoraires de l'expert choisi par le propriétaire sont à la charge de l'entrepreneur. (C. d'Et. 18 mars 1858. S. 59. 2. 126.)

Les frais de l'expertise qui a servi de base à une condamnation prononcée contre l'État doivent être mis à la charge de l'état. (C. d'Et. 18 août 1856. S. 57. 2. 587.)

Mais si l'expertise n'avait pas été nécessitée par le refus de l'administration d'allouer une indemnité suffisante, chacune des parties devrait rester chargée des honoraires de son expert. (C. d'Et. 27 janvier 1853. S. 57. 2. 587.)

L'entrepreneur de travaux publics qui a fait des fouilles dans une propriété privée, sans offrir une indemnité au propriétaire, avant l'instance introduite par celui-ci, doit être condamné à tous les dépens de cette instance. (C. d'Et. 13 août 1852. S. 53. 2. 170. 20 juin 1844. id. 29 novembre 1851. (Id.)

Le conseil de préfecture, appelé à régler l'indemnité réclamée par un particulier à raison du préjudice que lui aurait causé l'exécution de travaux publics, ne peut mettre à sa charge une partie des frais d'expertise, lors même que sa demande était exagérée, qu'autant qu'il est justifié que des offres d'indemnités lui ont été faites. (C. d'Et. 11 août 1869. S. 70. 2. 277.)

Les experts nommés en vertu d'une décision du conseil d'Etat, pour vérifier des travaux publics, ont qualité pour intervenir dans l'instance engagée entre les parties pour faire condamner celles-ci, à leur payer les sommes nécessaires à la marche de l'expertise. (C. d'Et. 7 août 1875. S. 77. 2. 278.)

Mais ils ne peuvent demander provision si la décision qui les commet ne le porte pas. (Id.)

351. — *Tiers-expert.* — *Tierce expertise* — *Ingénieur en chef.* Au cas *d'extraction de matériaux.* Lorsque à la suite d'une résiliation du marché de l'entrepreneur, l'administration consent à acquérir son matériel, le conseil de préfecture peut, en cas de désaccord des experts, sur la fixation du prix de ce matériel, choisir pour tiers-expert un conducteur des ponts-et-chaussées. (C. d'Et. 5 octobre 1857. S. 58. 2. 651.)

En cas de désaccord entre les experts nommés par les parties soit pour fixer l'indemnité due pour occupation temporaire de terrains ou pour dommage résultant des travaux, soit pour déterminer la valeur des matériaux extraits de la propriété de ce particulier, le conseil de préfecture ne peut statuer sans renvoyer préalablement devant l'ingénieur en chef du département, afin d'avoir son avis en qualité de tiers-expert. (C. d'Et. 8 déc. 1853. S. 54. 2. 412. 31 mai 1854. S. 54. 2. 720. 27 mars 1856. S. 57. 2. 235. 28 mai 1857. S. 58. 2. 314.)

L'ingénieur en chef, lorsqu'il est tiers-expert de droit accomplit un acte de la nature de ses fonctions, et n'est pas tenu à prêter serment. (C. d'Ét. 29 nov. 1851. S. 52. 2. 54. 11 août 1849. 19 janvier 1850. 29 mai 1856. S. 57. 2. 346.)

Mais il doit, au contraire prêter serment, à peine de nullité, lorsque la demande en indemnité étant formée contre un concessionnaire, il ne remplit la mission de tiers-expert qu'en vertu d'une désignation faite par le préfet. (C. d'Ét. 29 mai 1856. S. 57. 2. 346.)

Le tiers-expert nommé pour régler l'indemnité due à un propriétaire au cas d'occupation de terrain par suite de travaux publics, n'est pas tenu, avant de donner son avis, de se transporter sur les lieux, ni d'appeler devant lui les experts. (C. d'Ét. 29 nov. 1851. S. 52. 2. 254. 1er déc. 1853. S. 54. 2. 288.)

Il peut du reste, sans qu'il en résulte nullité, opérer simultanément avec les experts nommés par les parties. (C. d'Ét. 24 mai 1854. S. 54. 2. 638.)

Le conseil de préfecture devant lequel la nullité de la tierce-expertise est demandée, sous prétexte qu'elle aurait eu lieu sans que les parties ou leurs experts, y eussent été appelés, ainsi que le prescrivait l'arrêté portant nomination du tiers-expert, satisfait suffisamment aux droits et intérêts des parties en ordonnant que les experts seront mis en demeure de s'entendre avec le tiers-expert, pour concourir au rapport que celui-ci doit présenter, et que les parties seront également mises en demeure de présenter leurs observations aux experts. (C. d'Ét. 17 avril 1856. S. 57. 2. 149.)

Aucune loi n'impose au tiers-expert l'obligation d'adopter l'une ou l'autre opinion des experts qui ne sont point d'accord. (C. d'Ét. 17 avril 1856. S. 57. 2. 149.)

La disposition de l'art. 56 de la loi du 16 sept. 1807, portant qu'en cas d'expertise pour la fixation de l'indemnité due par un concessionnaire de travaux publics à un propriétaire pour occupation de terrain, le tiers-expert sera nommé par le préfet, ne s'applique pas nécessairement au cas où, au lieu de s'adresser au préfet, le propriétaire saisit directement le conseil de préfecture de sa demande d'indemnité. Alors, le conseil de préfecture peut nommer le tiers-expert. (C. d'Ét. 15 juin 1864. S. 65. 2. 55.)

De même, la disposition de l'art. 56-52.de la loi du 16 sep. 1807, portant qu'en cas d'expertise pour la fixation de l'indemnité due par une ville à un propriétaire, à raison de travaux exécutés par cette ville, le tiers-expert sera nommé par le préfet, n'est pas applicable quand, au lieu de s'adresser au préfet, le propriétaire saisit directement le conseil de préfecture de sa demande d'indemnité. Dans ce cas le conseil de préfecture peut nommer le tiers-expert.(C. d'Ét.1er avril 1868. S. 69. 2. 64.)

Lorsqu'il y a plusieurs ingénieurs en chef dans le département, il peut être procédé à la tierce-expertise, si elle est nécessaire, par celui qui est chargé du service dans lequel rentrent les travaux qui ont motivé la demande d'indemnité. (C. d'Ét. 4 fév. 1869. S. 70. 2. 64.)

Jugé, même que quand il est procédé à une tierce-expertise

sur une demande en indemnité se rattachant à des travaux de voirie placé dans le service spécial d'un ingénieur en chef, ce dernier en tiers-expert de droit, à l'exclusion de l'ingénieur en chef du département. (C. d'Ét. 21 juin 1866. S. 67. 2. 247.)

Lorsqu'il est procédé à une expertise pour l'évaluation d'indemnités réclamées par un particulier, à raison de dommages que lui auraient causés des travaux publics entrepris par l'État, l'ingénieur en chef, du département, n'est tiers-expert de droit qu'autant qu'il s'agit de travaux de grande voirie ; quand les travaux n'ont pas ce caractère, c'est au conseil de préfecture qu'il appartient de nommer le tiers-expert. (C. d'Ét. 23 nov. 1865. S. 66. 2. 295.

En matière de travaux publics, l'ingénieur en chef appelé par l'art. 56 de la loi du 16 sept. 1807, à remplir les fonctions de tiers-expert, doit remplir cette mission dans les conditions ordinaires de la tierce-expertise. (C. d'Ét. 13 janv. 1865. S. 65. 2. 224.)

Dès lors la tierce-expertise est nulle si l'ingénieur en chef, qui en était chargé, n'a pas visité les lieux sur lesquels s'était produit le dommage objet de la contestation, et si, au lieu de discuter les rapports des deux premiers experts, il s'est contenté d'adopter les conclusions d'un rapport dressé sur l'affaire par un ingénieur ordinaire. (Id.)

CHAPITRE XII

INDEMNITÉS POUR EXTRACTION DE MATÉRIAUX ET POUR OC-
CUPATION TEMPORAIRE DE TERRAINS.

352. — *Législation et règlement.* Art. 17. Loi du 21 mai 1836. Les extractions de matériaux, les dépôts ou enlèvements de terre, les occupations temporaires de terrains seront autorisés par l'arrêté du préfet, lequel désignera les lieux ; cet arrêté sera notifié aux parties intéressées au moins dix jours avant que son exécution puisse être commencée. Si l'indemnité ne peut être fixée à l'amiable, elle sera réglée par le conseil de préfecture, sur le rapport d'experts nommés, l'un par le sous-préfet et l'autre par le propriétaire. En cas de discord, le tiers-expert sera nommé par le conseil de préfecture.

Art. 18. L'action en indemnité des propriétaires pour les terrains qui auront servi à la confection des chemins vicinaux et pour extraction de matériaux, sera prescrite par le laps de deux ans.

RÈGLEMENT

INDEMNITÉS POUR EXTRACTION DE MATÉRIAUX ET POUR OC- CUPATION TEMPORAIRE DE TERRAINS.

SECTION PREMIÈRE. — DÉSIGNATION DES TERRAINS.

Art. 47. Les projets rédigés pour la construction, la réparation ou l'entretien des chemins vicinaux indique- ront les carrières et les propriétés dont l'occupation tem- poraire sera nécessaire, soit pour l'extraction, soit pour le dépôt de terres et matériaux, soit pour tout autre objet relatif à l'exécution des travaux.

Art. 48. Dans le cas où, pendant le cours des travaux, il deviendrait nécessaire d'occuper des terrains autres que ceux indiqués aux devis, la désignation en sera faite par le préfet, sur la proposition des agents voyers et sur l'avis du maire pour les chemins vicinaux ordinaires, sur la proposition des agents voyers pour les chemins vicinaux de grande communication et d'intérêt com- mun.

Art. 49. Les propriétés communales et le lit des riviè- res et ruisseaux seront choisis de préférence pour le ramassage et l'extraction des matériaux ; à défaut seu- lement, les autres propriétés seront désignées à cet effet.

Les lieux plantés en arbres fruitiers ou en vignes seront exceptés autant que possible.

Art. 50. Les propriétés fermées de murs ou autres clô- tures équivalentes d'après les usages du pays, et atte- nantes à une habitation, ne pourront être désignées sans le consentement formel et préalable des propriétaires. (*Arrêts du conseil des 7 septembre 1755 et 20 mars 1780.*)

SECTION II. — OCCUPATION DE TERRAINS PAR CONVENTION AMIABLE.

Art. 51. Si le propriétaire d'un terrain désigné conformément aux dispositions qui précèdent ne consent à l'occupation pour le dépôt ou l'extraction de matériaux que moyennant indemnité, le taux de cette indemnité sera, autant que possible, réglé à l'amiable. Les convenlions souscrites à ce sujet, pour les chemins vicinaux ordinaires, seront soumises à l'approbation du conseil municipal, et la délibération intervenue sera, s'il y a lieu, homologuée par le préfet.

Lorsque l'occupation devra avoir lieu pour le service des chemins de grande communication ou d'intérêt commun, le règlement amiable conclu avec le propriétaire sera soumis au préfet, pour être approuvé, s'il y a lieu, sur le rapport de l'agent voyer en chef.

Ces dispositions ne sont pas applicables dans le cas où les indemnités sont à la charge des entrepreneurs (*Lois des 21 mai 1836 et 18 juillet 1837.*)

SECTION III. — OCCUPATION D'OFFICE DES TERRAINS.

Art. 52. Lorsque le propriétaire refusera de consentir à l'occupation, un arrêté sera pris par le préfet pour l'autoriser.

Cet arrêté sera notifié au propriétaire avec mise en demeure de se faire représenter sur les lieux, à l'heure et au jour fixés, dans un délai qui ne sera pas inférieur à dix jours, pour constater, contradictoirement avec un agent de l'administration désigné par le sous-préfet, l'état du terrain. (*Loi du 21 mai 1836, art. 17.*)

Art. 53. La notification mentionnée dans le dernier paragraphe de l'article 52 sera faite administrativement aux parties intéressées et constatée par un reçu des parties ou par un procès-verbal de l'agent chargé de la notification. Une copie de ce procès-verbal sera laissée au domicile de la partie intéressée, et la minute déposée à la mairie.

Art. 54. Le délai entre la notification de l'arrêté et la reconnaissance des terrains sera augmenté d'un jour par trois myriamètres de distance entre la situation des lieux et le domicile des intéressés.

Art. 55. A défaut par le propriétaire de se faire représenter, la constatation sera faite d'office par l'agent de l'administration. Le procès-verbal de l'opération, destiné à fournir les éléments nécessaires pour évaluer la dépréciation du terrain ou faire l'estimation du dommage causé, sera déposé à la mairie du lieu d'extraction.

Les travaux pourront être commencés immédiatement après ce dépôt.

Art. 56. Immédiatement après l'extraction des matériaux ou la fin de l'occupation temporaire des terrains, et à la fin de chaque campagne, si les travaux doivent durer plusieurs années, il sera procédé, à la requête de la partie la plus diligente, au règlement de l'indemnité, conformément aux prescriptions de l'article 17 de la loi du 21 mai 1836.

SECTION IV. — DÉPOTS PROVENANT DES CHEMINS.

Art. 57. Les matières provenant de la chaussée, des accotements, des fossés et talus dépendant des chemins vicinaux pourront être, au besoin, déposées sur les propriétés riveraines. En cas d'opposition, il sera procédé comme en matière d'occupation temporaire de terrains.

Toutefois ces produits ne pourront être déposés sur les

propriétés riveraines qu'après enlèvement des récoltes.
(*Loi du* 21 *mai* 1836, *art.* 17.)

SECTION V. — PAYEMENT DES INDEMNITÉS.

Art. 58. Si le cahier des charges ne met pas aux frais de l'entrepreneur les indemnités, ces indemnités, réglées ainsi qu'il vient d'être dit, seront payées par les communes lorsque les travaux se feront sur des chemins vicinaux ordinaires; et sur les fonds centralisés affectés aux travaux lorsqu'il s'agira de chemins vicinaux de grande communication ou d'intérêt commun.

Art. 59. L'entrepreneur, à la charge duquel le paiement de ces indemnités aura été mis, ne pourra toucher le solde de son entreprise ni être remboursé de son cautionnement que lorsqu'il aura justifié, par des quittances en forme, les avoir payées.

SECTION VI. — DISPOSITIONS DIVERSES.

Art. 60. A l'expiration des délais fixés en l'article 52 ci-dessus, et après la reconnaissance préalable des lieux, les propriétaires, locataires ou fermiers ne pourront apporter aucun trouble ou empêchement à l'occupation des terrains ou à l'extraction des matériaux.

Tout trouble ou empêchement à ces opérations serait constaté par un procès-verbal qui serait transmis à M. le procureur impérial, pour y être donné telle suite que de droit. *Arrêt du conseil du* 7 *septembre* 1755, *Code pénal, art.* 438.)

Art. 61. Aucune carrière ne pourra être ouverte et les fouilles ne pourront être poussées à une distance moindre de la limite des chemins vicinaux que celle prescrite par le règlement préfectoral, sans une autorisation spéciale du préfet. (*Règlement général, art.* 206.)

Art. 62. Lorsqu'il sera nécessaire de faire opérer des extractions de matériaux dans les bois régis par l'administration des forêts, ou de faire occuper temporairement des terrains dépendant de ces bois, il sera procédé conformément aux dispositions de l'ordonnance royale du 8 août 1845. Si les terrains à occuper ou à fouiller dépendent de propriétés régies par l'administration des domaines, des mesures analogues seront concertées avec les agents de cette administration.

JURISPRUDENCE

353. — *Droit de l'administration de désigner les terrains.* Un préfet peut, sans excéder ses pouvoirs, autoriser l'entrepreneur ou concessionnaire de travaux publics à occuper temporairement le terrain d'un particulier situé dans le département, même en vue de travaux devant s'exécuter dans un département voisin. (C. d'Ét. 31 mai 1866. S. 67. 2. 246.)Une telle occupation de terrain peut être accordée même pour le dépôt et l'emmagasinage de matériaux fabriqués. (*Même arrêt*).

Le préfet qui autorise un entrepreneur de travaux publics à occuper une propriété pour en extraire des matériaux ne peut, sans excès de pouvoirs, faire remonter l'effet de cette autorisation à une époque antérieure à sa date, ni décider que l'indemnité due au propriétaire ne lui sera payée qu'à la fin de l'entreprise. (C. d'Ét. 15 juin 1861. S. 62. 2. 238.

Le terrain doit être spécialement désigné dans l'arrêté du préfet. (C. d'Ét. 30 janvier 1828. S. C. N. 9. 2. 25. Paris, 12 octobre 1838. S. 39. 2. 161).

L'administration ne peut autoriser l'occupation qu'en vue de travaux (C. d'Et. 20 février 1868. S. 69. 2. 28.)

354. — *Terrain clos.* Le droit d'extraction de matériaux pour l'exécution des travaux publics ne peut être exercé dans les terrains qui, compris dans la même clôture qu'une maison d'habitation, doivent en être considérés comme une dépendance, et cela quelle que soit la nature des terrains, fût-ce des terres labourables. (C. d'Et. 7 mars 1861. S. 61. 2. 236.)

Mais on ne peut considérer comme faisant partie d'une propriété fermée, dans le sens des arrêts du conseil du 7 septembre 1755 et du 20 mars 1780, et, par suite, comme affranchies de la servitude d'extraction de matériaux propres aux travaux publics établie par ces arrêts, des terrains dont l'accès est entièrement libre d'un côté, ou qui sont éloignés de l'habitation du propriétaire, dont ils se trouvent séparés par un mur de clôture qui ne permet pas de les regarder comme en étant des dépendances. (C. d'Et. 12 juillet 1864. S. 65. 2. 53).

Le propriétaire qui a soutenu, devant le conseil de préfecture, que son terrain était, à raison de son état de clôture, exempt de la servitude d'extraction pour l'exécution de travaux publics, ne peut, en cas de pourvoi de sa part contre l'arrêté qui a rejeté cette prétention, se prévaloir, devant le Conseil d'Etat, de ce que postérieurement à la décision du Conseil de préfecture, il a complété la clôture dudit terrain : cette dernière circonstance ne saurait avoir d'effet que pour l'avenir (C. d'Et. 18 mars 1869. S. 70. 2. 166.)

C'est au conseil de préfecture et non au préfet qu'il appartient de trancher la question de clôture. (C. d'Et. 1er juillet 1840. S. 40. 2. 478. Toulouse, 10 mars 1834. S. 35. 2. 173).

Lorsqu'un arrêté préfectoral, qui autorisait un entrepreneur de travaux publics à pratiquer des fouilles dans une propriété privée, a été annulé pour excès de pouvoir en ce qu'il s'agissait, par exemple, d'une propriété close, l'autorisation donnée doit être considérée comme nulle ab initio, et par suite l'entrepreneur ne peut s'en prévaloir pour se soustraire à la responsabilité intégrale du dommage causé au propriétaire, et prétendre ne devoir que l'indemnité spéciale déterminée par l'arrêt du Conseil du 7 septembre 1755. (Cass. 25 août 1868. S. 68. 1. 436.)

Dans ce cas le Conseil de préfecture doit ordonner la cessation des fouilles.

355.— *Carrière en état d'exploitation.* On doit considérer comme carrière en état d'exploitation dans le sens de l'art 55 de la loi du 16 septembre 1807, qui oblige alors les entrepreneurs de travaux publics à payer les matériaux qu'ils en extraient, une carrière dans laquelle ont déjà eu lieu des extractions de matériaux pour travaux publics antérieurs, alors même que ces extractions remonteraient à plusieurs années sans avoir été renouvelées. (C. d'Et. 18 décembre 1862. S. 63. 2. 47).

Id. Un emplacement presque contigu à une carrière exploitée au même endroit par le propriétaire, lorsque les deux exploitations s'appliquent aux prolongement du même banc et à la même nature de matériaux. (C. d'Et. 17 mars 1864. S. 64. 2. 279.).

Mais on ne peut considérer comme carrière en état d'exploitation, dans le sens de l'art 55 de la loi du 16 septembre 1807, une carrière dont le propriétaire a abandonné l'exploitation pour convertir le terrain en plantations. (C. d'Et. 17 mars 1864. S. 64. 2. 120).

Dans le cas où un terrain fouillé pour l'exécution de travaux publics constitue une carrière en exploitation, le propriétaire ne peut recevoir en même temps le prix de ses matériaux et une indemnité à raison des préjndices qui n'ont été qu'une conséquence nécessaire de l'exploitation de la carrière par l'entrepreneur. (C. d'Et. 6 mars 1872. S. 73. 2. 288.)

Mais il est dû alors une indemnité au propriétaire à raison de ce que les résidus de la carrière ont été déposés sur les terrains voisins des fouilles, si l'entrepreneur n'a pas pris les précautions usitées en pareil cas.

La carrière est réputée en exploitation, quand on en a déjà extrait des galets. (C. d'Et. 11 janvier 1878. S. 79. 2. 343.)

356. — *Fermier d'une carrière en exploitatiou.* Le fermier d'une carrière n'a pas qualités pour réclamer l'indemnité due par un entrepreneur de travaux publics pour extraction de matériaux dans cette carrière : l'indemnité doit être allouée au propriétaire, sauf le droit du fermier contre celui-ci. (C. d'Et. 30 juillet 1846. S. 47. 2. 63).

Lorsque, à raison d'extraction de matériaux dans une carrière, une indemnité a été payée au propriétaire par l'entrepreneur, le locataire de cette carrière ne peut, sous prétexte de dommages personnels que lui aurait causés cette. extraction, s'adresser à l'entrepreneur pour en obtenir une indemnité: il ne peut s'adresser qu'au propriétaire. (C. d'Et. 22 juin 1854. S. 54. 2. 797).

Mais le fermier d'un terrain qui a été occupé temporairement pour l'exécution de travaux publics, est fondé à réclamer personnellement la réparation du préjudice que lui a causé cette occupation. Dès lors le conseil de préfecture ne peut rejeter la demande du fermier et allouer l'indemnité au propriétaire, en se fondant sur ce motif que c'est au propriétaire à tenir compte au fermier de l'indemnité qui peut lui être due (C. d'Et. 7 janvier 1858. S. 59. 2. 124.)

Les locataires ou sous-locataires d'une carrière dans laquelle un entrepreneur de travaux publics a pratiqué des extractions de matériaux, a qualité pour réclamer de ce dernier une indemnité de ce chef, alors, d'une part, que le réclamant justifie d'un bail de plusieurs années qui ne met aucune limite à son exploitation de la carrière, et, d'autre part, que le propriétaire lui-même ne réclame aucune indemnité. (C. d'Et. 5 août 1869. S. 70. 2. 60. Id. 30 juillet 1863.)

De même le fermier de terrains sur lesquels un entrepreneur de travaux publics a pratiqué une extraction de matériaux, est recevable à réclamer directement de celui-ci une indemnité à raison de ce que, par suite des fouilles, il a été privé de sa récolte. (C. d'Et. 28 janvier 1865. S. 65. 2. 149).

357. — *Extraction dans les forêts.* L'extraction de matériaux pour travaux publics peut être autorisée dans les bois des particuliers ; et une semblable autorisation n'est pas susceptible de recours par la voie contentieuse devant le Conseil d'Etat. (C. d'Et. 30 juillet 1863. S. 63. 2. 240).

Les formalités prescrites par les articles 169 et suivants de l'ordonnance du 1er août 1827, relativement à l'extraction des matériaux dans les bois, ne sont applicables qu'aux bois soumis au régime forestier ; elles ne le sont point aux bois des particuliers. (C. d'Et. 30 juillet 1863. S. 63. 2. 240).

Sur le règlement des indemnités dues à raison de l'extraction de matériaux, dans les bois soumis au régime forestier, (voir instruction, 27 septembre 1866. S. 67. 2. 298.)

358. — *Avis préalable.* — *Collectif.* — *Individuel.* Si l'avertissement préalable qui, d'après l'article 1er, section 6 de la loi du 28 septembre 1791, est à donner au propriétaire sur les fonds desquels les entrepreneurs de travaux publics sont autorisés à extraire des matériaux, doit être préférablement notifié en la forme individuelle, il n'y a rien cependant, de contraire à cette loi ou à tout autre, au cas où le droit d'extraction a été accordé non sur telle propriété particulière, mais sur toutes les propriétés de la commune, dans l'avertissement collectif donné à son de caisse et par une affiche apposée pendant un mois à la porte de la mairie, suivant le mode en usage dans la localité : un tel avertissement produit effet vis-à-vis de tous les propriétaires de la commune, sans distinction entre ceux qui y sont ou non domiciliés. (Cass. 13 juin 1866. S. 66. 1. 259).

En matière de travaux publics, l'arrêté préfectoral autorisant une occupation temporaire de terrain ou une extraction de matériaux sur le terrain d'autrui, peut être mis à exécution aussitôt après l'expiration des délais fixés par la loi, à partir de la notification qui en a été faite au propriétaire, sans qu'il soit nécessaire d'adresser à ce propriétaire une sommation indépendante de la notification (Agen, 21 avril 1864. L. 64. 2. 190.)

Le décret du 8 février 1868, portant règlement pour les occupations temporaires de terrains nécessaires à l'exécution de travaux publics, ne s'applique pas aux travaux relatifs aux chemins vicinaux. (C. d'Et. 3 janvier 1873. S. 75. 2. 324.)

Il faut donc des notifications individuelles à chaque propriétaire.

359. — *Base de l'indemnité.* A l'égard des indemnités auxquelles peuvent donner lieu les extractions de matériaux, il n'en est pas dû pour la valeur des matériaux, lorsqu'il s'agit d'extractions pratiquées dans des propriétés ordinaires autres que des carrières en état d'exploitation, mais uniquement pour les dégâts et préjudice qui peuvent être causés au fonds. (C. d'Et. 20 juin 1839. S. 40. 2. 138).

Et, pour l'estimation de ces dégâts et préjudices on doit avoir égard à l'enlèvement de la terre végétale, et au dépôt des décombres sur le surplus des terrains. (C. d'Et. 24 octob. 1827. S. C. N. 3. 2. 415.)

L'administration investie du droit de faire ramasser sur les propriétés privées les matériaux nécessaires aux travaux de la grande voirie, sans en payer la valeur, ne peut cependant s'emparer de ceux que le propriétaire aurait ramassés lui-même, qu'en payant une indemnité représentative de frais de ramassage. (C. d'Et. 27 mai 1848. S. 48. 2. 639.)

L'indemnité doit être fixée non seulement à raison de la privation de jouissance, mais encore en faisant compte au propriétaire des frais nécessaires pour débarrasser le terrain des déblais qui y auraient été déposés. (C. d'Et. 8 janvier 1847. S. 47. 2. 316).

Le propriétaire d'un terrain fouillé pour l'exécution de travaux publics ne peut, alors qu'il lui est tenu compte de la valeur des matériaux enlevés calculer sur le prix courant des mêmes matériaux extraits en carrière, réclamer en outre, une indemnité à raison d'une destruction d'arbres et de récoltes rendue nécessaire pour la mise en exploitation de la carrière. (C. d'Et. 18 février 1864. S. 64. 2. 279.)

Le propriétaire d'un terrain qu'il a acheté pour y établir une usine est en droit, dans le cas où ce terrain vient à être occupé pour l'exécution de travaux publics, de réclamer une indemnité à raison des dépenses par lui faites pour remplacer provisoirement cette usine. (C. d'Et. 12 juillet 1864. S. 64. 2. 176).

Le droit pour les entrepreneurs de travaux publics, d'extraire des matériaux sur les fonds particuliers n'est point subordonné, dans son exercice, au paiement préalable d'une indemnité au profit des propriétaires de ces fonds (Cass. 13 juin 1866. S. 66. 1. 259. (C. d'Et. 23 juillet 1857. S. 572. 509.)

De simples travaux communaux ne peuvent être entièrement assimilés aux travaux publics, il n'y a pas lieu de faire l'application à un propriétaire d'un terrain d'où l'on a extrait des matériaux pour la construction d'un pont vicinal, de l'art. 55, titre 11. (L. du 16 septembre 1807,) portant que, lorsqu'une carrière n'est pas déjà en état d'exploitation, la valeur des matériaux qui en sont extraits pour une construction publique ne doit pas entrer dans l'indemnité à accorder au propriétaire (C. d'Et. 17 décembre 1809. C. n. 3. 2. 175.)

L'état est solidaire de l'entrepreneur insolvable en cas d'extraction de matériaux. (C. d'Et. 27 avril, 1877 S. 79. 2. 127).

360. — *Compétence administrative*. Les conseils de préfecture en sont compétents pour régler l'indemnité qu'autant que l'entrepreneur s'est renfermé dans les prescriptions de son devis. (Amiens, 25 avril 1850. S. 50. 2. 708. C. d'Et. 13 janvier 1860. S. 60. 2. 576.)

Ou qu'il n'est pas allégué que l'entrepreneur a agi en dehors de son devis ou des conditions de son adjudication. (C. 2 décembre 1839. S. 39. 1. 909).

Les tribunaux ne sont compétents, pour statuer au fond, que lorsqu'il a été reconnu par l'autorité administrative, ou qu'il n'est pas contesté que les travaux ont été faits sur des terrains que l'administration n'avait pas indiqués à l'entrepreneur. (Cass. 21 octobre 1841. S. 42. 1. 948. — Cass. 2 avril 1849. S. 49. 1. 659. — Conflits. 30 novembre 1850. S. 51. 2. 303. — C. d'Et. 2 août. 1838. S. 39. 2. 313. 9 décemb. 1843. S. 44. 2. 137.)

La question préjudicielle vidée, les tribunaux sont compétents pour apprécier le dommage. (C. d'Ét. 15 mars 1849. S. 49. 2. 382. — Amiens 25 avril 1851. S. 51. 2. 708. — C. d'Ét. 11 août 1849. S. 50. 2. 59.)

Les tribunaux sont compétents quand les fouilles ont été faites dans des carrières ou des terrains non désignés ou qu'il n'y a pas eu d'arrêté préfectoral d'autorisation. (C. d'Ét. 18 février 1829. S. C. N. 2. 214. — C. d'Et. 30 août 1842. S. 43. 2. 43. 21 décembre 1827. S. C. N. 8. 2. 414. — Cass. 16 avril 1836. S. 36. 1. 687.)

Quand il n'y a pas eu d'autorisation administrative l'entrepreneur peut être poursuivi correctionnellement. (C. d'Et. 19 décembre 1839. S. 40. 2. 282. S'il élève la question préjudicielle le tribunal doit surseoir. (C. d'Et. 24 juillet 1845. S. 46. 2. 46.)

S'il y a eu traité, convention, entre l'entrepreneur et le propriétaire, les tribunaux sont compétents. (C. d'Et. 15 juin 1847. S. 47. 2. 622. 29 juin 1847. S, 47. 2. 623. 20 novembre 1845. S. C. N. 5. 2. 71).

Toutefois lorsqu'un entrepreneur de travaux publics en fouillant un terrain, en vertu d'une convention particulière faite avec le propriétaire, cause du dommage à une propriété voisine, le règlement de l'indemnité est de la compétence du conseil de préfecture et non des tribunaux. (C. d'Ét. 14 fév. 1842. S. 42. 2. 284.)

Lorsque l'ouvrier d'un entrepreneur, traduit devant les tribunaux à raison de l'extraction des sables nécessaires à l'exécution des travaux dont il est chargé, excipe de sa qualité d'ouvrier d'un entrepreneur de travaux publics, les tribunaux doivent se déclarer incompétents,et renvoyer la connaissance du litige à l'autorité administrative. (C. d'Ét. 7 juin 1826. S. C. N. 8. 2. 241.)

Mais les conseils de préfecture, sont incompétents pour statuer sur une demande en dommages-intérêts formées par un entrepreneur de travaux publics contre les propriétaires de terrains désignés pour l'extraction ou l'enlèvement de matériaux, à raison du trouble que ces propriétaires auraient apporté à l'extraction des matériaux. (C. d'Et. 30 mai 1844. S. 44. 2. 510. 10 avril 1846. S. 47. 2. 187.)

Le conseil de préfecture est seul compétent, à l'exclusion du tribunal de police, pour connaître de la plainte portée par un propriétaire contre le sous-traitant d'une entreprise de travaux publics, à raison d'un enlèvement de cailloux opéré sur sa propriété par ce sous traitant, le dommage, en pareil cas, devant être considéré comme provenant du fait personnel de l'entrepreneur et se rattachant à l'exécution de son entreprise. (Cass. 18 août 1860. S. 61. 1. 556. C. d'Et. 31 mai 1866. S. 67. 2. 346.)

361. — *Interprétation des arrêts administratifs.* Lorsqu'un entrepreneur de travaux publics a été autorisé par arrêté préfectoral à fouiller des terrains appartenant à une commune, le conseil de préfecture, saisi de contestations sur l'étendue des droits conférés par cet arrêté à l'entrepreneur, est compétent pour décider, par interprétation dudit arrêté, si l'entrepreneur a le droit d'extraire des matériaux des carrières en exploitation aussi bien que des terrains non encore fouillés. Il ne peut donc surseoir à statuer jusqu'à ce que le préfet ait déterminé le sens et la portée de son arrêté. (C. d'Et. 24 fév. 1865. S. 65. 2. 148.)

Dans le cas où l'arrêté préfectoral autorisant des fouilles dans une propriété se trouve annulé par le conseil d'état sur le motif que cette propriété était exempte de la servitude d'extraction, c'est à l'autorité judiciaire, et non au conseil de préfecture, qu'il appartient de régler l'indemnité due au propriétaire. (Con. d'Et.6 juillet 1877. S. 79. 2. 160.)

362. — *Compétence judiciaire.* L'autorité judiciaire est compétente,à l'exclusion du conseil de préfecture, pour connaître de la demande en indemnité formée contre la commune par un particulier à raison de fouilles pratiquées pour le redressement d'un chemin vicinal, s'il est allégué par le réclamant, qu'il n'a autorisé les fouilles que par suite d'une convention intervenue entre lui et la commune. (C. d'Ét. 28 fév. 1866. S. 66. 2. 374. Conflits. 2 mai 1877. S. 79. 2. 128. — (C.d'Ét. 19 juillet 1872. S. 72. 1. 360.)

Elle est même compétente si dans le cours des travaux et après convention entre le propriétaire et l'entrepreneur le préfet a pris un arrêté d'autorisation (Cass. 25 avril 1866. S. 66. 1. 258. — Cass. 30 juillet. 1867. S. 67. 1. 394.)

Lorsqu'il y a contestation entre deux particuliers sur le point de savoir à qui, de l'un ou de l'autre, appartient l'indemnité due pour fouilles et extraction de matériaux, dans un terrain, le conseil de préfecture doit, avant faire droit au fond, surseoir à statuer jusqu'à ce qu'il ait été prononcé par les tribunaux sur les droits des propriétaires contestants ; et cela,alors même que l'administration soutiendrait avoir traité avec l'un des prétendant droit à raison de cette indemnité. (C. d'Ét. 6 janv. 1853. S. 53. 2. 521.)

Le tribunal saisi d'une demande en dommages-intérêts pour enlèvement de matériaux, formée contre un entrepreneur de travaux publics qui n'a fait connaître sa qualité que dans le cours de l'instance, peut, en se déclarant incompétent et en renvoyant la connaissance de l'affaire à l'autorité administrative, condamner l'entrepreneur aux dépens, à titre de dommages-intérêts, pour avoir en gardant le silence, sur sa qualité, induit le demandeur en erreur,et donné lieu à une action incompétamment formée. (Cass. 28 juin 1853 S. 54. 1. 53.)

Quand des entrepreneurs de travaux publics ont occupé un terrain, non en vertu d'une autorisation administrative, mais par suite d'une convention passée avec le propriétaire, c'est à l'autorité judiciaire qu'il appartient de connaître des difficultés auxquelles donne lieu l'exécution de cette convention, non seulement entre les entrepreneurs et le propriétaire, mais encore entre ce dernier et l'administration. (C. d'Ét. 18 fév. 1864. S. 65. 2. 149.)

L'incompétence du juge de paix pour statuer sur une action en dommages-intérêts formée contre un entrepreneur de travaux publics par un particulier à raison d'une extraction de cailloux opérée sur le terrain de celui-ci en vertu d'une autorisation accordée à l'entrepreneur par l'autorité administrative, ne saurait donner ouverture à cassation lorsqu'il ne résulte ni des faits constatés par le jugement attaqué, ni des motifs de ce jugement, que le juge de paix ait eu connaissance de cette autorisation. (Cass. 26 fév. 1861. S. 62. 1. 197.)

363. — *Expertise.* Les formalités de l'expertise à laquelle il est procédé pour fixer l'indemnité due à un particulier à raison d'occupation de son terrain, ou d'extraction de matériaux sur ce terrain pour l'exécution de travaux publics, sont les mêmes que lorsqu'il y a lieu d'apprécier tout autre dommage causé par des travaux publics.

363 (*bis*). — *Prescription. Fouilles et Extraction.* La prescription de deux ans à laquelle est soumise l'action en indemnité des propriétaires dans les terrains desquels des extractions de matériaux ont été pratiquées pour la confection des chemins vicinaux ne commence à courir que du jour de la cessation des travaux d'extraction. (C. d'Ét. 19 juillet 1871. S. 73. 2. 93.)

<table><tr><td>II.</td><td>3</td></tr></table>

CHAPITRE XIII

Titre Ier. — De l'imprescriptibilité des chemins vicinaux et ruraux.

364. — *Législation.* Art. 10. Loi du 21 mai 1836. Les chemins vicinaux reconnus et maintenus comme tels sont imprescriptibles.

La circulaire ministérielle de 1836 précisait ainsi qu'il suit la législation sur cet article : 1° Les chemins vicinaux étant seuls déclarés imprescriptibles il en résulte que les chemins ruraux sont prescriptibles. 2° La répression des usurpations sur les chemins vicinaux appartient au conseil de préfecture. 3° La répression des usurpations sur les autres chemins appartient aux tribunaux ordinaires. 4° La répression des dégradations sur les chemins vicinaux et autres appartient aux tribunaux de simple police.

La loi du 20 août 1881 sur les chemins ruraux, que nous donnons ci-après, les a déclarés imprescriptibles comme les chemins vicinaux.

JURISPRUDENCE

365. — *Caractère de l'imprescriptibilité des chemins vici-naux.* Les chemins vicinaux sont imprescriptibles, même au moyen de l'occupation entière (art. 10 loi du 21 mai 1836) ils ne deviennent prescriptibles qu'après arrêté de déclassement. Ils deviennent prescriptibles s'ils perdent leur destination ou ont été abandonnés depuis longues années. Le principe de l'imprescriptibilité des chemins vicinaux est général et n'admet aucune possession contraire. Quelles que soient donc les conditions de la possession privée de tels chemins, elle ne saurait leur enlever le caractère de dépendance du domaine public, alors que cette possession privée n'implique pas l'entier abandon et la suppression complète du chemin, et qu'il ne s'agit que de simples empiètements commis par les riverains sur les bords d'un chemin dont le public n'a pas cessé d'user. (Cass. 26 mai 1868; S. 68. 1. 329.)

En supposant qu'un chemin régulièrement classé comme vicinal, et dont le parcours, modifié sans autorisation, s'est trouvé longer une haie et un ruisseau, conserve dans sa nouvelle assiette son caractère originaire de vicinalité, et, dès lors, d'imprescriptibilité, toujours est-il que le seul fait de son déplacement n'a pu suffire pour rendre la haie et le ruisseau qu'il borde, dépendance du domaine public communal, et participant, à ce titre, de l'imprescriptibilité de ce domaine. En conséquence, le possesseur de la haie et du ruisseau qui éprouve un trouble dans sa possession est recevable à intenter l'action possessoire. (Cass. 20 mars 1866. S. 66. 1. 212.)

La circonstance qu'une commune n'a poursuivi qu'au bout d'un grand nombre d'années l'exécution d'un arrêté préfectoral classant un chemin comme vicinal, ne suffit pas pour invalider cet arrêté. Dès lors, le préfet peut, sans excès de pouvoirs, confirmer le classement par un nouvel arrêté. (C. d'Et. 15 fév. 1866. S. 68. 2. 94.)

En pareil cas, l'arrêté confirmatif du classement et la décision ministérielle approbative de cet arrêté ne font pas obstacle à ce que des particuliers qui se prétendent propriétaires du sol

du chemin classé soutiennent, devant l'autorité compétente que
l'inexécution de l'arrêté de classement a eu pour effet d'empêcher de faire courir au profit de la commune la prescription
de leur action en indemnité. (Id.)

366. — *Avant la loi du 20 août 1881, les chemins ruraux
étaient prescriptibles. — Qui peut trancher la question de publicité? — Pouvoir règlementaire de l'administrration.*

Les chemins ruraux, non classés, comme vicinaux, étaient
avant la loi du 21 mai 1836, comme ils le sont depuis, prescriptibles par la possession, dès qu'il cessaient de servir à l'usage
public auquel ils avaient d'abord été affectés : l'art. 10
de cette loi n'est pas, sous ce rapport, introductive d'un droit
nouveau. (Cass. 17 août 1864. S. 64. 1. 499. — Cass. 14 nov.
1861. S. 63. 1. 553. 14 fév. 1863. S. 63. 1. 553.)

Le procès-verbal d'un garde champêtre, constatant une dégradation commise sur un chemin qualifié de chemin rural,
ne fait pas foi de la publicité du chemin : et par suite, la
preuve de cette publicité, si elle était déniée par le prévenu,
peut être mise par le juge de police à la charge de la partie poursuivante. (Cass. 30 juillet 1869. S. 70. 1. 279.)

Cependant M. Feraud-Giraud, (voies rurales) estime à l'é-
gard des procès-verbaux dressés par les maires pour consta-
tater des contraventions commises sur des chemins ruraux,
que ces procès-verbaux font foi jusqu'à preuve contraire,
même au cas où il s'agit de la constatation de la publicité du
chemin.

L'exception de possession annale invoquée par le prévenu
de dégradation d'un chemin classé rural, constitue une question préjudicielle pour le jugement de laquelle le tribunal de
police est tenu de prononcer un sursis. (Cass. 14 nov. 1861.
et 14 fév. 1863. 63. 1. 553.)

Le tribunal de police, saisi d'une contravention commise
sur un chemin que la prévention qualifie de public, est compétent pour décider si ce chemin est ou non réellement public. (Cass. 4 déc. 1857. S. 58. 1. 322. Cass. 16. oct, 1852. S.
53. 1. 317.)

Les attributions conférées à l'autorité administrative en
matière de chemins vicinaux ou de chemins communaux

régulièrement classés, ne s'étendent pas aux simples chemins ruraux, sentiers ou passages etablis sur des propriétés privées; (Cass. 16 mai 1857. S. 57, 1, 799.)

Ces chemins rentrant dans la classe des propriétés ordinaires, toutes questions de propriété où d'usage auxquelles ils peuvent donner lieu sont de la compétence exclusive de l'autorité judiciaire. En conséquence, l'arrêté municipal qui déclare l'existence et la publicité de tels chemins, et ordonne même à titre de mesure provisoire, qu'ils seront ouverts à la circulation publique, est entaché d'excès de pouvoirs, en ce qu'il porte atteinte au droit de propriété, et ne saurait produire aucun effet légal. (Cass. 21 août 1856. S. 57, 1. 311).

Il en est de même de l'arrêté municipal qui enjoint aux propriétaires riverains de chemins ruraux ou privés de laisser à ces chemins, lorsqu'ils voudront clore leurs héritages, une largeur déterminée, et d'abandonner ainsi une partie de leurs terres à la voie publique. (Cass. 7 juillet 1854. S. 54, 1, 749.)

Les arrêtés préfectoraux portant classement des chemins ruraux d'une commune n'ont pas, comme les arrêtés préfectoraux portant classement des chemins vicinaux, l'effet d'attribuer au domaine public municipal le sol de ces chemins. (Trib. des Conf. 27 mars 1851. S. 51, 2, 454. — Cass. 18 juin 1853. S. 54, 1, 72. — Rouen, 12 avril 1856. S. 57. 2. 347.)

En conséquence, dans le cas où le prévenu d'usurpation commise sur un tel chemin excipe d'un droit de propriété, le tribunal de répression doit surseoir jusqu'au jugement de cette question préjudicielle par les tribunaux compétents. (Cass. 18 juin 1853. S. 54, 1, 72. — Cass. 5 janvier 1855. S. 55, 1, 145.)

Par suite du même principe, les arrêtés des préfets portant homologation de l'état de ces chemins dans une commune ne font pas obstacle à ce que les parties intéressées fassent valoir eurs droits devant les tribunaux, et notamment agissent par voie d'action possessoire. (Trib. des conf. 27 mars 1851. S. 51, 2, 454. — Cons. d'Ét. 24 janvier 1856. S. 56, 2, 649.)

Si les arrêtés préfectoraux portant classement d'un chemin parmi les chemins vicinaux, ont pour effet d'attribuer à la commune le sol compris dans les limites du chemin, il n'en est pas de même des arrêtés qui classent un chemin seulement parmi les chemins ruraux. (Paris, 11 mars 1861. S. 61, 2, 497.)

Il en est ainsi, à plus forte raison, des sentiers dont la propriété est contestée à la commune. (Cass. 24 janvier 1865. S. 65, 1, 125.)

Surtout quand ces arrêtés préfectoraux réservent les droits des tiers. (Paris, 11 mars 1861. S. 61, 2, 497.)

En conséquence, de tels arrêtés ne font point obstacle à la compétence des juges civils pour prononcer sur la propriété où la possession d'un chemin de cette sorte, réclamé exclusivement par un riverain. (Cass. 24 janvier 1865. S. 65, 1, 125.)

Par suite encore, le possesseur annal d'un tel chemin, est recevable à agir par voie de complainte à raison du trouble que l'autorité municipale, en lui enjoignant d'avoir à détruire où élaguer les plantations faites sur ce chemin, aurait causé à sa jouissance. (Cass. 13 décembre 1864. S. 65, 1, 19.)

De même, l'arrêté par lequel un maire et le préfet comprennent un chemin dans les chemins ruraux de la commune, ne fait pas obstacle à ce que les parties intéressées fassent valoir leurs droits à la propriété dudit chemin. Par suite, un tel arrêté ne peut être attaqué comme contenant un excès de pouvoirs. (C. d'Ét. 2 septembre 1862. S. 62. 2. 489.)

Le maire est sans pouvoir pour prescrire l'élargissement d'un chemin rural ; tout arrêté pris par lui à ce sujet est illégal et non obligatoire. Le propriétaire riverain qui élève des constructions sur un terrain compris dans les nouvelles limites fixées par un tel arrêté, n'encourt donc aucune peine pour infraction à ses dispositions. (Cass. 30 janvier 1868. S. 69. 1. 94.)

L'arrêté préfectoral qui classe un chemin au nombre des voies communales ne suffit pas à lui seul pour prouver la publicité de ce chemin, mais la preuve de cette publicité peut résulter des circonstances. (Cass. 15 juin 1868. S. 69. 1. 29. — Cass. 16 avril 1866. S. 66. 1. 321.)

De même, les arrêtés successifs qui ont classé un chemin en tant que public rural, encore bien qu'ils soient insuffisants pour en attribuer par eux seuls la propriété à la commune de la situation, peuvent, lorsqu'ils sont corroborés par la longue possession de cette commune et les autres circonstances de la cause, être regardés comme déterminant le véritable caractère de cette possession, de telle sorte que, s'ils viennent à se joindre à d'autres éléments de preuve, et notamment à la reconnaissance du droit de la commune émanée de l'adversaire de celle-ci, ils constituent une preuve complète de ce droit. (Cass. 27 avril 1864. S. 64. 1. 212.)

367. — *A qui appartient la propriété des chemins ruraux ?* Il n'existe aucune présomption légale qui attribue en principe la propriété des chemins ruraux aux communes de la situation ; cette propriété doit être prouvée en leur faveur. (Cass. 27 avril 1864. S. 64. 1. 212.)

Les chemins ruraux sont présumés appartenir aux propriétaires riverains. (Amiens, 30 novembre 1868. S. 69. 2. 37. — Pau, 9 février 1870. S. 70. 2. 156.)

Mais cette présomption peut être combattue par des présomptions contraires et détruite par la possession certaine que la commune aurait eue de ces chemins, à titre de voies publiques, pour le service des intérêts généraux de ses habitants. (Pau, 9 février 1870. S. 70. 2. 156.)

Jugé encore, que la présomption d'après laquelle le maître des fonds contigus à un chemin ou traversé par un chemin, est réputé propriétaire de ce chemin, ne constitue qu'une présomption simple qui peut être combattue par des présomptions contraires et annihilée par la possession certaine que la commune aurait de cette voie, en tant que chemin public rural. (Cass. 29 novembre 1865. S. 68. 1. 215. — Cass. 16 avril 1866. S. 66. 1. 321. — Cass. 15 juin 1868. S. 69. 1. 29.)

Cette présomption est dès lors insuffisante pour justifier, à défaut de titre, le droit de propriété prétendu par le maître du fonds traversé, surtout alors qu'il avait antérieurement succombé au possessoire. (Cass. 29 novembre 1865, et 16 avril 1866, précités.)

La présomption d'après laquelle les chemins ruraux appartiennent, jusqu'à preuve contraire, aux propriétaires riverains, subsiste même alors que le chemin rural revendiqué par une commune a été classé par arrêté préfectoral au nombre des voies publiques communales : l'arrêté de classement n'emportant point prise de possession légale au profit de la commune, quand il n'est ni précédé ni suivi d'actes d'appropriation annonçant l'incorporation du chemin au domaine communal. (Amiens, 30 novembre 1868. S. 69. 2. 37.)

Le propriétaire d'un fonds n'est pas légalement présumé propriétaire des chemins qui traversent sa propriété : ces chemins ne doivent pas être réputés l'accessoire nécessaire de ce fonds. Par suite, le propriétaire qui revendique un tel chemin contre une commune qui en est régulièrement en possession, n'est pas dispensé de prouver sa propriété, et ne peut rejeter cette preuve à la charge de la commune. (Cass. 11 avril 1853. S. 53. 1. 732.)

Une commune peut acquérir par la prescription la propriété d'un chemin public. (Cass. 16 juin 1858. S. 59. 2. 624.)

Mais le passage exercé, même de temps immémorial, par les habitants d'une commune sur un chemin ou sentier traversant des propriétés particulières, ne suffit-pas à lui seul pour faire acquérir à la commune, par la prescription, la propriété de ce chemin. (Rouen, 12 avril 1856. S. 57. 2. 347.)

La décision par laquelle les juges du fait apprécient le caractère de la possession invoquée par la commune, renferme une appréciation souveraine échappant au contrôle de la cour de cassation. (Cass. 16 juin 1858. S. 59. 1. 624.)

368. — *Droit de passage des voyageurs sur les terres riveraines quand les chemins publics ne sont pas entretenus.*

Obligation des communes d'entretenir les chemins ruraux pour ne pas nuire aux voisins. L'art. 41 de la loi des 28 septembre, 6 octobre 1791, aux termes duquel tout voyageur peut se faire un passage sur les champs riverains, quand le chemin public se trouve impraticable, est applicable, non pas seulement aux voyageurs proprement dits, mais encore aux habitants mêmes de la commune où est situé ce chemin. (Cass. 20 juin 1857. S. 57. 1. 706.)

Et cet article n'est pas restreint au cas où il s'agit de chemins vicinaux, il s'applique à toute espèce de chemins publics notamment aux chemins ruraux, même arrêt. Bien que, au point de vue administratif, les communes ne soient obligées à entretenir en bon état de viabilité que les chemins classés comme vicinaux, elles n'en sont pas moins responsables, en vertu de l'article 1382. C. Civ., des dégradations causées aux propriétés voisines par l'accumulation de vases et d'immondices dans les chemins simplement communaux. (Cass. 30 novembre 1858. S. 59. 4. 251.)

Mais les tribunaux ne peuvent, sans empiétement sur les attributions du pouvoir administratif, autoriser les propriétaires lésés, au cas où la commune ne le ferait pas dans un délai déterminé, à exécuter eux-mêmes les travaux nécessaires pour arriver à la cessation du dommage dont ils se plaignent. (Limoges, 19 janvier 1860. S. 60. 2. 263.)

369. — *Aliénation des chemins ruraux. — Droit de préemption. — Dommages-intérêts, suite d'aliénation.* Une commune peut, en l'aliénant, supprimer un chemin public, à la charge d'indemniser les riverains, soit par le paiement de dommages-intérêts, soit en leur fournissant un autre passage. (Cass. 3 mai 1858. S. 58. 1. 751.)

L'indemnité doit être réclamée devant le conseil de préfecture. (C. d'Ét. 25 novembre 1852. S. 53. 2. 359.)

Le droit de préemption accordé par l'article 19 de la loi du 21 mai 1836 aux propriétaires riverains des chemins vicinaux abandonnés ou dont la direction a été changée, s'applique non seulement aux chemins vicinaux proprement dits, mais à tous les chemins communaux, classés ou non, servant de voie de communication. (Cass. 19 mai 1858. S. 59. 1. 152.)

Un préfet ne peut, sans excès de pouvoirs, ordonner, contrairement à une décision du conseil municipal, la suppression et la vente d'un chemin public, non classé comme vicinal. Peu importerait qu'il y eût à ce sujet dissentiment entre les communes copropriétaires du chemin. (C. d'Ét. 16 février 1860. S. 60. 2. 622.)

Titre II. — Loi du 20 août 1881 sur les chemins ruraux.

370. — *Nouveaux caractères des chemins ruraux.* La nouvelle loi sur les chemins ruraux en fait une catégorie spéciale de chemins vicinaux.

Cette loi devant être complétée dans les départements par un règlement préfectoral il serait prématuré d'en faire un commentaire nous devons nous borner à indiquer les points saillants de cette nouvelle législation.

Désormais il existe deux catégories de chemins vicinaux ordinaires :

Les chemins vicinaux ordinaires proprement dits qui doivent servir aux communications entre communes et entre les villages d'une même commune.

Et les chemins ruraux institués pour l'exploitation des domaines dans l'intérieur des communes.

Les chemins vicinaux conservent le privilége des subventions de l'État et des départements et le bénéfice exclusif de la caisse des chemins vicinaux.

Les usurpations continuent à être protégées par les conseils de préfecture.

Les chemins ruraux n'ont d'autres ressources que dans le budget communal, mais dans ce budget ils peuvent, indépendamment des ressources ordinaires de la commune, obtenir des crédits spéciaux. L'article 10 de la nouvelle loi, permet, en effet, aux conseils municipaux de voter à leur profit une journée de prestations et des centimes additionnels dont le nombre n'est pas limité.

En outre, les chemins ruraux seront construits et entretenus à l'aide des syndicats organisés suivant le mode des syndicats autorisés pour le curage des ruisseaux ou l'assainissement des marais.

371. — LOI DU 20 AOUT 1881 RELATIVE AUX CHEMINS RURAUX.

SECTION PREMIÈRE. — *Des chemins ruraux.*

Article. 1er. — Les chemins ruraux sont les chemins appartenant aux communes, affectés à l'usage du public, qui n'ont pas été classés comme chemins vicinaux.

Art. 2. — L'affectation à l'usage du public peut s'établir notamment par la destination du chemin, jointe soit au fait d'une circulation générale et continue, soit à des actes réitérés de surveillance et de voirie de l'autorité municipale.

Art. 3. — Tout chemin affecté à l'usage du public est présumé, jusqu'à preuve contraire, appartenir à la commune sur le territoire de laquelle il est situé.

Art. 4. — Le conseil municipal, sur la proposition du maire, déterminera ceux des chemins ruraux qui devront être l'objet d'arrêtés de reconnaissance, dans les formes et avec les conséquences énoncées par la présente loi.

Ces arrêtés seront pris par la Commission départementale, sur la proposition du préfet, après enquête publique dans les formes prescrites par l'ordonnance des 23 août, 9 septembre 1835, et sur l'avis du conseil municipal.

Ils désigneront, d'après l'état des lieux, au moment de l'opération, la direction des chemins ruraux, leur longueur sur le territoire de la commune et leur largeur sur les différents points.

Ils devront être affichés dans la commune et notifiés par voie administrative à chaque riverain en ce qui concerne sa propriété.

Un plan sera annexé à l'état de reconnaissance.

Les dispositions de l'article 88 de la loi du 10 août 1871, relatives aux droits d'appel devant le Conseil général et de recours devant le Conseil d'État, sont applicables aux arrêtés de reconnaissance.

Art. 5. — Ces arrêtés vaudront prise de possession sans préjudice des droits antérieurement acquis à la commune, conformément à l'article 23 du Code de procédure. Cette possession pourra être contestée dans l'année de la notification.

Art. 6. — Les chemins ruraux qui ont été l'objet d'un arrêté de reconnaissance deviennent imprescriptibles.

Art. 7. — Les contestations qui peuvent être élevées par toute partie intéressée sur la propriété ou sur la possession totale ou partielle des chemins ruraux sont jugées par les tribunaux ordinaires.

Art. 8. — Pour assurer l'exécution de la présente loi, le préfet de chaque département fera un règlement général sur les chemins ruraux reconnus.

Ce règlement sera communiqué au Conseil général et transmis, avec ses observations, au Ministre de l'intérieur, pour être approuvé s'il y a lieu.

Art. 9. — L'autorité municipale est chargée de la police et de la conservation des chemins ruraux.

Art. 10. — Elle pourvoit à l'entretien des chemins ruraux reconnus, dans la mesure des ressources dont elle peut disposer.

En cas d'insuffisance des ressources ordinaires, les communes sont autorisées à pourvoir aux dépenses des chemins ruraux reconnus, à l'aide soit d'une journée de prestation, soit de centimes extraordinaires en addition au principal des quatre contributions directes.

Les dispositions des articles 5 et 7 de la loi du 24 juillet 1867 seront applicables lorsque l'imposition extraordinaire excèdera trois centimes.

Art. 11. — Toutes les fois qu'un chemin rural reconnu, entretenu à l'état de viabilité, sera habituellement ou temporairement dégradé par des exploitations de mines, de carrières, de forêt ou de toute autre entreprise industrielle appartenant à des particuliers, à des établissements publics ou à l'État, il pourra y avoir lieu à imposer aux entrepreneurs ou propriétaires, suivant que l'exploitation ou les transports auront lieu les uns ou les autres, des subventions spéciales dont la quotité sera proportionnée à la dégradation extraordinaire qui devra être attribuée aux exploitations.

Ces subventions pourront, au choix, des subvention-
naires, être acquittées en argent ou, en prestations en
nature, et seront exclusivement affectées à ceux des chemins qui y auront donné lieu.

Elles seront réglées annuellement, sur la demande des
communes, ou à leur défaut, à la demande des syndicats, par les conseils de préfecture, après des expertises
contradictoires, et recouvrées comme en matière de contributions directes.

Les experts seront nommés d'après l'article 17 de la
loi du 23 mai 1836.

Ces subventions pourront aussi être déterminées par
abonnement ; les traités devront être approuvés par la
commission départementale.

Art. 12. — Le maire accepte les souscriptions volontaires, et en dresse l'état, qui est rendu exécutoire par le
préfet.

Si les souscriptions ont été faites en journées de prestation, elles seront, après mise en demeure restée, sans
effet, converties en argent, conformément au tarif adopté
pour la prestation de la commune.

Le conseil de préfecture statuera sur les réclamations
des souscripteurs.

Art. 13. — L'ouverture, le redressement, la fixation
de la largeur et de la limite des chemins ruraux sont
prononcés par la Commission départementale, conformément aux dispositions des cinq derniers paragraphes
de l'article 4.

A défaut du consentement des propriétaires, l'occupation des terrains nécessaires pour l'exécution des travaux d'ouverture, de redressement ou d'élargissement
ne peut avoir lieu qu'après une expropriation poursuivie conformément aux dispositions des paragraphes 2 et
suivants de l'article 16 de la loi du 21 mai 1836.

Quand il y a lieu à l'occupation soit des maisons, soit
de cours ou jardins y attenant, soit de terrains clos de
murs ou de haies vives, la déclaration d'utilité publique

devra être prononcée par un décret, le Conseil d'État entendu, et l'expropriation sera poursuivie, comme il est est dit dans le paragraphe précédent.

La commune ne pourra prendre possession des terrains expropriés avant le payement de l'indemnité.

Art. 14. — Lorsque des extractions de matériaux, des dépôts ou enlèvements de terres, ou des occupations temporaires de terrains, sont nécessaires pour les travaux de réparation ou d'entretien des chemins ruraux, effectués par les communes, il est procédé à la désignation et à la délimitation des lieux, et à la fixation de l'indemnité, conformément à l'article 17 de la loi du 21 mai 1836.

Art. 15. — L'action en indemnité dans les cas prévus par les deux articles précédents, se prescrit par le laps de deux ans, conformément à l'article 18 de la même loi.

Art. 16. — Les arrêtés portant reconnaissance, ouverture ou redressement peuvent être rapportés dans les formes prescrites ci-dessus.

Lorsqu'un chemin rural cesse d'être affecté à l'usage du public, la vente peut en être autorisée par un arrêté du Préfet, rendu conformément à la délibération du Conseil municipal, et après une enquête précédée de trois publications faites à quinze jours d'intervalle.

L'aliénation n'est point autorisée, si, dans le délai de trois mois, les intéressés formés en syndicat, conformément aux articles 19 et suivants, consentent à se charger de l'entretien.

Art. 17. — Lorsque l'aliénation est ordonnée, les propriétaires riverains sont mis en demeure d'acquérir les terrains attenant à leurs propriétés, par un avertissement qui leur est notifié en la forme administrative. En ce cas, le prix est réglé à l'amiable, ou fixé par deux experts, dont un sera nommé par la commune, l'autre par le riverain ; à défaut d'accord entre eux, un tiers expert sera nommé par ces deux experts. S'il n'y a pas entente pour cette désignation, le tiers-expert sera nommé par le juge de paix.

Si, dans le délai d'un mois à dater de l'avertissement, les propriétaires riverains n'ont pas fait leur soumission, il est procédé à l'aliénation des terrains selon les règles suivies pour la vente des propriétés communales.

Art. 18. — Les plans, procès-verbaux, certificats, si-gnifications, jugements, contrats, marchés, adjudications de travaux, quittances et autres actes ayant pour objet exclusif la construction, l'entretien et la réparation des chemins ruraux, seront enregistrés moyennant le droit de un franc cinquante centimes (1 fr. 50 cent.)

Les actions civiles intentées par les communes ou dirigées contre elles, relativement à leurs chemins, seront jugées comme affaires sommaires et urgentes, conformément à l'article 405 du Code de procédure civile.

SECTION II. — *Des syndicats pour l'ouverture, le redressement, la réparation et l'entretien des chemins ruraux.*

Art. 19. — Lorsque l'ouverture, le redressement ou l'élargissement a été régulièrement autorisé conformément à l'article 13, et que les travaux ne sont pas exécutés, ou lorsqu'un chemin reconnu n'est pas entretenu par la commune, le maire peut d'office, ou doit sur la demande qui lui est faite par trois intéressés au moins, convoquer individuellement tous les intéressés. Il les invite à délibérer sur la nécessité des travaux à faire et à se charger de leur exécution, tous les droits de la commune restant réservés.

Le maire recueille les suffrages, constate le vote des personnes présentes qui ne savent signer et mentionne les adhésions envoyées par écrit.

Art. 20. — Si la moitié plus un des intéressés, représentant au moins les deux tiers de la superficie des propriétés desservies par le chemin, ou si les deux tiers des intéressés représentant plus de la moitié de la superficie, consentent à se charger des travaux nécessaires pour mettre la voie en état de viabilité, l'association est constituée.

Elle existe même à l'égard des intéressés qui n'ont pas donné leur adhésion.

Pour les travaux d'amélioration et d'élargissement partiel, l'assentiment de la moitié plus un des intéressés, représentant au moins les trois quarts de la superficie des propriétés desservies, ou des trois quarts des intéressés représentant plus de moitié de la superficie, sera exigé.

Pour les travaux d'ouverture, de redressement et d'élargissement d'ensemble, le consentement unanime des intéressés sera nécessaire.

Art. 21. — Le maire dresse un procès-verbal et constate la formation de l'association, en spécifie le but, fait connaître sa durée, le mode d'administration qui a été adopté, le nombre des syndics, l'étendue de leurs pouvoirs, et enfin les voies et moyens qui ont été votés.

Art. 22. — Ce procès-verbal est transmis au préfet par le maire, avec son avis et l'avis du conseil municipal.

Le préfet, après avoir constaté l'observation des formalités exigées par la loi, autorise l'association, s'il y a lieu.

Si la commune a consenti à contribuer aux travaux, le préfet approuve, dans son arrêté, le mode et le montant de la subvention promise par le conseil municipal.

Art. 23. — Un extrait du procès-verbal constatant la constitution de l'association et l'arrêté du préfet, en cas d'approbation, ou, en cas de refus, l'arrêté du préfet, sont affichés dans la commune où le chemin est situé et publié dans le recueil des actes de la préfecture.

Art. 24. — Les syndics de l'association sont élus en assemblée générale.

Si la commune a accordé une subvention, le maire nomme un nombre de syndics proportionné à la part que la subvention représente dans l'ensemble de l'entreprise.

Les autres syndics sont nommés par le préfet, dans le cas où l'assemblée générale, après deux convocations, ne se serait pas réunie ou n'aurait pas procédé à leur élection.

Art. 25. — Les associations ainsi constituées peuvent rester en justice par leurs syndics ; elles peuvent emprunter. Elles peuvent aussi acquérir les parcelles de terrain nécessaires pour l'amélioration, l'élargissement, le redressement ou l'ouverture du chemin régulièrement entrepris ; les terrains réunis à la voie publique deviennent la propriété de la commune.

Art. 26. — Le syndicat détermine le mode d'exécution des travaux, soit en nature, soit en taxe ; il répartit les charges entre les associés proportionnellement à leur intérêt ; il règle l'accomplissement des travaux en nature ou le recouvrement des taxes en un ou plusieurs exercices.

Art. 27. — Les rôles pour le recouvrement de la taxe due par chaque intéressé sont dressés par le syndicat, approuvés, s'il y a lieu, et rendus exécutoires par le préfet, qui peut ordonner préalablement la vérification des travaux.

Ces rôles sont recouvrés, dans la forme des contributions directes, par le receveur municipal.

Dans ces rôles seront compris les frais de perception, dont le montant sera déterminé par le préfet, sur l'avis du trésorier-payeur général.

Art. 28. — Dans le cas où l'exécution des travaux entrepris par l'association syndicale exige l'expropriation des terrains, il y est procédé conformément à l'article 13 ci-dessus.

Art. 29. — A défaut par une association d'entrependre les travaux pour lesquels elle a été autorisée, le préfet rapportera, s'il y a lieu, et après mise en demeure, l'arrêté d'autorisation.

Dans le cas où l'interruption ou le défaut d'entretien des travaux entrepris par une association pourrait avoir des conséquences nuisibles à l'intérêt public, le préfet, après mise en demeure, pourra faire procéder d'office à l'exécution des travaux nécessaires pour obvier à ces conséquences.

Art. 30. — Les intéressés et les tiers peuvent déférer au Ministre de l'intérieur, dans le délai d'un mois à partir de l'affiche, les arrêtés qui autorisent ou refusent d'autoriser les associations syndicales.

Le recours est déposé à la préfecture et transmis avec le dossier au Ministre dans le délai de quinze jours.

Il est statué par un décret rendu en Conseil d'État.

Art. 31. — Toutes contestations relatives au défaut de convocation d'une partie intéressée, à l'absence ou au défaut d'intérêt des personnes appelées à l'association, ou au degré d'intérêt des associés ainsi qu'à la répartition, à la perception et à l'accomplissement des taxes et prestations, à la nomination des syndics, à l'exécution des travaux et aux mesures ordonnées par le préfet en vertu du dernier paragraphe de l'article 29 ci-dessus, sont jugées par le conseil de préfecture, sauf recours au Conseil d'État.

Il est procédé à l'apurement des comptes de l'association selon les règles établies pour les comptes des receveurs municipaux.

Art. 32. — Nulle personne comprise dans l'association ne pourra contester sa qualité d'associé ou la validité de l'acte d'association, après le délai de trois mois à partir de la notification du premier rôle des taxes ou prestations.

MINISTÈRE DE L'INTÉRIEUR ET DES CULTES

—

372. — Circulaire sur les chemins ruraux

(Loi du 20 août 1881.)

MONSIEUR LE PRÉFET,

Les communes possèdent, en dehors de la voirie vicinale, de nombreux chemins publics qui en sont les ramifications ou les auxiliaires et que l'on désigne sous le nom de chemins ruraux. Ces chemins sont, pour les relations locales, l'agriculture, l'industrie et le commerce, d'une utilité incontestable, bien qu'ils n'aient pas l'importance des autres voies publiques de communication. La législation, cependant, était très-incomplète en ce qui les concerne. Ils étaient soumis aux règles générales de la propriété et de la police municipale ou rurale. Mais le législateur n'avait pas jusqu'ici pourvu d'une manière spéciale à la création, à l'entretien et à la conservation de ces chemins par des dispositions analogues à celles qui régissent les voies vicinales. L'Administration supérieure s'était attachée à y suppléer, dans une certaine mesure, au moyen d'instructions générales ou particulières. Dès 1839, un de mes prédécesseurs, par une circulaire du 16 novembre, invitait les préfets à faire dresser, dans chaque commune, l'état de tous les chemins ruraux. Cet état, qui existe aujourd'hui dans un grand nombre de localités, devait être une sorte d'inventaire ou de répertoire, destiné à faciliter la répression des usurpations et contraventions commises sur les chemins ruraux. Mais, établi en vertu d'une simple instruction ministérielle, il ne pouvait constituer un titre légal pour

les communes et concourir efficacement à la constatation de leur droit de possession ou de propriété. Les
communes restaient d'autant plus exposées à être dé-
pouillées des chemins ruraux que, d'après la jurisprudence de la Cour de cassation, ils n'étaient protégés ni
par l'imprescriptibilité, comme les autres voies publiques communales ni par les servitudes imposées aux
fonds riverains en faveur des routes nationales ou dépar
tementales et des chemins vicinaux, relativement aux
alignements, constructions et plantations. D'un autre
côté, tout en reconnaissant l'utilité des chemins ruraux,
l'Administration supérieure était obligée d'admettre, selon
la jurisprudence du Conseil d'État, qu'il ne lui appartenait pas de contraindre soit les communes, soit les particuliers, à subvenir à l'entretien des voies rurales. L'esprit, sinon le texte de la loi du 21 mai 1836 s'opposait,
en outre, à ce que les communes fussent autorisées à
appliquer aux chemins ruraux les ressources spéciales
de la vicinalité, c'est-à-dire les centimes et les prestations
imposés en vertu des articles 2 et 5. Il fut même décidé,
conformément aux avis du Conseil d'État des 21 août
1859 et 8 février 1855, que les communes ne pouvaient,
'en principe, recourir, pour les travaux des chemins ruraux, à des expropriations pour cause d'utilité publique,
à des emprunts ou à des impositions extraordinaires, et
qu'elles ne devaient affecter à ces travaux que les ressources provenant de souscriptions ou cotisations volontaires et les revenus ordinaires dont elles disposaient,
quand elles avaient satisfait aux besoins de la voirie
vicinale et aux diverses dépenses obligatoires. Elles
avaient obtenu récemment, il est vrai, un peu plus de
liberté à l'égard des chemins publics ruraux. Une loi du
21 juillet 1870 leur a permis d'employer à l'amélioration
de ces chemins l'excédant de leurs prestations disponibles. Mais elles ne peuvent le faire qu'avec l'autorisation
du Conseil général et dans la limite du tiers des presta-
ions. Il faut, en outre, pour jouir de cette faculté,

qu'elles aient assuré l'entretien de leurs chemins vicinaux ordinaires, qu'elles aient fourni les contingents qui leur sont assignés dans les dépenses des chemins vicinaux de grande communication ou d'intérêt commun, et qu'elles ne reçoivent, pour l'entretien des chemins vicinaux ordinaires, aucune subvention de l'État ou du Département. Avec de semblables restrictions, la dérogation à la règle de la spécialité des ressources vicinales en faveur de la voirie rurale ne saurait être appliquée dans beaucoup de localités. Il n'y a qu'un nombre restreint de communes qui soient en situation d'en profiter. Dans les autres communes, les centimes spéciaux et les prestations suffisent à peine ou ne suffisent pas pour couvrir les dépenses ordinaires de la vicinalité. De même que le législateur, la jurisprudence de l'Administration était devenue moins rigoureuse envers les chemins ruraux. Elle reconnaissait que, sous l'empire de la la loi du 21 juillet 1870, les communes pouvaient être autorisées à recourir, pour les travaux de la voirie-rurale, à l'application de la loi du 3 mai 1841 et à la création des ressources extraordinaires. Mais depuis la promulgation de la loi du 21 juillet 1870, les communes, généralement, ont été dans la nécessité de réserver les ressources de cette nature pour des dépenses plus urgentes ou plus utiles que celles de la voirie rurale.

La plupart des communes se sont trouvées, dès lors, jusqu'aujourd'hui, dans l'impossibilité, non seulement de défendre avec succès les chemins ruraux contre les empiètements des propriétaires riverains, mais encore d'en assurer l'entretien et l'amélioration. Aussi sont-ils, sur presque tous les points de la France, soit usurpés ou interceptés, soit en très-mauvais état ou impraticables. Les Conseils généraux de beaucoup de départements ont demandé instamment, à de nombreuses reprises, que le législateur remédiât à ces graves inconvénients. C'est ce qu'il vient de faire par la loi du 20 août 1881, dont vous trouverez le texte ci-joint. Je crois devoir le faire précé-

der d'explications qui en précisent le sens et en facilitent l'application.

SECTION PREMIÈRE

DES CHEMINS RURAUX

*Définition. — Reconnaissance. — Imprescriptibilité. —
Police. — Entretien. — Ouverture. — Redressement ou
élargissement de chemins. — Suppression. — Aliénation.*

Article premier. — L'article premier définit les chemins ruraux : les chemins appartenant aux communes,
affectés à l'usage du public et qui n'ont pas été classés
comme chemins vicinaux.

Cette définition empêche de les confondre, soit avec
les autres voies publiques, soit avec les chemins d'exploitation, propriétés privées soumises au droit commun et
à quelques règles spéciales déterminées par une loi portant la même date que la loi sur les chemins ruraux.
Celle-ci, d'ailleurs, n'admet pas, au point de vue du
caractère légal, de distinction entre les chemins qui sont
de simples sentiers et ceux dont la largeur comporte le
passage des voitures. Tout chemin non vicinal qui est
une propriété communale rentre dans la catégorie des
chemins ruraux, lorsqu'il est public.

Les rues reconnues dans les formes légales être le prolongement des chemins vicinaux, font partie intégrante
de ces chemins et sont régies par les mêmes règles. (Loi
du 8 juin 1864, article 1er.)

Les rues faisant suite aux chemins ruraux ne peuvent
être l'objet d'une reconnaissance analogue. Elles restent
en dehors des règles édictées par la nouvelle loi. Il y
aura, parfois, doute sur le point de savoir si une voie
publique communale est une rue ou un chemin rural.

Le doute cessera lorsqu'il sera établi que la voie a reçu formellement ou implicitement d'une décision de l'autorité compétente le caractère légal de rue. Dans le cas contraire, la voie ne pourrait tenir ce caractère que de l'usage qui le lui attribuerait d'après les circonstances locales, telles que de mettre en communication deux rues ou d'être bordée d'un certain nombre d'habitations. (Cour de cass., ch. crim., arr. 4 février, Rouche ; 13 juillet 1861, Chicard.)

Art. 2. — L'affectation d'un chemin à l'usage du public consiste dans la faculté accordée ou laissée à chacun de s'en servir.

Aux termes de l'article 2, elle peut s'établir notamment par la destination du chemin, jointe soit au fait d'une circulation générale et continue, soit à des actes réitérés de surveillance et de voirie de l'autorité municipale.

Cette destination ne saurait avoir d'autre but que de satisfaire à des intérêts généraux. Telle est la destination d'un chemin établi pour relier le chef-lieu de la commune à un ou plusieurs des hameaux la composant ; mettre en communication une voie vicinale avec une autre voie de même nature, une route, un chemin de fer, un canal ; donner accès à l'église, au cimetière, à la mairie, à l'école, à une fontaine publique, à un abreuvoir communal, etc.

La circulation concourant avec une pareille destination à constater l'affectation du chemin à l'usage du public, doit être générale et continue : *générale*, c'est-à-dire exercée par la généralité des habitants de la commune ou de l'une de ses sections ; *continue*, c'est-à-dire avoir lieu d'une manière non accidentelle et ne permettant pas de supposer qu'elle est le résultat d'une pure tolérance.

Quant aux actes réitérés de surveillance et de voirie de l'autorité municipale qui peuvent être invoqués pour prouver la publicité d'un chemin, ce sont les actes ayant pour objet, par exemple, la poursuite de la répression des usurpations, la réglementation des alignements individuels, la délivrance de ces alignements, l'exécution des travaux d'entretien ou d'amélioration du chemin.

Art. 3. — L'article 3 décide que tout chemin affecté à l'usage public est présumé, jusqu'à preuve contraire, appartenir à la commune sur le territoire de laquelle il est situé.

Cette disposition consacre la jurisprudence de la Cour de Cassation. La présomption qu'elle crée est subordonnée aux conditions de publicité du chemin assurant des garanties suffisantes à la propriété privée.

Art. 4. — La nouvelle loi admet deux classes de chemins ruraux : les chemins *reconnus* et les chemins *non reconnus*.

Le législateur craint que la reconnaissance simultanée de tous les chemins ruraux ne soulève de nombreuses réclamations qui se fortifieraient et se multiplieraient par le fait de leur coexistence dans les diverses localités de la France. C'est pourquoi il veut que l'on puisse ajourner l'opération à l'égard des chemins d'un caractère douteux ou d'une utilité contestable. Les chemins non reconnus resteront dans une situation incertaine et précaire. Il importe, dès lors, de ne pas laisser dans cette classe les chemins qui, incontestablement, appartiennent à la commune et sont utiles ou nécessaires à la circulation générale.

D'après l'article 4, les chemins ruraux sont reconnus par des arrêtés que la Commission départementale prend sur votre proposition. Ces arrêtés doivent être précédés et suivis de formalités ayant pour but de sauvegarder les intérêts de la commune et des tiers.

D'abord, le conseil municipal est appelé à désigner, sur la proposition du maire, ceux des chemins ruraux qui lui paraissent devoir être l'objet d'un arrêté de reconnaissance. Il est procédé, ensuite, dans les formes de l'or_ donnance du 23 août 1835, à une enquête sur un projet comprenant un tableau qui indique, à l'aide du nombre nécessaire de colonnes, non seulement le numéro d'ordre et le nom de chaque chemin mais encore, d'après l'état des lieux, sa direction, c'est-à-dire le point d'où il part, les principaux points qu'il traverse, tels que les hameaux, les ruisseaux, etc., et le point auquel il aboutit ; sa longueur sur le territoire de la commune, et sa largeur sur les différentes parties de son parcours. Un plan d'ensemble des chemins doit être joint à ce tableau.

Lorsque l'enquête est terminée, le conseil municipal délibère de nouveau ; le maire et le sous-préfet donnent leur avis, les pièces de l'affaire vous sont transmises, et vous les soumettez, avec vos propositions, à la Commission départementale, qui prend, s'il y a lieu, un arrêté de reconnaissance.

En tête de cet arrêté est placé un tableau auquel il se réfère. Ce tableau doit être semblable à celui qui a servi de base à l'enquête, sauf les retranchements que la Commission aurait considérés comme nécessaires ou opportuns. Dans tous les cas, la loi exige qu'un plan des chemins reconnus y soit annexé.

Elle prescrit, de plus, d'afficher l'arrêté de reconnaissance et de le notifier par voie administrative à chaque riverain, en ce qui concerne sa propriété.

Le tableau devra être affiché intégralement avec l'arrêté de reconnsissance. La notification individuelle faite à chaque riverain ne comprendra, avec l'arrêté, que la partie du tableau qui l'intéressera.

L'affichage du plan n'est pas indispensable ; mais, lorsqu'il n'y sera pas procédé, l'affiche de l'arrêté devra faire conaître que chacun pourra consulter le plan à la mairie.

La Commission départementale n'est pas obligée de reconnaître un chemin rural par cela seul que la commune en demande la reconnaissance. D'un autre côté, il lui appartiendrait de reconnaître un chemin si elle jugeait

la mesure utile ou opportune, lors même que le conseil
municipal considérerait le chemin comme ne devant pas
être reconnu. Mais elle ne doit jamais prononcer la reconnaissance d'un chemin sans que le conseil municipal ait été consulté et sans l'accomplissement des autres
formalités préalables édictées par la loi. Elle devrait, en
outre, surseoir à statuer à l'égard de chemins dont la
propriété serait revendiquée, si utile ou opportune que
lui parût leur reconnaissance.

Quant aux voies de recours dont peuvent être l'objet
les décisions de la Commission départementale en cette
matière, elles sont les mêmes que celles admises contre
ses décisions, concernant les chemins vicinaux ordinaires, par l'article 88 de la loi du 10 août 1871. Il vous
appartient, dès lors, ainsi qu'au conseil municipal ou à
toute autre partie intéressée, de déférer les décisions de
la commission départementale sur les chemins ruraux au
Conseil général, pour cause d'inopportunité ou fausse
appréciation des faits. Ce recours doit être notifié au président de la Commission dans le délai d'un mois à partir
de la communication de la décision. Le Conseil général
statue définitivement dans sa prochaine session. Vous
avez, en outre, comme toute partie intéressée, la faculté
d'attaquer les décisions de la Commission devant le Conseil d'État au contentieux pour excès de pouvoir, violation d'une loi ou d'un règlement d'administration publique. Le recours au Conseil d'État doit avoir lieu, sous
peine de déchéance, dans les deux mois qui suivent la
communication de la décision attaquée. Il peut être
formé sans frais, c'est-à-dire sans constituer avocat. Il
est suspensif dans tous les cas.

Art. 5. — L'arrêté de reconnaissance produit un premier effet important : il vaut prise de possession des chemins par la commune. Cette possession ne peut être contestée que dans l'année qui suit la notification de l'arrêté. Elle est inattaquable après l'expiration de ce délai.
Elle ne saurait, d'ailleurs, empêcher la commune de se

prévaloir d'une possession antérieure acquise conformément à l'article 23 du Code de procédure civile.

Art. 6. — Un second avantage très-considérable, conféré par la reconnaissance aux chemins ruraux qui en sont l'objet, est l'imprescriptibilité. Les chemins ruraux reconnus seront désormais protégés contre les usurpations aussi efficacement que les autres voies publiques d'un ordre supérieur. Les chemins non reconnus resteront au contraire prescriptibles contre les communes. Les maires doivent continuer de veiller à ce que les empiétements commis sur les divers chemins ruraux soient promptement réprimés. Ce devoir leur incombe aujourd'hui d'une manière plus rigoureuse à l'égard des voies que les propriétaires riverains peuvent encore acquérir par prescription.

Art. 7. — Les contestations élevées par toute partie intéressée sur la propriété ou la possession soit totale, soit partielle, des chemins ruraux, sont jugées par les tribunaux ordinaires, c'est-à-dire par les juges de paix au possessoire et les tribunaux civils au pétitoire, sauf les recours de droit.

Cette disposition n'est que la consécration des principes fondamentaux de la compétence.

Art. 8. — Le chef de l'État est ordinairement chargé de faire les règlements nécessaires pour compléter les lois et en assurer l'exécution. Le législateur ne lui a pas laissé cette mission en ce qui touche la loi du 21 mai 1836 sur les chemins vicinaux. Il a cru devoir la confier aux préfets, parce que la voirie vicinale exige des règles de détail variant selon les localités, les diverses circonstances, et dont le besoin est mieux apprécié par les autorités qui le constatent directement. C'est par une semblable considération que pour l'exécution de la loi du 20 août 1881 relative à la voirie rurale, vous êtes appelé Monsieur le Préfet, aux termes de l'article 8, à édicter un règlement général sur les chemins ruraux reconnus. Ce règlement, comme celui sur les chemins vicinaux, doit être communiqué au Conseil général du département et soumis avec ses observations à mon approbation.

Le législateur a énuméré les matières sur lesquelles s'exercerait le pouvoir réglementaire des préfets à l'égard des chemins vicinaux. Il n'a pas indiqué d'une manière précise celles sur lesquelles leur nouveau pouvoir réglementaire devait s'exercer. Mais il a entendu conférer au préfet le droit de réglementer, relativement aux chemins ruraux reconnus, les objets qu'ils peuvent réglementer en ce qui concerne la voirie vicinale. Il a seulement voulu leur laisser le soin d'apprécier, à l'égard des chemins ruraux reconnus, quels sont, dans chaque département, ceux de ces objets dont la réglementation est nécessaire ou opportune à raison des circonstances locales, les limites du pouvoir que vous attribue l'article 8 de la nouvelle loi, monsieur le Préfet, se trouvent ainsi implicitement indiquées par l'article 21 de la loi du 21 mai 1836, tel que l'a modifié la loi du 10 août 1871 relativement à la fixation de la largeur des chemins à l'homologation des plans d'alignement. Vous ne pourriez, dès lors, arrêter ni la largeur, ni le tracé des chemins ruraux reconnus ; mais il vous appartient de déterminer l'époque à laquelle devra être acquittée la journée de prestation que les conseils municipaux ont la faculté de voter, en vertu de l'article 10 de la loi du 20 août 1881 ; d'arrêter le mode d'emploi ou de conversion de cette journée en tâches ; statuer sur ce qui est relatif à la confection des rôles, à la comptabilité, aux adjudications et à leur forme, aux alignements individuels, aux autorisations de construire le long des chemins, à l'écoulement des eaux, aux plantations, à l'élagage, aux fossés, à leur curage et à tous autres détails de surveillance et de conservation. Vous examinerez avec le plus grand soin quelles sont, parmi ces matières, celles qui, dans votre département, réclament des mesures efficaces. Vous édicterez à leur égard des règles analogues aux règles établies pour la voirie vicinale. Je vous prie de rédiger ce règlement le plus tôt possible, et de le communiquer au conseil général dans la session qui suivra immédiatement votre travail. Vous me l'adresserez ensuite avec les observations de l'assemblée départementale. Je le revêtirai, s'il y a lieu, de ma sanction. La loi exige l'avis préalable du Conseil général, afin que je puisse plus facilement reconnaître si le règlement que vous aurez élaboré répond aux besoins auxquels il doit satisfaire ; s'il ne conviendrait pas de le compléter ou de le modifier. Vous devrez, d'ailleurs, veiller, et je veillerai moi-même, à ce qu'il ne contienne que des dispositions rentrant dans la sphère du pouvoir réglementaire qui vous est conféré.

Art. 9. — L'article 9 charge l'autorité municipale de la police et de la conservation des chemins ruraux. Il consacre une attribution qui appartenait déjà aux maires (loi des 16-24 août 1790, titre XI, article 3 ; loi du 18 juillet 1837, articles 10 et 11). Il leur permet de réglementer non seulement les objets de police concernant les chemins ruraux non reconnus, mais encore ceux relatifs aux chemins reconnus lorsqu'ils ne l'auront pas été par vous en vertu de l'article 8 de la nouvelle loi. Les maires continueront d'exercer cette attribution sous votre contrôle et conformément à l'article 11 de la loi du 18 juillet 1837. Les infractions aux arrêtés qu'ils prendront tomberont, comme par le passé, sous l'application de l'article 471 du Code pénal. Enfin, les tribunaux de simple police resteront seuls compétents, sauf le recours de droit, pour connaître de ces infractions et des usurpations ou des détériorations commises sur les divers chemins dans les cas prévus par l'article 479 (nᵒˢ 11 et 12) du même Code.

Art. 10. — Aux termes de l'article 10 de la loi du 20 août 1881, l'autorité municipale pourvoit à l'entretien des chemins ruraux reconnus, dans la mesure des ressources dont elle peut disposer.

En cas d'insuffisance des ressources ordinaires, les communes sont autorisées à pourvoir aux dépenses des chemins ruraux reconnus, à l'aide soit d'une journée de prestation, soit de centimes extraordinaires en addition au principal des quatre contributions directes.

Les articles 5 et 7 de la loi du 24 juillet 1867 seront applicables lorsque l'imposition extraordinaire excèdera trois centimes.

Ces dispositions, Monsieur le Préfet, ont une importance qui ne saurait vous échapper. Elles donnent aux communes, contrairement à l'ancienne jurisprudence, les moyens d'améliorer sérieusement les chemins ruraux d'une utilité incontestable. Elles ne leur confèrent, au surplus, qu'une faculté à laquelle on ne pourrait les contraindre de recourir. D'un aure côté, elles laissent intactes les ressources de la vicinalité, sans empêcher toutefois les communes d'appliquer aux chemins ruraux, conformément à la loi du 21 juillet 1870, l'excédant de prestations disponibles imposées en vertu de la loi du 21 mai 1836 sur les chemins vicinaux. Mais il est à remarquer que l'article 10 de la loi du 20 août 1881 n'autorise pas le conseil municipal à voter concurremment, pour les dépenses des chemins ruraux reconnus, une journée spéciale de prestation et des centimes extraordinaires : il lui confère seulement le pouvoir de choisir entre ces deux genres de ressources.

Lorsque l'imposition extraordinaire ne dépassera pas trois centimes, le vote du conseil municipal auquel le maire adhérera n'aura besoin d'aucune approbation pour être exécutoire, s'il n'est pas suspendu ou annulé, après l'accomplissement des formalités prescrites par l'ordonnance royale du 18 décembre 1838. Quand le maire ne sera pas d'accord avec le conseil municipal, le vote n'excédant pas trois centimes ne pourra être mis en exécution qu'en vertu d'une décision préfectorale.

Lorsque l'imposition extraordinaire dépassera trois centimes, la délibération du conseil municipal tombera sous l'application des articles 5 et 7 de la loi du 24 juillet 1867 : elle devra, pour devenir exécutoire, être approuvée par un arrêté préfectoral, un décret ou une loi, selon les cas prévus par ces articles.

Quel que soit le chiffre de l'imposition extraordinaire, le conseil municipal ne saurait délibérer valablement sans l'adjonction des plus imposés, suivant les prescriptions de l'article 42 de la loi du 18 juillet 1837, dans les communes ayant moins de cent mille francs de revenus ordinaires. Mais cette adjonction ne devra jamais avoir lieu pour le vote de la journée spéciale de prestation.

. La loi du 5 avril 1882 a abrogé les lois concernnat l'adjonction des plus imposés.

Les individus, les animaux, les véhicules passibles de cette journée de prestation sont les mêmes que ceux assujettis aux prestations imposées en vertu de la loi du 21 mai 1836. La matrice servant à dresser le rôle de ces dernières prestations servira, dès lors, à la rédaction du rôle des contribuables soumis à la journée à réclamer en faveur des chemins ruraux reconnus. Ce rôle devra être dressé par les mêmes agents, rendu exécutoire et recouvré dans les mêmes formes que le rôle des prestations concernant la voirie vicinale.

Lorsque les communes voudront recourir, pour les dépenses des chemins ruraux reconnus, à un emprunt ou à la création d'autres ressources que celles qui viennent d'être mentionnées, les règles ordinaires qui régissent ces sortes de voies et moyens seront applicables.

Sous l'empire de la loi du 20 août 1881, les communes ont-elles le droit d'affecter à l'entretien ou à l'amélioration des chemins ruraux non reconnus les ressources dont elles disposent ?

D'après l'esprit, sinon le texte, de cette loi, les communes ne peuvent être autorisées à affecter aux dépenses des chemins ruraux non reconnus que leurs revenus ordinaires disponibles et l'excédant de prestations prévu par la loi du 21 juillet 1870, lorsqu'elles pourvoient à

toutes les dépenses, non seulement des chemins vicinaux
et des chemins ruraux reconnus, mais encore des autres
services municipaux ayant un caractère obligatoire. Il
serait d'ailleurs, en règle générale, d'une bonne administration de n'employer les ressources quelconques d'une
commune sur un chemin rural qu'après la reconnaissance de ce chemin. Il ne devrait en être autrement que
dans des cas rares et exceptionnels, où la nécessité d'exécuter des travaux urgents ne permettrait pas d'attendre
l'accomplissement des formalités de la reconnaissance.

Tous les ans, dans chaque commune, à la session de
mai, lorsque le conseil municipal sera appelé à voter,
pour l'année suivante, les ressources destinées aux dépenses de la voirie vicinale, il devra également être in-
vité à voter les ressources nécessaires aux chemins
ruraux reconnus.

Article 11. — L'article 14 de la loi du 21 mai 1836
donne aux communes le droit d'imposer des subventions
spéciales pour réparer les dégradations extraordinaires
que les exploitations de mines, de carrières, de forêts ou
d'entreprises industrielles causent aux chemins vicinaux
entretenus à l'état de viabilité.

La loi du 20 août 1881 (article 11) édicte des dispositions semblables en faveur des chemins ruraux reconnus. Ces dispositions sont pleinement justifiées. En effet,
les propriétaires de mines, de carrières, de forêts et d'é-
blissements industriels faisant un usage exceptionnel des
chemins ruraux reconnus doivent subir les conséquences de cet usage. D'un autre côté, si une pareille obligation, imposée dans l'intérêt des chemins vicinaux,
n'existait pas également en faveur des chemins ruraux
reconnus, tous les transports susceptibles d'occasionner
des dégradations extraordinaires s'effectueraient de
préférence sur ces derniers chemins. Il les rendraient
souvent impraticables, sans qu'on pût les réparer
faute de ressources, après les avoir construits ou amélio-
rés dans des conditions suffisantes pour la circulation.

habituelle. Les sacrifices qui auraient pesé sur la généralité des habitants pour les dépenses de cette nature ne profiteraient presque jamais qu'à un petit nombre dé particuliers.

En principe, c'est au maire de la commune sur le territoire de laquelle sera situé le chemin rural reconnu, dégradé extraordinairement, qu'il appartiendra de réclamer la subvention spéciale due à raison des dégradations. Mais, lorsque le chemin rural reconnu sera entretenu à l'état de viabilité par un syndicat organisé conformément aux articles 19 et suivants de la nouvelle loi, la demande de subvention pour les dégradations extraordinaires causées à ce chemin pourra être formée par le syndicat.

L'abonnement ayant pour objet de régler amiablement les subventions qui sont dues au moment où l'abonnement intervient, ou qui pourront être dues ultérieurement pur un certain laps de temps, sera en règle générale, consenti par le maire avec l'autorisation du conseil municipal. Le syndicat aura également la faculté de consentir l'abonnement dans le cas où il aurait le droit dé réclamer la subvention. Dans l'une ou l'autre hypothèse, l'abonnement devra être soumis à l'approbation de la commission départementale.

Sur les autres points, l'article 11 de la loi du 20 août 1881 sera appliqué comme l'article 14 de la loi du 21 mai 1836.

Art. 12. — Les propriétaires intéressés se sont parfois imposé des sacrifices consistant en terrains, en travaux ou en argent pour l'établissement, l'entretien ou l'amélioration des chemins ruraux. Ils le feront, selon toute apparence, plus fréquemment aujourd'hui, en faveur des chemins ruraux reconnus, à raison des avantages particuliers que la nouvelle loi assure à ces chemins.

D'après l'article 12, les sacrifices de cette nature, que l'on désigne ordinairement sous le nom de *souscriptions volontaires,* doivent être acceptés par le maire. Il n'y a pas à distinguer, à leur égard, si le chemin en vue duquel les souscriptions sont consenties est reconnu ou non. L'acceptation, au surplus, doit être autorisée ou approuvée par le conseil municipal et le préfet. (Loi du 18 juillet 1837, art, 19 et 20 ; décret du 25 mars 1852, art. 1er, tableau A.) Le maire dresse l'état de souscription. Le préfet le rend exécutoire. Les souscriptions, consistant en journées de prestation, seront, après mise en demeure restée, sans effet, converties en argent suivant le tarif adopté par les prestations de la vicinalité. •

Quant aux difficultés qui s'élèveraient au sujet des souscriptions comprenant à la fois des sommes d'argent, des prestations et des terrains, ou restreintes soit à deux, soit à une seule de ces ressources, elles devraient, à défaut d'arrangement amiable, être soumises au conseil de préfecture, sauf recours au Conseil d'État.

Art. 13. — Il peut y avoir utilité à ouvrir de nouveaux chemins ruraux, à redresser ou élargir les anciens. L'article 13 de la loi du 20 août 1881 permet d'y pourvoir.

Aux termes de cet article, l'ouverture, le redressement, la fixation de la largeur et de la limite des chemins ruraux sont prononcés par la commission départementale, conformément aux dispositions des cinq derniers paragraphes de l'article 4.

Les chemins ainsi ouverts seront compris dans la catégorie des chemins reconnus. Il en sera de même des chemins redressés ou élargis qui n'auraient pas été précédemment l'objet d'un arrêté de reconnaissance.

La décision de la Commission départementale prononçant l'ouverture, le redressement ou l'élargissement des chemins ruraux équivaudra, en principe, à une déclaration d'utilité publique. A défaut du consentement des propriétaires, l'expropriation des terrains nécessaires à l'exécution de la mesure pourra être poursuivie en vertu

de la décision de la Commission départementale, conformément aux dispositions des paragraphes 2 et suivants
de l'article 16 de la loi du 21 mai 1846. Mais la décision
portant déclaration d'utilité publique et autorisant l'expropriation ne saurait être qu'un décret, après avis du
Conseil d'État, quand les immeubles à occuper seront,
soit des maisons, soit des cours ou jardins y attenant,
soit des terrains clos de murs ou de haies vives. La commune, dans tous les cas, n'aura pas le droit de prendre
possession d'un immeuble exproprié avant le payement
ou la consignation de l'indemnité.

Vous remarquerez, Monsieur le Préfet, que ces dispositions sont analogues à celles qui régissent les chemins
vicinaux. Elles en diffèrent cependant sur certains points.
En matière de voirie vicinale, la décision de l'autorité
compétente prononçant l'élargissement d'un chemin attribue immédiatement à la commune la propriété et la possession du sol non bâti, ni clos de murs, compris dans
les nouvelles limites du chemin. En pareil cas, lorsqu'il
s'agit d'un chemin rural, la commune, à défaut d'arrangement amiable, ne deviendra propriétaire du sol qu'en
l'expropriant dans les formes indiquées ci-dessus, et elle
ne pourra en prendre possession qu'après le payement
ou la consignation de l'indemnité. D'un autre côté, en
matière de voirie vicinale, c'est seulement quand les
terrains à incorporer à un chemin sont bâtis ou clos de
murs qu'un décret est nécessaire pour déclarer l'utilité
publique et pour poursuivre l'expropriation. Un décret,
indispensable dans ce cas, en matière de voirie rurale,
l'est également lorsque les immeubles à occuper sont,
soit des cours ou jardins même non clos de murs, pourvu qu'ils soit attenants à une maison, soit des terrains
clos de haies vives dépendant ou non d'une habitation.
Les chemins ruraux étant moins utiles que les chemins
vicinaux, le législateur a voulu assurer plus de garantie
à la propriété, lorsque l'autorisation de recourir à l'expropriation est sollicitée en faveur des premiers, que

lorsqu'elle est demandée dans l'intérêt des seconds:

Art. 14. — Les travaux publics ne peuvent souvent être exécutés sans l'occupation temporaire de terrains, soit pour l'extraction ou le dépôt des matériaux nécessaires, soit pour le passage des ouvriers et des voitures employés à les transporter ou à les mettre en œuvre. De nombreux actes de la législation française ont formellement ou implicitement accordé à l'Administration le droit de recourir à cette occupation. Ils ont ainsi grevé la propriété d'une servitude spéciale. Elle est établie ou consacrée dans l'intérêt des travaux publics en général par les arrêts du Conseil du Roi en date des 7 septembre 1755 et 20 mars 1780 ; par la loi des 28 septembre, 6 octobre 1791 (titre 1er, section VI, art. 1er) ; par celle du 28 pluviôse an VIII, art. 4 ; par le Code civil, art. 650, et par la loi du 16 septembre 1807 (art. 55 et 56). Le législateur l'a admise spécialement en faveur des chemins ruraux, comme il l'avait déjà admise par des dispositions particulières en faveur des chemins vicinaux (loi du 21 mai 1836, art. 17) et des chemins de fer (loi du 15 juillet 1845, art. 3). Il a voulu faire disparaître tout doute sur le point de savoir si elle pouvait s'appliquer aux travaux concernant ces trois catégories de voies de communication. Elle devra s'exercer en matière de voirie rurale dans les mêmes formes et avec les mêmes restrictions ou obligations qu'en matière de voirie vicinale. Vous voudrez bien, dès lors, vous conformer à cet égard aux prescriptions de l'Instruction générale du 6 décembre 1870 sur les chemins vicinaux (art. 47 à 62).

Art. 15. — Dans le but de tarir une source de procès, la loi du 21 mai 1836 (art. 18) a soumis à une prescription de deux ans l'action des propriétaires en indemnité, soit pour le sol incorporé aux chemins, soit pour l'occupation temporaire de terrains, le dépôt ou l'extraction des matériaux. La loi du 20 août 1881, art. 15) a cru devoir, dans le même but, appliquer ces dispositions aux chemins ruraux reconnus.

Art. 16. — En principe, les chemins ruraux reconnus conserveront ce caractère tant que l'arrêté qui le leur donnera ne sera pas rapporté dans les formes prescrites par l'article 4. Ils le perdront, par exception à cette règle, lorsqu'ils seront transformés en rues ou rangés, par une décision de l'autorité compétente, dans la grande voirie ou dans la voirie vicinale.

Lorsqu'un chemin rural reconnu ou non reconnu cessera d'être affecté à l'usage du public, la vente pourra en être autorisée par un arrêté du préfet rendu conformément à la délibération du conseil municipal et après une enquête précédée de trois publications faites à quinze jours d'intervalle. Les autres formalités de cette enquête devront être celles qui sont remplies en matière d'aliénations de biens communaux, selon les prescriptions de l'instruction de l'un de mes prédécesseurs en date du 20 août 1825.

Vous ne serez jamais obligé d'autoriser la vente quand elle vous paraîtra inopportune ou contraire aux intérêts de la commune. D'un autre côté, il ne vous appartiendra de l'autoriser qu'autant qu'elle sera votée par le conseil municipal et que, dans les trois mois qui suivront l'enquête, les intéressés, constitués en syndicat conformément aux articles 19, 20, 21, 22, 23 et 24, n'auront pas déclaré se charger de l'entretien.

Art. 17. — Quand un ancien chemin doit être aliéné, l'équité exige que les propriétaires riverains puissent l'acquérir de préférence à tous autres. En effet, ils en ont ordinairement fourni l'emplacement, et l'occupation de cet emplacement par un tiers entraverait souvent l'exploitation de leurs fonds. C'est pourquoi la loi du 21 mai 1836 (art. 19) a conféré, en pareil cas, un droit de préemption aux propriétaires riverains des chemins vicinaux déclassés ou rectifiés. La Cour de cassation avait décidé que le même droit appartenait aux propriétaires riverains des chemins ruraux (ch. req., arr. 19 mai 1858, sœurs de la Charité de Nevers). La loi du 20 août 1881 a

consacré ce droit. Elle en règle ainsi l'exercice relativement aux parcelles retranchées de la voirie rurale, c'est-
à-dire provenant de chemins ruraux reconnus ou non
reconnus.

Les propriétaires riverains sont mis en demeure d'acquérir les terrains attenant à leurs propriétés par un
avertissement notifié en la forme administrative. Si, dans
le délai d'un mois à partir de cet avertissement, ils ne
font pas de soumission, les terrains sont aliénés selon les
règles suivies pour la vente des propriétés communales.
Si, dans le délai précité, ils soumissionnent les terrains,
le prix de chaque parcelle est fixé à l'amiable ou par
deux experts nommés l'un par la commune, l'autre par
le propriétaire intéressé. Dans le cas où les deux experts
ne se mettent pas d'accord, ils désignent un tiers-expert.
S'ils ne parviennent pas à s'entendre pour cette désignation, elle est faite par le juge de paix.

Quand le droit de préemption sera exercé, vous n'aurez, Monsieur le Préfet, aucune décision à prendre au
sujet de l'expertise. Toutes les difficultés qu'elle sou-
lèvera, comme toutes les contestations qui concerneront
l'existence ou l'exercice du droit de préemption revendiqué par les propriétaires riverains, seront de la compétence des tribunaux judiciaires.

Art. 18. — L'article 18 dispose que les plans, procès-
verbaux, certificats, significations, jugements, contrats,
marchés, adjudications de travaux, quittances et autres
actes ayant pour objet exclusif la construction, l'entretien ou la réparation des chemins ruraux, seront enregistrés moyennant le droit fixe de 1 fr. 50 cent.

Il ajoute que les actions intentées par les communes
ou dirigées contre elles relativement à leurs chemins
ruraux seront jugées comme affaires sommaires, conformément à l'article 405 du Code de procédure
civile.

Ces dispositions ont pour but de faciliter l'établissement, l'amélioration et la conservation des voies rura-

les. Elles sont applicables, comme celles de l'article précédent, aux deux classes de chemins ruraux. Elles ont été empruntées à l'article 20 de la loi du 21 mai 1836, modifié par l'article 4 de la loi du 28 février 1872 en ce qui touche la quotité du droit d'enregistrement.

Elles ne sauraient, d'ailleurs, empêcher les communes de se prévaloir d'un bénéfice beaucoup plus considérable, c'est à dire de l'exonération des droits d'enregistrement, de timbre et de transcription, qui résultera de l'article 58 de la loi du 3 mai 1841, lorsqu'elles acquerront des terrains pour l'ouverture, le redressement ou l'élargissement de leurs chemins ruraux en vertu d'une déclaration d'utilité publique ou d'une décision équivalente émanant du Chef de l'Etat ou de la Commission départementale.

SECTION II. — *Des syndicats pour l'ouverture, le redressement, l'élargissement, la réparation et l'entretien des chemins ruraux.*

L'article 10 de la loi du 20 août 1881, Monsieur le Préfet, donne aux communes la faculté de créer des ressources importantes. Il ne faut pas cependant se dissimuler que souvent elles seront insuffisantes, non seulement pour entretenir et améliorer, comme ils devraient l'être, les anciens chemins ruraux reconnus, mais encore pour ouvrir les nouvelles voies rurales dont l'utilité ou la nécessité se ferait sentir. Il est, en outre, à remarquer que parfois la dépense ne présentait pas un assez grand intérêt public pour justifier une contribution imposée à la généralité des habitants.

Dans l'une ou l'autre hypothèse, il importe que les propriétaires qui se servent ou se serviront habituellement des chemins puissent s'unir, par un accord unanime, ou sur la demande de la majorité, pour assurer l'exécution des travaux. La loi du 20 août 1881 leur permet de former à cet effet des associations syndicales analogues à celles qui sont constituées, en vertu de la loi du 21 juin 1865 pour les ouvrages de défense contre la mer; les fleuves, etc., pour le curage des cours d'eau non navigables ni flottables, le dessèchement des marais, l'assainissement des terres humides et insalubres, l'irrigation et le drainage, l'établissement et l'entretien des chemins d'exploitation. Le législateur n'avait pas cru devoir autoriser la formation d'associations syndicales pour les chemins ruraux. Ces chemins appartenant aux communes et ayant un caractère public, il lui semblait que l'autorité municipale pouvait seule en avoir la police et l'administration. Après un examen approfondi de la question, il a pensé que si la police des chemins ruraux ne devait pas être attribuée à une simple association de propriétaires, les actes de gestion concernant ces chemins pouvaient, sans graves inconvénients, être confiés à une pareille association, sous la surveillance et le contrôle du maire et du préfet.

Les articles 19 à 32 de la loi du 20 août 1881 déterminent les conditions et les formes de l'institution des associations syndicales en matière de voirie rurale, l'organisation, la nature, les limites et le mode d'exercice des pouvoirs de ces associations, les règles de compétence à suivre pour la solution des difficultés qui seront soulevées par leur création ou leur action.

Art. 10. — Lorsque l'ouverture, le redressement ou l'élargissement d'un chemin a été autorisé conformément à l'article 13 et que les travaux ne sont pas exécutés, ou lorsqu'un chemin reconnu n'est pas entretenu par la commune, le maire peut d'office ou doit, sur la demande qui lui en est faite par trois intéressés au moins, convoquer individuellement tous les intéressés. Il les invite à délibérer sur la nécessité des travaux et à se charger de leur exécution, tous les droits de la commune restant réservés. Il recueille les suffrages, constate le vote des personnes présentes qui ne savent pas signer et mentionne les adhésions envoyées par écrit.

Art. 20. — Si la moitié plus un des intéressés représentant au moins les deux tiers de la superficie des propriétés desservies par le chemin, ou si les deux tiers des intéressés représentant plus de la moitié de la superficie, consentent à se charger des travaux pour mettre ou maintenir la voie en état de viabilité, l'association est constituée.

Elle existe même à l'égard des intéressés qui n'ont pas donné leur adhésion.

Pour les travaux d'amélioration et d'élargissement partiel, l'assentiment de la moitié plus un des intéressés représentant au moins les trois quarts de la superficie des propriétés desservies, ou des trois quarts des intéressés représentant plus de la moitié de la superficie, est exigé.

Pour les travaux d'ouverture, de redressement et d'élargissement d'ensemble, le consentement unanime des intéressés est nécessaire.

Il ne vous échappera pas, Monsieur le Préfet, que plus les charges des propriétaires intéressés peuvent être grandes, plus les conditions de la formation de l'association sont rigoureuses. Le législateur a voulu protéger la minorité des intéressés contre les exigences excessives de la majorité. Il ne permet pas qu'on lui impose les frais souvent considérables de l'ouverture d'un nouveau chemin ou de modifications radicales d'un ancien. Mais il donne à la majorité le moyen de vaincre une résistance qui ne saurait être justifiée, lorsqu'il s'agit seulement, à l'aide de légers sacrifices, de maintenir ou de remettre en état de viabilité ou d'élargir partiellement un chemin d'une utilité incontestable pour tous les propriétaires dont il dessert les fonds.

Vous remarquerez, en outre, que la base de l'intérêt des personnes appelées à constituer une association syndicale n'est pas la valeur, mais la superficie des propriétés. On doit y recourir exclusivement pour résoudre la question de savoir s'il y a lieu de former l'association, dans le cas où l'assentiment unanime des intéressés n'est pas indispensable. Une fois l'association constituée, la participation de chacun des associés aux charges devra être proportionnelle, non à la superficie de ses propriétés, mais à l'intérêt véritable que présentera pour lui l'entreprise.

Art. 21. — Lorsqu'une association sera créée, le maire dressera un procès-verbal qui en constatera la formation, en spécifiera le but, fera connaître la durée de l'association, le mode d'administration adopté, le nombre des syndics, l'étendue de leurs pouvoirs, enfin les voies et moyens votés.

Art. 22. — Ce procès-verbal vous sera transmis par le maire, avec son avis et celui du conseil municipal.

Vous examinerez si toutes les formalités exigées par la loi ont été remplies. Dans le cas de l'affirmative, vous autoriserez l'association. Dans le cas contraire, vous refuserez cette autorisation. Vous n'aurez pas à vous préoccuper de la question d'utilité des travaux. L'esprit, sinon le texte de la loi, en laisse l'appréciation exclusive aux intéressés. Mais quand la commune consentira à contribuer à la dépense, il vous appartiendra de n'approuver son concours que si le mode et le montant de la subvention promise par le conseil municipal vous semblent le permettre sans inconvénient.

Art. 23. — Un extrait du procès-verbal constatant la constitution de l'association et l'arrêté préfectoral qui l'approuvera devront être affichés dans la commune où sera situé le chemin. Ils devront, en outre, être publiés dans le recueil des actes de la préfecture. Dans le cas où vous ne croiriez pas devoir autoriser l'association, votre arrêté serait seul soumis à cette double formalité de publicité.

Art. 24. — Les syndics de l'association seront élus en assemblée générale.

Si la commune accorde une subvention, le maire nommera un nombre de syndics proportionné à la part que cette subvention représentera dans l'ensemble de l'entreprise.

Les autres syndics devraient être nommés par vous dans le cas où l'assemblée générale, après deux convocations, ne se serait pas réunie ou n'aurait pas procédé à leur élection.

Art. 25. — Les associations ainsi constituées pourront ester en justice par leurs syndics; elle pourront emprunter. Elles pourront aussi acquérir les parcelles de terrain nécessaires pour l'amélioration, l'élargissement, le redressement ou l'ouverture du chemin régulièrement entrepris. Les terrains réunis à la voie publique deviendront la propriété de la commune.

La décision de la Commission départementale ou du Chef de l'État qui aura déclaré d'utilité publique l'ouverture, le redressement ou l'élargissement du chemin, autorisera formellement ou implicitement l'acquisition des terrains à occuper. Les syndics pourront y procéder à l'amiable ou par la voie d'expropriation, selon les prescriptions de l'article 13. Ils devront au surplus se conformer à cet égard aux restrictions que les statuts auraient apportées à leurs pouvoirs. Ils devront également se conformer aux dispositions de cette nature que contiendraient les statuts de l'association relativement soit aux actions à intenter ou à soutenir, soit aux emprunts à contracter.

Art. 26. — Aux termes de l'article 26, le syndicat déterminera le mode d'exécution des travaux, soit en nature, soit en taxe ; il répartira les charges entre les associés proportionnellement à leur intérêt ; il règlera l'accomplissement des travaux en nature ou le recouvrement des taxes en un ou plusieurs exercices.

Art. 27. — Les rôles pour le recouvrement de la taxe due par chaque intéressé seront dressés par le syndicat, approuvés, s'il y a lieu, et rendus exécutoires par vous.

Il vous appartiendra d'ordonner préalablement la vérification des travaux. Les rôles seront recouvrés, dans la forme des contributions directes, par le receveur municipal. Ils comprendront les frais de perception, dont vous déterminerez le montant sur l'avis du trésorier-payeur général.

Art. 28. — Dans le cas où l'exécution des travaux entrepris par l'association syndicale exigerait l'expropriation de terrains, il y serait procédé conformément à l'article 13, ainsi que je vous l'ai fait remarquer plus haut.

Art. 29. — Quand une association syndicale refusera d'entreprendre les travaux en vue desquels elle sera constituée, vous aurez le droit de rapporter l'arrêté d'autorisation. D'un autre côté, dans le cas où l'interruption ou le défaut d'entretien d'ouvrages entrepris par une association pourrait avoir des conséquences nuisibles à l'intérêt général, il vous appartiendrait, après une mise en demeure restée sans résultat, d'obvier à ces inconvénients, en faisant procéder d'office, aux frais de l'association, à l'exécution des travaux nécessaires.

Art. 30, 31, 32. — Les intéressés et les tiers pourront me déférer, dans le délai d'un mois à partir de l'affiche, vos arrêtés autorisant ou refusant d'autoriser les associations syndicales. Ils déposeront leurs recours à la préfecture. Vous devrez me le transmettre, dans le délai de quinzaine, avec les pièces produites à l'appui, vos observations et tous les autres documents qu'exigera l'instruction de l'affaire. Je provoquerai ensuite le décret par lequel il sera statué après l'avis du Conseil d'Etat.

Les contestations relatives au défaut de convocation d'une partie intéressée, à l'absence ou à défaut d'intérêt des personnes appelées à l'association ou au degré d'intérêt des associés, ainsi qu'à la répartition, à la perception et à l'accomplissement des taxes et prestations, à la nomination des syndics, à l'exécution des travaux et aux mesures ordonnées en vertu du dernier paragraphe de l'article 29, seront jugées par le conseil de préfecture, sauf recours au Conseil d'État.

Il sera procédé à l'apurement des comptes de chaque association selon les règles établies pour les comptes des receveurs municipaux.

Aux termes de l'article 32 et dernier de la nouvelle loi, nulle personne comprise dans une association ne pourra contester sa qualité d'associé ou la validité de l'acte d'association, après le délai de trois mois à partir de la notification du premier rôle des taxes ou prestations.

Telles sont, Monsieur le Préfet, les dispositions de la loi du 20 août 1881. Elles répondent à de pressants besoins, à des vœux souvent exprimés dans l'intérêt de l'agriculture et des campagnes. Elles font disparaître de regrettables lacunes de notre législation, en établissant, pour les chemins ruraux les plus utiles, une sorte d'état-civil qui mettra fin à leur situation précaire et incertaine, source de nombreux procès ; en protégeant ces chemins par l'imprescriptibilité comme les voies de communication d'ordre supérieur, dont ils sont les ramifications indispensables et complètent le réseau en leur accordant les avantages d'une procédure rapide pour les instances ordinaires et pour les expropriations ; en les assimilant, sauf certaines modifications, aux chemins vicinaux, non seulement sur les points que je viens de rappeler, mais encore en ce qui concerne les subventions spéciales pour les dégradations extraordinaires, les occupations temporaires de terrains pour extraction, enlèvement ou dépôt de matériaux, le pouvoir règlementaire qui vous est confié, etc. ; enfin en dotant la voirie rurale de ressources spéciales, soit pour rendre et maintenir praticables les chemins qui existent, soit pour les améliorer ou en créer de nouveaux.

Les observations dont la loi du 20 août 1881 m'a paru susceptible vous guideront dans son application. Elles vous permettront, je l'espère, de résoudre la plupart des difficultés qui seront de votre compétence. Je m'empresserais, d'ailleurs, de vous adresser les instructions ou explications complémentaires dont vous me signaleriez la nécessité.

Veuillez m'accuser réception de la présente circulaire.

Recevez, Monsieur le Préfet, l'assurance de ma considération très-distinguée.

Le Ministre de l'Intérieur et des Cultes,

CONSTANS.

CHAPITRE XIV

POLICE DES CHEMINS

Titre I. — Pouvoir réglementaire de l'administration.

373. — *Pouvoirs du préfet.* Les pouvoirs règlementaires de l'administration, en matière de chemins vicinaux ont été aussi vagues que disséminés dans nos lois jusqu'à la loi organique du 21 mai 1836.

La loi du 11 septembre 1790 art. 6. attribuait la police de conservation aux juges de district. Le code rural du 6 octobre 1791, titre 2, art 40 édicta certaines peines correctionnelles contre les dégradations qui sont restées en vigueur jusqu'à la publication de l'article 479, code pénal. L'art. 6 de la loi du 9 ventôse an 13 constitua les conseils de préfecture gardiens de l'intégrité des chemins, enfin la loi des 28 septembre, 6 octobre 1791, art. 2-3, titre 1, section IV ; l'arrêté du 23 messidor an V, confèrent aux préfets toutes les attributions qui touchent à la conservation des chemins vicinaux et aux autorisations à donner. La loi du 21 mai 1836 fut encore plus large et plus précise ; elle dispose dans son article 21 :

« Dans l'année qui suivra la promulgation de la présente loi, chaque préfet fera, pour en assurer l'exécution, un règlement qui sera communiqué au conseil général, et transmis, avec ses observations, au Ministre de l'Intérieur, pour être approuvé s'il y a lieu, sur tout ce qui est relatif aux alignements, aux autorisations de construire le long des chemins, à l'écoulement des eaux, aux plantations, à l'élagage, aux fossés, à leur curage, et à tous autres détails de surveillance et de conservation. »

La circulaire de 1836, disait sur ce texte cet article, monsieur le préfet, est le complément des nombreuses améliorations apportées par la loi du 21 mai 1836 à la législation sur les chemins vicinaux. En se bornant à poser les principes généraux de la matière et en laissant à l'administration de chaque département le soin de régler les détails d'exécution et les mesures locales le législateur s'est rendu aux vœux de tous les conseils généraux du royaume. Je m'écarterais de l'esprit dans lequel à été conçu l'article 21 de la loi si je prescrivais, pour la rédaction des règlements que doivent faire MM. les préfets, des règles précises et uniformes. La comparaison des règlements, sans doute fort divers, qui seront soumis à mon approbation, permettra par la suite à chacun de MM. les préfets de s'approprier ce qu'il trouvera d'utile dans le travail de ses collègues, et nous arriverons ainsi successivement à régler d'une manière aussi parfaite que possible les nombreux détails d'exécution d'une loi dont l'importance est si bien appréciée.

Mesures qui doivent être réglées d'une manière uniforme dans tous les départements.

Toutefois, monsieur le préfet, parmi les matières sur lesquelles la loi vous donne l'initiative pour la rédaction de votre règlement, il en est un certain nombre à l'égard desquelles la diversité des localités est évidemment sans influence. Ce sont : 1° La confection des rôles ; 2° la comptabilité ; 3° les adjudications et leur forme ; 4° les alignements et autorisations de construire. Le dernier de ces objets n'est que l'application de principe généraux dont l'administration ne saurait s'écarter ; les trois autres doivent être soumis à des règles uniformes, afin de permettre l'établissement de comptes réguliers, et de permettre à l'autorité centrale d'exercer le droit de surveillance que la loi n'a pas voulu lui enlever.

Les mesures dont l'exécution peut varier d'après la différence des localités portent sur les matières suivantes ; La largeur des chemins vicinaux époques et mode d'exécution des prestations écoulement des eaux. Plantations et élagage, établissement des fossés et curage.

On voit par cette énumération que si le ministre, s'inspirant de la loi, laissait une certaine latitude aux préfets, il n'en désirait pas moins l'uniformité de règlementation des chemins vicinaux sur tous les points essentiels, et que si l'on n'essayait pas de suite de faire ce règlement uniforme, c'était moins par respect de la liberté locale que par défaut d'expérience et désir de mieux préparer un règlement uniforme après avoir vu l'ensemble des règlements locaux.

Ce règlement a été fait en 1870 ; c'est celui que nous avons suivi et commenté et s'il y a encore quelques différences locales on sait qu'elles portent sur des points bien peu importants.

EN RÉSUMÉ

1° Le pouvoir règlementaire des chemins vicinaux de toute catégorie, appartient donc aux préfets, sous le contrôle du ministre de l'Intérieur aux termes de l'article 21 de la loi du 21 mai 1836.

2° Le maire ne peut, sans délégation du préfet, prendre des mesures de police pour la conservation des chemins vicinaux ; et dans leurs attributions règlementaires les préfets ne doivent pas dépasser les limites que la loi leur a tracées.

3° Le règlement général ne contient qu'un seul texte de délégation administrative aux maires, qui est ainsi conçu, art. 207. Les maires veilleront à la solidité des constructions bordant les chemins vicinaux et prendront les mesures nécessaires pour sauvegarder la sécurité des passants.

JURISPRUDENCE

374. — Est illégal et non obligatoire, à défaut d'une telle délégation, l'arrêté du maire enjoignant aux conducteurs de charrettes destinées aù transport des pierres sur les chemins vicinaux de la commune, de diriger leur marche de manière que les chevaux ne suivent pas la même piste et que les roues ne passent pas dans les mêmes ornières. (Cass. 20 décembre 1867. S. 68. 1. 320. — Même décision pour les barrières de dégel. — Cass. 4 juillet 1857. S. 57. 1. 759.)

(a) L'autorité municipale a été dépouillée par la loi du 21 mai 1836 art. 21 du droit qui lui appartenait antérieurement de prendre des arrêtés généraux relativement à l'écoulement des eaux des chemins vicinaux, aux fossés de ces chemins et à leur curage : ce droit se trouve transporté aux préfets, sous l'approbation du ministre de l'Intérieur (Cass. 5 août 1837. S. 37. 1. 1011.)

(b) Dans ses attributions réglementaires le préfet ne doit pas dépasser les limites que la loi lui a tracées ainsi : Aucune disposition de loi n'autorisant le préfet à imposer aux riverains des chemins vicinaux de grande communication un mode spécial de clôture, est entaché d'excès de pouvoirs l'arrêté préfectoral qui enjoint aux propriétaires riverains d'un chemin vicinal d'établir sur la limite dudit chemin, une grille conforme à un modèle déterminé (C. d'Ét. 19 février 1868. S. 68. 2. 328).

(c) Les règlements de petite voirie ne peuvent prononcer d'autres peines que celles qui sont portées par l'art. 471. cod.

pén. Ceux qui porteraient des peines plus fortes ne doivent pas être appliqués ; et le tribunal de police compétent, malgré ces dispositions pénales, ne doit prononcer qu'une peine de police. (Cass. 17 janvier 1829.)

(*d*) Est illégal et non obligatoire tout arrêté ou règlement de police prononçant une peine en dehors des cas prévus par la loi, tel celui qui prononce la confiscation du gibier vendu ailleurs que sur le marché (Cass. 10 février 1854. S. 54. 1. 400).

(*e*) Est illégal et non obligatoire l'arrêté municipal imposant aux propriétaires riverains d'un chemin rural le curage des fossés appartenant à la commune. (Cass. 5 janvier 1855. S. 55. 1. 145.)

(*f*) En principe : Lorsqu'il existe un règlement de l'autorité souveraine sur une matière de police, l'autorité municipale ou le préfet ne peuvent légalement prescrire aucune mesure différente ou contraire à ce règlement : ils ne peuvent qu'en assurer l'exécution. (Cass. 31 janv. 1857. S. 57. 1. 305.

(*g*) Le pouvoir de réglementation des maires pour les objets placés par la loi dans leurs attributions, ne peut s'exercer qu'à défaut de règlement d'administration publique, ou qu'autant que, s'il existe un tel règlement, le droit de modifier ses dispositions, de les restreindre ou d'y ajouter a été formellement réservé à l'autorité municipale (Cass. 4 janvier 1862. S. 62. 1. 156).

(*h*) La partie des grandes routes qui traverse les villes est, en ce qui touche la commodité, la sûreté et la salubrité de cette voie publique, soumise à la police de voirie urbaine, et, par suite, les contraventions qui y sont commises rentrent dans la compétence des tribunaux de police. (Cass. 27 septembre 1851. S. 52. 1. 285).

Ce principe est également vrai pour les chemins vicinaux qui dans la traverse des villes se trouvent soumis aux réglements de police municipale tendant à la sécurité des passants et à l'ordre public.

(*i*) Est légal et obligatoire l'arrêté ou règlement préfectoral portant que si un chemin vicinal est traversé par un canal creusé de main d'hommes, les ponts à rétablir ou à réparer seront à la charge du propriétaire de ce canal. En conséquence, le refus par le propriétaire d'un tel canal, l'existence de ce canal fût-elle antérieure à l'arrêté préfectoral, de réparer les dégradations causées au pont par le débordement des eaux, constitue la contravention prévue par l'art 471, n° 5, cod. pén.

375. — *Plantations d'arbres.* art. 286 du règlement, aucune plantation d'arbres ne pourra être effectuée le long et joignant les chemins vicinaux qu'en observant les distances ci-après, qui seront calculées à partir de la limite extérieure soit des chemins, soit des fossés, soit des talus qui les borderaient : Pour les arbres frui-tiers ou forestiers, 1 mètre. Pour les bois taillis, 50 cen-timètres ; La distance des arbres entr'eux ne pourra être inférieure à 6 mètres.

Art. 287. Les plantations faites antérieurement à la publication du présent règlement à des distances moin-dres que celles ci-dessus pourront être conservées, mais elle ne pourront être renouvelées qu'à la charge d'obser-ver les distances prescrites par l'article précédent.

Art. 288. Les plantations faites par des particuliers sur le sol des chemins vicinaux avant la publication du présent règlement pourront être conservées si les besoins de la circulation le permettent, mais elles ne pourront, dans aucun cas, être renouvelées.

Art. 289. Si l'intérêt de la viabilité exigeait la des-truction des plantations existant sur le sol des chemins vicinaux, les propriétaires seraient mis en demeure, par un arrêté du maire, pour les chemins vicinaux ordinai-res, et du préfet, pour les chemins de grande communi-cation et d'intérêt commun, d'enlever, dans un délai déterminé, les arbres qui leur appartiendraient, sauf à eux à faire valoir le droit qu'ils croiraient avoir à une indemnité. Si les particuliers n'obtempéraient pas à cette mise en demeure, il serait dressé un procès-verbal pour être statué par l'autorité compétente. Art. 290. Les com-munes qui en feront la demande pourront être autorisées par le préfet à faire des plantations sur le sol des che-mins vicinaux. Les conditions auxquelles ces plantations seront faites, l'espacement des arbres entr'eux, ainsi que la distance à observer entre les plantations et les propriétaires riverains, seront déterminées par le préfet dans son arrêté d'autorisation.

JURISPRUDENCE

Au cas de plantation d'arbres faite, sans demande préalable d'alignement, sur une propriété riveraine d'un chemin vicinal de grande communication, et à une distance de ce chemin moindre que celle prescrite par un règlement préfectoral, le juge de police saisi de la contravention doit se borner à prononcer l'amende, quant à l'enlèvement des arbres ainsi plantés, il ne peut être ordonné que par le Conseil de préfecture. (Cass. 12 avril 1867. S. 68. 1. 91.)

Des arbres existant sur les bords d'un chemin public, aussi bien que ceux existant sur un domaine privé, peuvent, isolément et indépendamment du sol qu'ils occupent, être l'objet d'une possession utile à prescription, et, par conséquent, d'une action possessoire. (Lille 11 mars 1859. — Cass. 7 novembre 1860. S. 61. 1. 879. 23 décembre 1861. S. 62. 1. 181).

L'attribution à titre de propriété que les lois du 26 juillet 1790 et du 28 août 1792 ont faite aux riverains, des arbres plantés sur le sol des chemins vicinaux, ne s'applique qu'aux arbres alors existants. (Douai 28 septembre 1865. S. 66. 2. 188.)

Quant à ceux plantés depuis, ils sont présumés, jusqu'à preuve contraire, conformément au droit commun, être la propriété des communes à qui les chemins appartiennent. (*Même arrêt.*)

La preuve contraire ne saurait résulter au profit des riverains, de ce que les arbres auraient été plantés par eux : l'art 7 de la loi du 9 vent. an 13 n'ayant point pour effet de les autoriser à effectuer des plantations sur le sol des chemins (*Même arrêt.*)

Mais elle résulterait de ce que, depuis plus de trente ans, ils ont eu la possession de ces arbres dont ils auraient fait exclusivement l'élagage et recueilli tous les produits utiles. (*Même arrêt*).

Toutefois il a été jugé, en sens contraire, que la propriété des arbres plantés par les riverains sur le sol des chemins vicinaux, appartient à ces riverains et non à la commune ; qu'ici est inapplicable le principe que la propriété du sol emporte la propriété du dessus (Cass. 3 février 1868. S. 68. 1. 55).

L'écorchure ou la mutilation d'arbres appartenant à autrui, lorsqu'elle n'est pas de nature à les faire périr, reste punissable des peines portées par l'art. 14. tit. 2 de la loi des 28 septembre,6 octobre 1791 : cet article n'a pas été abrogé quant à ce par les art. 445 et 446 cod. pén. qui prévoient le cas de mutilation ou destruction totale des arbres.(Besançon,24 janvier 1857. S. 57. 2. 189).

Le fait d'écorcer volontairement et avec intention de nuire un arbre sur pied de manière à le faire périr, quoique en réalité et par suite de soins intelligents donnés à cet arbre, il n'ait pas péri, n'en est pas moins passible des peines portées par l'art 446. cod. pén. (Orléans, 26 août 1857. S. 58. 2. 108).

376. — *Plantations des haies*. Art. 291. Les haies vives ne pourront être plantées à moins de 50 centimètres de la limite extérieure des chemins.

Art. 292. La hauteur des haies ne devra jamais excéder de 1 m. 50 cent. sauf les exceptions exigées par des circonstances particulières et pour lesquelles il sera donné des autorisations spéciales.

Art. 293. Les haies plantées antérieurement à la publication du présent règlement à des distances moindres que celles prescrites par l'art. 189 pourront être conservées, mais elles ne pourront être renouvelées qu'à la charge d'observer cette distance.

377. — *Élagage*. Art. 294. Les arbres, les branches, les haies et les racines qui avanceraient sur le sol des chemins vicinaux seront coupés à l'aplomb des limites de ces chemins, à la diligence des propriétaires ou des fermiers.

Art. 295. Si le propriétaire ou le fermier négligeait ou refusait de se conformer aux prescriptions qui précèdent, il en serait dressé procès-verbal pour être statué par l'autorité compétente.

378. — *Fossés*. Art. 296. Les propriétaires riverains ne pourront ouvrir de fossés le long d'un chemin vicinal à moins de 1 mètre de la limite du chemin. Ces fossés devront avoir un talus d'un mètre de base au moins pour un mètre de hauteur.

Art. 297. Tout propriétaire qui aura fait ouvrir des fossés sur son terrain, le long d'un chemin vicinal, devra entretenir ces fossés de manière à empêcher que les eaux nuisent à la viabilité du chemin.

Art. 298. Si les fossés ouverts par des particuliers sur leur terrain, le long d'un chemin vicinal, avaient une profondeur telle qu'elle pût présenter des dangers pour la circulation, les propriétaires seront tenus de prendre les dispositions qui leur seront prescrites pour assurer la sécurité du passage : injonction leur sera faite, à cet effet, par arrêté du maire ou du préfet, selon le cas.

379. — *Ouvrages joignant ou traversant la voie publique*, art. 299. Les autorisations pour l'établissement, par les propriétaires riverains, d'aqueducs et de ponceaux sur les fossés des chemins vicinaux règleront le mode de construction, les dimensions à donner aux ouvrages et les matériaux à employer ; elles stipuleront toujours la charge de l'entretien par l'impétrant et le retrait de l'autorisation donnée dans le cas où les conditions posées ne seraient pas remplies, ou s'il était reconnu que ces ouvrages nuisent à l'écoulement des eaux où à la circulation.

Art. 300. Les autorisations de conduire les eaux d'un côté à l'autre du chemin prescriront le mode de construction et les dimensions dés travaux à effectuer par les pétitionnaires.

Art. 301. Les autorisations pour l'établissement de communication devant traverser les chemins vicinaux indiqueront les mesures à prendre pour assurer la facilité et la sécurité de la circulation.

Art. 302. Les autorisations pour l'établissement de barrages ou écluses sur les fossés dés chemins ne seront données que lorsque la surélèvation des eaux ne pourra nuire au bon état de la voie publique. Elles prescriront les mesures nécessaires pour que les chemins ne puissent jamais être submergés. Elles seront toujours révocables sans indemnité si les travaux étaient reconnus nuisibles à la viabilité.

Titre II. — Alignements et autorisations diverses.

380. — *Dispositions règlementaires, prohibitions.* Art. 273. Nul ne pourra, sans y être préalablement autorisé, faire aucun ouvrage de nature à intéresser la conservation de la voie publique ou la facilité de la circulation sur le sol ou le long des chemins vicinaux, et spécialement :

1° Faire sur ces chemins ou leurs dépendances aucune tranchée, ouverture, dépôt de pierres, terres, fumiers, décombres ou autres matières, (contravention réprimée par l'art. 471 n° 4 et 470 n° 11. du code pénal.)

2° Y enlever du gazon, du gravier, du sable, de la terre ou autres matériaux (contravention punie par le n° 12 art. 479 et aussi par le n° 5. art. 471.)

3° Y étendre aucune espèce de produits ou matières (contravention punie par le n° 5 art. 471.)

4° Y déverser des eaux quelconques, de manière à y causer des dégradations ; (punie par n° 11 art. 479.)

5° Établir sur les fossés des barrages, écluses, passages permanents ou temporaires,. (punie.par le n° 11 art. 479 et s'il y a usurpation par la loi du 4 ventôse an XIII devant le conseil de préfecture.)

6° Construire reconstruire ou réparer aucun bâtiment, mur ou clôture quelconque à la. limite des chemins ; (punie par le n° 5. art. 471 code pénal.)

7° Ouvrir des fossés, planter des arbres, bois taillis ou haies le long desdits chemins, (art. 471 n° 5.)

8° Établir des puits ou citernes à moins de 5 mètres des limites de la voie publique (art. 471 n° 5.)

381. — *Demandes et autorisations*. Art. 273. Toute demande à fin d'autorisation desdits ouvrages ou travaux devra être présentée, sur papier timbré.

Art. 274. Les autorisations, en ce qui concerne les chemins vicinaux ordinaires, seront données par le maire, sur l'avis de l'agent voyer.

Art. 275. Dans aucun cas, les maires ne pourront donner d'autorisations verbales. Les autorisations devront faire l'objet d'un arrêté, dont une expédition sera remise aux parties intéressées.

Art. 276. Les autorisations, en ce qui concerne les chemins de grande communication et d'intérêt commun, seront données par le préfet, sur le rapport des agents voyers, ou par le sous-préfet, sur le rapport des mêmes agents, lorsqu'il existera un plan régulièrement approuvé (loi du 4 mai 1864 art. 2.)

382. — *Formes des demandes autorisation*. Les demandes.doivent être présentées par requête sur papier timbré et les autorisations sont délivrées par ampliation sur.papier timbré (Loi du 13 brumaire an VII art. 12.)

Les demandes relatives aux permissions de bâtir doivent être présentées par le propriétaire, l'usufruitier, ou le locataire du sol destiné à recevoir les bâtiments ou constructions, soit par l'architecte. soit par l'entrepreneur des travaux, par analogie avec les règles en matière de grande voirie.

Elles doivent indiquer avec précision la nature de la permission demandée et le lieu où les travaux doivent être faits.

383. — *Durée des effets de la demande.* Il a été jugé par la cour de cassation. (Arrêt du 22 juillet 1859. S. 58. 1. 87.) Que la disposition de l'arrêt du conseil du 6 octobre 1733, portant que les permissions de construire sur ou joignant la voie publique sont nulles s'il n'en a pas été fait usage dans l'année de leur date, ne concerne que la voirie urbaine ; elle est inapplicable aux permissions données en matière de voirie vicinale : Ces permissions sont définitives dès l'instant de leur délivrance par les préfets, et confèrent un droit qui peut être exercé par celui qui les a obtenus, tant que leur révocation ne lui a pas été notifiée avant le commencement des travaux.

Dans la traversée des villes ces permissions seraient prescrites au bout de l'année ; c'est ce qui résulte implicitement d'un arrêt de la cour de cassation du 20 décembre 1862. (S. 64. 1. 101).

L'autorisation de construire sur ou joignant une voie publique n'est périmée après une année qu'autant que les travaux n'ont pas été commencés dans le délai. En conséquence, il suffit qu'au jour du procès-verbal dénonçant un fait de construction sans autorisation le long d'un chemin vicinal de grande communication, les travaux commencés en vertu d'une autorisation du préfet ne fixant pas de délai pour leur activement fussent en cours d'exécution pour qu'il n'y ait pas contravention.

384. — *Obligation pour l'administration de répondre à une demande de construire.* Lorsque le propriétaire demande un alignement pour construire le long de la voie publique, à la limite actuelle, s'il n'y a pas de plan d'alignement ou à celle fixée par le plan en vigueur, cet alignement ne peut lui être légalement refusé.

Le refus de l'autorité constituerait un excès de pouvoir,

lors même qu'il serait fondé sur l'intérêt qu'aurait la commune à ce que les constructions projetées fussent retardées par suite de modifications qu'elle voudrait apporter à la direction de la voie publique. (C. d'Et. arr. 2 mai 1861. 5 mai 1865. 11 janvier 1866. 22 novembre 1866. 26 mai 1869.)

Le dommage résultant du refus ou du retard peut même donner lieu à une indemnité dont le réglement est de la compétence du conseil de préfecture. (C. d'Ét. 18 mars 1868. 26 mai 1866. 23 janvier 1874. — C. d'Ét. 18 juillet 1873. S. 75. 2. 190. 17 avril 1869. S. 69. 2. 219, S. 70. 2. 136.)

Autorisation de réparer. D'un autre côté, l'administration ne doit refuser l'autorisation d'exécuter des travaux aux murs de face de bâtiments en saillie sur les limites assignées à la voie publique par un plan d'alignement régulièrement approuvé, que si les travaux sont de nature à consolider le mur, c'est-à-dire, présentent un caractère confortatif. Or, d'après la jurisprudence constante du conseil d'État, on ne saurait, en règle générale, attribuer ce caractère à des travaux que le propriétaire se propose d'exécuter au-dessus du rez-de-chaussée.

Quand le rez-de-chaussée se trouve dans des conditions de solidité suffisante, il n'appartient pas à l'administration de s'opposer à l'exécution des ouvrages qui doivent être effectués aux étages supérieurs et que les fondations de l'édifice peuvent supporter. (C. d'Et. arr. 22 juin 1841. 22 février 1838. 17 juin 1848. 12 août 1854).

Cependant quand il s'agit d'autorisations de réparer il est admis, en principe, que l'arrêté par lequel un préfet refuse la permission de réparer une maison faisant saillie sur une route impériale, est un acte d'administration non susceptible de recours devant le Conseil d'Etat. (C. d'Et. 30 janvier 1862. S. 62. 2. 574).

Jugé également que l'arrêté par lequel le préfet refuse l'autorisation d'exécuter des travaux à la façade d'une maison faisant saillie sur la voie publique dépendant de la grande voirie est un acte d'administration non susceptible d'être attaqué devant le Conseil d'Etat par la voie contentieuse (C. d'Et. 2 juin 1867. S. 70. 2. 197).

385. — *Dommages-intérêts résultant d'un retard d'auto-*

risation. Le conseil de préfecture est compétent pour statuer sur la demande en indemnité formée par le propriétaire contre la commune à raison de ce que le nivellement de la voie publique, réclamé par lui en même temps que l'alignement pour construire, ne lui a été délivré que tardivement. (D. 26 mars 1852. art. 3.)

Le propriétaire auquel il est déclaré que le nivellement qu'il réclame ne peut lui être délivré immédiatement ne saurait exiger de l'administration qu'elle lui notifie ce nivellement dans un délai déterminé, sauf à lui à construire de suite en conservant le niveau actuel de la voie publique. Et aucune indemnité n'est due à ce propriétaire à raison de ce que le nivellement ne lui aurait été donné qu'après plusieurs mois d'attente, si aucune faute n'est imputable à l'administration municipale. (C. d'Et. 19 décembre 1867. S. 67. 2. 293. 7 avril 1869. S. 70. 2. 136).

386. — *Révocabilité.* — *Retrait d'autorisation.* — *Dommages.* Art. 277. Toute autorisation, de quelque nature qu'elle soit, réservera expressément les droits des tiers ; elle stipulera, pour les ouvrages à établir sur la voie publique ou sur ses dépendances, l'obligation d'entretenir constamment ces ouvrages en bon état. Les arrêtés d'autorisation porteront que ces autorisations seront révocables, soit dans le cas où le permissionnaire ne remplirait pas les conditions imposées, soit si la nécessité en était reconnue dans un but d'utilité publique.

JURISPRUDENCE

Un arrêté portant autorisation de bâtir et alignement individuel peut, dans certains cas être retiré ou modifié par l'autorité dont il émane, annulé ou réformé par l'autorité supérieure. Si l'arrêté n'a pas encore reçu d'exécution le fonctionnaire qui l'a pris ou son supérieur hiérarchique peuvent le modifier ou le rapporter. (Cass. 25 novembre 1837. 26 janvier 1856. 22 août 1862.)

Quand l'arrêté a été suivi d'exécution le supérieur hiérar-

chique ou la juridiction compétente peuvent l'annuler. Toute
fois le propriétaire qui a construit de bonne foi a droit à une
indemnité pour démolir les constructions qu'il a élevées conformément à l'alignement délivré (C. d'Et. 14 juin 1836. 9
juin 1836. 72. 2. 118).

L'arrêté par lequel le préfet délivre au riverain d'un chemin
vicinal de grande commmunication un alignement partiel,
non conforme au plan général régulièrement approuvé, ne
confère à ce dernier aucun droit acquis et le préfet peut, dès
lors, rapporter son arrêté et délivrer au riverain un nouvel
alignement conforme au plan (C. d'Ét. 4 juillet 1872. S. 74.
2. 95).

Le particulier qui, à raison des termes de l'arrêté d'alignement à lui délivré a pu se croire autorisé à construire sur un
terrain ne doit pas être condamné à démolir les ouvrages
qu'il a élevés, bien que ce terrain paraisse faire partie d'une
route. (C. d'Ét. 3 avril 1870. S. 72. 2. 118.)

Si l'alignement de la voie publique a été changé depuis la
délivrance de l'alignement individuel et que le propriétaire
ait commencé à bâtir, il ne peut être tenu à démolir, lorsque
les travaux sont peu avancés, que sauf indemnité. (C. d'Ét. 15
juillet 1841. 16 décembre 1864.)

Dans ce dernier cas, s'il ne tenait pas compte de l'injonction, non seulement il commettrait une contravention mais il
n'aurait droit à une indemnité que pour les travaux exécutés
avant notification du nouveau plan, et il ne serait fondé à en
réclamer aucune pour les autres ouvrages qu'il serait condamné à démolir. (C. d'Ét. 8 mars 1811. 14 juin 1836).

Dans le cas où le maire, après avoir délivré à un particulier un alignement et un nivellement, a prescrit la suspension des travaux entrepris par ce dernier, et n'a autorisé la
reprise desdits travaux qu'en imposant au propriétaire un
nivellement nouveau la commune est responsable du préjudice résultant pour ce dernier de ce que, dans de semblables
circonstances, l'entrepreneur avec lequel il avait traité, a obtenu, devant l'autorité judiciaire, la résiliation de son marché.
(C. d'Ét. 9 janvier 1874. S. 75. 2. 339).

Le propriétaire qui a bâti sur l'alignement à lui délivré conformément au plan approuvé pour une rue projetée, a droit
à une indemnité si, ladite rue ayant été ouverte sur un plan

différent, il en résulte pour la construction une privation de jour et d'accès. (C. d'Ét. 4 juillet 1873. S. 75. 2. 188).

Le préjudice qui est résulté des modifications a été de nature à donner droit à une indemnité.

387. — *Retrait des autorisations.* Les autorisations accordées par l'administration à titre de faveur peuvent toujours être retirées,mais il n'en est pas de même de celles qui constituent la reconnaissance d'un droit, comme par exemple, en matière d'alignement, ou même qui facilitent l'exercice d'un droit.

Il a été jugé, en matière de grande voirie, que la permission donnée par un préfet à un particulier de construire un aqueduc sous une route départementale, ne peut être révoquée dans le seul but de procurer l'exécution d'un traité par lequel le département avait conféré à un autre propriétaire la jouissance des eaux de la route. (L. 22. décembre 1789, section 3, art. 2. §. 5. et 6).

Si la permission, donnée par le maire à un particulier, d'établir un aqueduc sous le sol d'un chemin vicinal, peut être révoqué dans l'intérêt de la viabilité, elle ne peut l'être dans le but d'empêcher le permissionnaire de disposer d'eaux à l'usage desquelles son droit a été reconnu par l'autorité judiciaire (C. d'Ét. 21 mars 1873. S. 75. 2. 88.)

Les permissions de voirie confèrent, lorsqu'elles ont été délivrées dans la forme ordinaire, de véritables droits à ceux qui les ont obtenues, en ce sens, du moins qu'elles ne peuvent être révoquées que dans un intérêt public, l'arrêté par lequel le maire retire une permission de cette nature qu'il avait précédemment accordée, contient un excès de pouvoirs si, en prenant cette mesure, il n'a d'autre but que de favoriser les intérêts, soit de la commune, soit d'un tiers. Et il en est ainsi alors surtout que l'ouvrage, dont la construction avait été autorisée a entraîné, comme dans l'espèce, des dépenses considérables. (C. d'Ét. 13 février 1869. S. 70. 2. 91. Cass. 28 mai 1872. S. 72. 1. 217).

Lorsqu'une commune demande la suppression d'un tunnel établi sous un chemin vicinal, en se fondant sur la révocation de l'arrêté municipal qui en a autorisé la construction, si le défendeur conteste le caractère de révocabilité de cet arrêté,

la juridiction administrative est seule compétente pour statuer sur la contestation (Cass. 28 mai 1872. S. 72. 1.
217).

388. — *Effets des autorisations envers les tiers.* Les tribunaux civils sont compétents pour statuer sur la demande en
dommages-intérêts formée par un propriétaire riverain d'une
route impériale contre un propriétaire voisin, à raison du
préjudice que lui cause un trottoir établi par ce dernier sur
le sol de la route, au devant de sa propriété, avec l'autorisation de l'administration.

Mais c'est à l'autorité administrative seule qu'il appartient
d'ordonner la suppression ou la modification des travaux
ainsi exécutés, avec son autorisation sur le sol de la route.
(C. d'Ét. 14 février 1861. S. 61. 2. 170.).

389. — *Droit des tiers.* Les alignements donnés par l'administration sur les terrains longeant la voie publique ne pré-
jugent en aucune manière les droits de propriété ou de servitude que les tiers prétendraient avoir sur ces terrains et ne
font pas obstacle à ce que l'autorité judiciaire statue sur les
contestations relatives à des droits de cette nature.

Ainsi, lorsqu'un terrain retranché de la voie publique a été
cédé par l'administration à un propriétaire voisin, et que ni
la régularité ni la validité de l'arrêté d'alignement et de la
cession ne sont contestés, les tribunaux ordinaires peuvent,
sans empiéter sur les attributions de l'autorité administrative,
statuer sur une action formée par un tiers contre le cession-
naire, à l'effet de faire condamner celui-ci à démolir des constructions portant atteinte à des droits de jour et de vue que
le demandeur aurait acquis en vertu des règles du droit commun. (C. d'Ét. 6 décembre 1855. S. 56. 2. 442. Cass. 9 janv.
1872. S. 72. 1. 227.)

En admettant que les tribunaux ordinaires soient compétents pour statuer sur l'action en démolition des constructions
élevées en conformité d'un arrêté d'alignement, sur des terrains retranchés de la voie publique et cédés par la commune,
lorsque ces constructions nuisent à l'exercice des servitudes
dont ces terrains sont grevés au profit des tiers, il n'y a pas

lieu d'ordonner la démolition s'il ne s'agit que d'une prétendue servitude de passage sans titre et reposant seulement sur
la possession immémoriale, l'usage de la voie n'ayant pu
d'ailleurs constituer un droit de nature à empêcher l'exécution
du plan d'alignement. (Bordeaux, 22 août 1878. S. 78. 2. 288.
Limoges, 9 janvier 1866. S. 66. 2. 307. Cass. 23 novembre 1868.
S. 69. 1. 175.)

La compétence des tribunaux ordinaires pour ordonner la
démolition paraît certaine. (C. d'Ét. 6 décembre 1855. S. 56.
2. 442. Angers, 27 février 1867. S. 67. 2. 251. Riom, 7 juillet
1869. S. 69. 2. 320.)

Les tribunaux peuvent ordonner la démolition ou se con-
tenter d'allouer une indemnité. (Cass. 16 mai 1877. S. 78.
1. 27).

390. — *Droits des riverains sur les voies publiques.* Les
servitudes étant des démenbrements de la propriétété, ne
peuvent, ce semble, affecter que les choses susceptibles de
propriété privée : les chemins publics n'en sont donc point
passibles. Ce n'est pas à dire cependant qu'ils ne puissent être
l'objet de la part des particuliers, de certains droits compatibles
avec leur destination d'utilité générale ; ainsi les vues et jours que
les riverains possèdent sur les voies publiques loin d'être contraires à l'affectation de celle-ci, ne sont, au contraire, qu'un
des modes de l'usage commun auquel est assujetti le domaine
public ;

De même encore les droits d'accès et de passage ne constituent que la jouissance régulière et normale des voies dont il
s'agit.

Mais suivant la remarque fort juste d'un arrêt de la cour de
Bourges, du 6 avril 1829, on fait abus des principes en quali-
fiant de servitude le droit d'avoir des ouvertures et de passer
par une rue.

Au lieu d'un démembrement du domaine public au profit
des riverains, il y a là une faculté légale, un avantage dû à
la riveraineté, en compensation des charges qui lui incom-
bent ; mais ce n'est pas une servitude dans le sens du mot,
quoiqu'il y ait controverse sur cette question.

Nous ne croyons pas au droit de servitude mais à un droit
d'une nature spéciale dérivant de la situation des lieux.

Sans doute, on ne peut contester que ce droit, acquis en vertu d'une conxention tacite intervenue, sous la garantie de la foi publique, entre le propriétaire et l'administration ne saurait être enlevé sans une indemnité.

Mais l'administration conserve cependant la faculté de modifier, redresser ou supprimer les voies publiques, en ne tenant compte que des intérêts généraux dont elle est la gardienne, sans avoir à s'arrêter devant les réclamations des particuliers qui peuvent être lésés par ces travaux.

Si la riveraincté constituait une servitude, l'administration ne pourrait toucher à la voie publique, sans paiement préalable d'une indemnité d'expropriation, et les propriétaires troublés dans leur possession seraient en droit d'exiger la démolition des ouvrages qui y porteraient atteinte. Mais puisque, comme nous le pensons, ils n'ont sur la voie aucun droit réel, les riverains qui se prétendent lésés par ces travaux sont seulement autorisés à réclamer des dommages-intérêts. (Cass. 3 mai 1858. S. 58. 1. 751. Orléans 30 juillet 1861. S. 62. 2. 28. Cass. 12 juillet 1842. S. 42. 1. 593. Cass. 16 mai 1877.)

391. — *Comment doivent être délivrés les alignements.* Art. 178. Règlement. Lorsque les chemins vicinaux auront la largeur légale, les alignements à donner pour constructions et reconstructions seront tracés de manière à ce que l'impétrant puisse construire sur la limite séparative de sa propriété et du chemin. Lorsque les chemins n'auront pas la largeur qui leur aura été attribuée par l'autorité compétente, les alignements pour constructions et reconstructions seront délivrés conformément aux limites déterminées par le plan régulièrement approuvé. Lorsque les chemins auront plus que la largeur légale et que les propriétaires riverains seront autorisés, par mesure d'alignement, à avancer leur construction jusqu'à l'extrême limite de cette largeur, ils devront payer la valeur du sol du chemin ainsi concédé et de ses dépendances. Cette valeur sera réglée, soit à l'amiable entre les propriétaires et l'administration, soit à dire d'experts, par application de l'article 16 de la loi du 21 mai 1836. L'arrêté d'alignement devra faire connaître que la prise de possession ne pourra avoir lieu qu'en vertu d'une délibération du conseil municipal, régulièrement approuvée.

JURISPRUDENCE

Dès que les plans d'alignement approuvés par l'autorité supérieure, ont été rendus exécutoires, les terrains qui se trouvent en faire partie sont soumis de plein droit aux règlements de la petite voirie ; en sorte que les propriétaires de ces terrains ne peuvent y faire aucune construction, sans avoir préalablement obtenu l'alignement de l'autorité administrative. (Cass. 27 janvier 1837. S. 37. 1. 173).

Lorsqu'il existe un plan légalement arrêté les fonctionnaires administratifs ne peuvent avoir d'autre objet que de faire exécuter les alignements tracés par ce plan. Ainsi, un maire ne peut valablement autoriser la réparation d'un mur sujet à retranchement, d'après le plan général. (Cass. 4 mai 1848. S. 48. 1. 749).

Les terrains affectés à l'élargissement de la voie publique sont grevés de la servitude *non ædificandi* et aucune construction ne peut y être élevée sans autorisation. (Cass. 3 décembre 1842).

Les alignements partiels que les maires (ou les préfets ont le droit de délivrer ne peuvent être donnés de manière à opérer l'élargissement de la voie publique, si cet élargissement ne résulte pas d'un plan général ou partiel régulièrement arrêté par l'autorité supérieure. Dès lors est nul, pour excès de pouvoirs, l'arrêté du maire qui donne un tel alignement et sont aussi nuls l'arrêté du préfet et la décision du ministre de l'intérieur qui approuvent cet arrêté (C. d'Ét. 5 avril 1862. S. 63. 2. 72).

Le propriétaire d'un terrain qui ne confine pas à la voie publique peut y élever des constructions, sans autorisation préalable de l'autorité municipale, alors du moins que ce terrain n'a pas été compris dans un plan d'alignement. Les principes qui régissent la petite voirie ne sont pas applicables à un tel terrain (Cass. 9 janvier 1862 et 20 novembre 1863. S. 64. 1. 100).

Mais lorsqu'un terrain confine à la voie publique, le propriétaire ne peut y élever des constructions même en retraite de la voie publique sans une autorisation préalable, et sans une demande d'alignements (Cass. 30 août 1855. S. 55. 1. 761. 18 février 1860. S. 60. 1. 682.)

L'arrêté préfectoral portant approbation d'un plan général d'alignement n'a pas pour effet immédiat d'enlever à la voie publique les portions de terrain qui se trouvent en dehors de l'alignement et qui sont destinées à être réunies aux propriétés riveraines, ce n'est qu'à partir de l'exécution même du plan que ces portions de terrain perdent leur caractère de voie publique.

Dès lors, tant que cette exécution n'a pas eu lieu, aucune construction ou réparation ne peut être faite sur les propriétés qui les joignent sans autorisation préalable de l'administration. (Cass. 31 mai 1855, S. 55. 1. 763).

La défense de faire aucune reconstruction ou réparation sur la voie publique, sans autorisation préalable, s'applique à l'ouverture d'une simple porte. (Cass. 31 mai 1855. S. 55. 1. 763.)

Mais une autorisation n'est pas nécessaire pour réparer la toiture des bâtiments sur la voie publique, lorsque d'ailleurs ils se trouvent dans l'alignement (Cass. 15 octobre 1853. S. 54. 1. 77).

392. — *Démolition*. Le juge de police qui réprime la contravention résultant de travaux exécutés sans autorisations ou au-delà de l'autorisation dans la partie retranchable d'un terrain ou d'un bâtiment joignant la voie publique, doit, indépendamment de l'amende, ordonner la démolition des travaux. (Cass. 6 août 1852. S. 53. 1. 235. 12 juillet 1855. S. 55. 1. 761.)

Mais la destruction des constructions ou travaux faits sans autorisation le long de la voie publique ne peut être ordonnée qu'autant qu'il y a empiètement sur la voie publique telle qu'elle est déterminée par un arrêté d'alignement. (Cass. 24 décembre 1859. 60. 1. 680. 14 avril 1862 et 21 août 1863. S. 64. 1. 100). Et quand il n'existe pas d'éléments suffisants pour reconnaître si les travaux sont ou non en dehors de l'alignement, le juge de police doit surseoir à statuer jusqu'à la décision de cette question par l'autorité compétente. (Cass. 24 décembre 1859. 7 juillet 1860. S. 60. 1. 924.)

En tout cas il n'y a pas lieu d'ordonner la démolition

mais seulement de condamner à l'amende, lorsque les constructions se trouvent entièrement établies dans l'alignement. (Cass. 12 juillet 1855).

Nous rappelons ces décisions de la cour de cassation pour préciser sa jurisprudence en matière d'alignement, car nous ne devons pas perdre de vue qu'en matière de petite voirie toute anticipation, toute usurpation relève de deux juridictions : Du conseil de préfecture compétent pour constater l'empiètement et ordonner la démolition. Du juge de paix compétent pour prononcer l'amende. Les décisions prérappelées de la cour de cassation s'appliquent à des espèces de voirie urbaine, c'est-à-dire à des cas où le juge de police est compétent tout à la fois pour appliquer l'amende et prononcer la démolition.

L'arrêté préfectoral ordonnant la destruction de travaux illégalement faits sur une propriété longeant la voie publique telle qu'un chemin vicinal, est légal et obligatoire, sous la sanction pénale de l'art. 471 n° 15. cod. pén. En un tel cas donc, le juge de police saisi d'une contravention à cet arrêté ne peut surseoir à prononcer jusqu'après décision du conseil de préfecture comme s'il était question d'usurpation sur le sol du chemin lui-même. (Cass. 3 septembre 1857. S. 58. 1. 165).

Après un jugement relaxant le prévenu traduit devant le juge de police pour avoir élevé des constructions contrairement à l'alignement qui lui avait été donné et en anticipant sur la voie publique l'autorité administrative ou municipale ne peut, à l'aide d'un arrêté postérieur prescrivant la démolition de ce mur, saisir à nouveau le tribunal de répression ; la chose précédemment jugée y fait obstacle ; elle ne peut agir que par la voie civile en cessation de l'anticipation prétendue et en revendication du sol usurpé. (Cass. 2 août 1856. S. 57. 1. 385).

En matière vicinale le conseil de préfecture, seul, pourrait être saisi pour ordonner la restitution des parcelles usurpées.

393. — *Ouvertures.* — *Saillies.* — *Art. 179 du règlement.* Tout ce qui concerne le mode d'ouverture des portes et fenêtres et les saillies de toute espèce sur les chemins vicinaux sera déterminé par un règlement spécial arrêté par le préfet. Jusqu'à ce que ce règlement ait été fait, il y sera pourvu dans chaque cas particulier par le maire, s'il s'agit d'un chemin vicinal ordinaire, et par le préfet s'il s'agit d'un chemin de grande communication ou d'intérêt commun.

On suit dans la pratique les règlements analogues de grande voirie.

Les avances ou saillies sur la voie publique doivent être supprimées sur la réquisition de l'autorité administrative quel;que soit le laps de temps écoulé depuis leur établissement : à cet égard, nulle prescription ne saurait être acquise au propriétaire. (Cass. 17 nov. 1859. S. 60. 1. 591. 3 fév. 1844. S. 44.1. 637.)

Mais, à ce point de vue, on ne doit considérer comme saillies que les constructions faisant corps à part et débordant le front des maisons ou des murs de clôture sur la rue.

Lorsque les saillies existent depuis plus d'une année et que l'autorité administrative n'a point usé du droit qui lui appartenait d'exiger en tout temps leur suppression, l'établissement des saillies se trouve couvert par la prescription et ne peut plus être poursuivi, tant que l'autorité municipale n'a point ordonné cette suppression. (Cass. 17 fév. 1844. S. 44. 1. 637.)

Quant au mur même formant la limite apparente de la rue, il peut constituer une construction en contravention à l'alignement soumise aux règles ordinaires à cette matière, mais il ne constitue pas ce qu'on appelle une saillie. (Cass. 11 août 1864. S. 64. 1. 430.)

L'autorisation accordée par l'autorité municipale de construire un balcon en saillie sur une rue, en se conformant à certaines prescriptions, ne fait pas obstacle à ce qu'ultérieurement un nouvel arrêté ordonne la réfection du balcon,encore bien que les prescriptions imposées aient été observées, si, par suite de l'inobservation des autres règles de l'art,la construction présente un danger pour la sûreté publique. (Cass.20 juin 1863. S. 63. 1. 405.)

Il n'est pas d'ailleurs, nécessaire que ce péril ait été préalablement constaté par une expertise contradictoire : il n'en est pas de ce cas comme de celui prévu par les déclarations de 1729 et de 1730, du péril imminent résultant d'une maison qui menace ruine.

Au cas où un arrêté municipal prescrit, à l'égard d'une construction d'un balcon, spécialement, des travaux de rectification qui supposent nécessairement la démolition préalable de la construction, le juge de police saisi d'une contravention à cet arrêté peut, sans excès de pouvoir, ordonner cette démolition. (Même arrêt.)

394. — *Travaux confortatifs ou non confortatifs.* Art. 180. Les travaux à faire à des constructions en saillie sur les alignements d'un plan régulièrement approuvé, ne seront autorisés que dans le cas où ces travaux n'auront pas pour effet de consolider le mur de face.

En cette matière, le fait de savoir si les travaux exécutés sont confortatifs constitue une question préjudicielle. Le tribunal saisi doit surseoir jusqu'à ce que l'administration ait décidé ce point. (Plusieurs arrêts de cassation, notamment, 4 mars 1844. 13 sept. 1844. S. 45. 1. 302.)

La destruction des travaux ne peut être ordonnée et l'amende doit être seule appliquée lorsqu'il s'agit de réparations qui n'ont aucunement changé l'état antérieur des choses et ne causent pas de préjudice à la voie publique (Cass. 29 avril 1852. S. 53. 1. 235.)

Ni lorsque, depuis la poursuite, les travaux ont été autorisés et qu'il a été reconnu par l'administration que les travaux n'ont point un caractère confortatif. (Cass. 28 juillet 1854. S. 55. 1. 239.)

Au cas où un mur sur la voie publique a été exhaussé, sans autorisation préalable, le juge de police doit, en reconnaissant l'existence de la contravention, se borner à ordonner la démolition de la partie exhaussée, et non celle de l'ancien mur. (Cass. 4 déc. 1856. S. 57. 1. 149.)

A moins que le tout ne fut indivisible. (Cass. 17 et 18 fev. 1860. S. 60. 1. 682.)

Les ouvrages les plus usités qui peuvent être considérés comme confortatifs sont :

Les reprises en sous œuvre pour consolider les fondations.

La pose de tirants, d'ancres ou d'équerre, et tous ouvrages destinés à relier le mur de face avec les parties situées en arrière de la limite assignée à la voie publique par le plan d'alignement.

La pose de colonnes ou pilastres en fonte pour soutenir les murs.

Les crépis avec lancis en pierre ou autres matériaux durs.

Les changements assez nombreux pour exiger la réfection d'une partie importante de la façade.

Il n'y a pas lieu de ranger dans la catégorie des travaux confortatifs :

1° Le badigeonnage.

2° L'apposition d'une couche de peinture destinée à recevoir une enseigne.

3° Le simple crépissage. (C. d'Et. 12 janvier 1860. 28 nov. 1861.)

4° Le revêtement en feuilles de zinc d'un mur de face sujet à reculement. (C. d'Et. 13 juin 1853).

5° Les travaux de réparations, de reconstructions ou d'exhaussement exécutés à ce mur au-dessus du rez-de-chaussée, c'est-à-dire à partir du premier étage inclusivement. (Observations et instructions du ministre de l'Int. des 13 fév. 1806. et 25 août 1845. C. d'Et. avis du comité de l'Int. des 2 fév. 1825 et 13 janvier 1826. — Avis du conseil général de bâtiments civils, 30 avril 1873. (C. d'Et. statuant au contentieux. 22 juin 1811. 15 juillet 1829. 22 fév. 1838. 17 juin 1848. 12 août 1854.

Lorsque dans le but de vérifier l'état de la façade d'une maison bordant une voie publique dépendant de la grande voirie, l'administration a fait enlever partie des plâtres qui la recouvraient, et qu'à la suite d'une expertise contradictoire, il a été reconnu que cette maison ne présentait aucun danger pour la sécurité publique, l'administration ne peut, sous prétexte que l'immeuble doit être l'objet d'une surveilliance spéciale, refuser au propriétaire l'autorisation de réparer les dégradations que la vérification a nécessitées. (C. d'Et. 1er fév. 1866. S. 67. 2. 63.)

Le pouvoir de faire exécuter elle-même, aux frais des contrevenants, ses arrêtés concernant la petite voirie, n'est attribué à l'autorité municipale que lorsque ces arrêtés portent sommation dans l'intérêt imminent de la sûreté publique, de réparer ou démolir les édifices menaçant ruine, mais hors de ce cas spécial, l'exécution de ces arrêtés reste soumise au principe du droit commun, d'après lequel les tribunaux de répression peuvent seuls en punir les infracteurs, et leur ordonner en même temps de faire disparaître le fait constitutif. de la contravention. (Cass. 26 avril 1834. S. 34. 1. 533.)

La démolition de travaux indûment exécutés à un bâtiment joignant la voie publique ne peut être poursuivie par action principale devant la juridiction répressive mais seulement accessoirement à la poursuite de la contravention et à titre de réparation civile.

Lors donc que le tribunal de police a statué sur la contravention de voirie, sans ordonner la démolition, cette démolition ne peut faire l'objet d'une action nouvelle devant le même juge. (Cass. 3 août 1856. S. 57. 151.)

395. — *Que doivent contenir les autorisations de bâtir et réparer.* Art. 181. L'arrêté portant autorisation de construire où de réparer fera connaître, si la demande en est faite par les intéressés, et dans les limites nécessaires pour assurer la circulation, l'espace que pourront occuper les échafaudages et les dépôts, et la durée de cette occupation.

En ces matières les propriétaires, architectes et constructeurs, sont tenus, lorsqu'il s'agit de constructions ou reconstructions sur la voie publique, ou de toute espèce d'ouvrage à la limite de la voie publique, d'en demander l'autorisation avant de commencer les travaux.

Si l'autorisation n'est pas demandée ils se trouvent tous auteurs d'une même contravention et doivent être condamnés. Nous ne croyons pas qu'on puisse appliquer par analogie les dispositions des anciens règlements qu ne sont applicables qu'aux routes et à la voirie urbaine

En matière de contravention il n'existe pas de solidarité de condamnation entre les condamnés ; l'article 55, code pénal, n'étant applicable qu'aux crimes et aux délits.

396. — *Constructions menaçant ruine.* Art. 182. Lorsqu'une construction sise le long d'un chemin vicinal menacera ruine, et que la conservation en serait dangereuse pour la sûreté publique, le péril sera constaté par un agent voyer, dont le rapport sera communiqué au propriétaire avec injonction de démolir dans un délai déterminé. En cas de refus, il sera procédé à une expertise contradictoire, dans la forme prescrite par les déclarations du roi, en date du 18 juillet 1729 et 18 août 1730. Toutefois, en cas de péril imminent, la démolition d'office des constructions pourra être ordonnée d'urgence.

Lorsqu'une maison ou construction bordant un chemin vicinal menace ruine, il y a lieu d'ordonner sa réparation si elle en est susceptible, et sa démolition dans le cas contraire. Le péril est constaté par un agent voyer dont le rapport est communiqué au propriétaire, avec mise en demeure de faire cesser le péril ou de nommer un expert dans un délai déterminé. C'est au préfet qu'il appartient d'agir quand il s'agit d'un chemin de grande communication art. 9. L. 29, mai 1836. Le même pouvoir appartient aux maires quand il s'agit d'un chemin vicinal ordinaire (Lois des 16-24 août 1790, titre XI, art. 3. Loi du 18 juillet 1837. art. 10. 11.

Dans un cas de grand péril le maire pourrait en vertu de ses attributions de police municipale, ordonner la réparation ou démolition d'une construction menaçant ruine située sur la traverse d'une route ou d'un chemin de grande communication dans les villes, bourgs ou villages. Quand il n'y a pas péril immédiat, si le propriétaire n'obéit pas à la mise en demeure, il y a lieu de recourir à une expertise préalable confiée à deux experts dont un nommé par l'administration et l'autre par le propriétaire. En cas de désaccord entr'eux le tiers est nommé par l'administration.

En dehors du cas d'urgence la démolition d'un bâtiment menaçant ruine ne peut être prescrite qu'après une expertise ou, au cas de refus, par le propriétaire de concourir à cette opération, après une visite faite par l'expert de l'administration.

Et, en cas d'urgence les mesures que la sureté publique rend nécessaires, ne peuvent être prises que sur le rapport d'un agent de la voirie. (C. d'Et. 16 mai 1872. S. 74. 2. 94. 25 avril 1873. S. 75. 2. 122.)

A la suite de l'expertise, le préfet ou le maire ordonne, suivant les cas, la réparation ou la démolition.

L'arrêté est toujours susceptible de recours au supérieur hiérarchique et même de pourvoi en conseil d'état, pour excès de pouvoirs, résultant notamment de l'inaccomplissement des formalités d'enquête prescrites par les règlements (C. d'Et. 24 fév. 1860. 30 janvier 1862. 24 fév. 1870. 16 mai 1870. 16 mars 1872. 25 avril 1873. Le pourvoi a lieu sans qu'il soit nécessaire du ministère d'un avocat.

Si le propriétaire n'obtempère pas à l'injonction, il peut être poursuivi devant le juge de police qui indépendamment de l'amende prévue de l'article 471, code pénal, ordonne l'exécution des mesures prescrites par l'administration aux frais du délinquant.

En cas de péril imminent l'administration peut ordonner la démolition sans expertise préalable, mais elle commettrait un excès de pouvoir si elle ordonnait cette mesure hors le cas de péril imminent. (C. d'Et. 30 janv. 1860. 24 fev. 1870. 4 mai 1870. 16 mai 1872.)

De plus hors le cas de péril imminent, l'administration doit toujours faire condamner le contrevenant à la démolition avant d'y procéder. (Cass. 25 avril 1857.)

L'administration peut prescrire la réparation ou la démolition d'une construction menaçant ruine, même lorsqu'elle ne joint pas la voie publique, si sa chute menace les passants. (Cass. 3 janv. 1863. S. 63. 1. 276).

Une simple sommation suffit pour constituer l'obligation de démolir : et il a même été jugé qu'il suffit que cette sommation ait été faite par une lettre transcrite sur le registre de la mairie et remise par le garde champêtre. (Cass. 15 octobre 1820.)

Le tribunal de police ne peut apprécier au fond la mesure ordonnée par l'autorité municipale ; il ne peut qu'apprécier la négligence ou le refus d'exécution. (Cass. 28 avril 1827.)

Le juge ne peut accorder un délai pour l'exécution,

car en mesurant ce délai, il apprécierait l'urgence de la démolition, le danger de la ruine; il se mettrait à la place de
l'administration et usurperait son pouvoir. (Cass. 17 fév. 1860.
S. 60. 1.682.) Mais il peut accorder un sursis au prévenu lorsqu'il est justifié d'un recours contre l'arrêté prescrivant que la
démolition a été formée devant l'autorité administrative supérieure. (Cass. 8 janv. 1863.)

Quand une construction a été démolie en exécution d'un arrêté du conseil de préfecture qui se trouve annulé par le conseil
d'état il y a lieu par le conseil non de statuer sur l'indemnité
de dépossession due au propriétaire, mais de réserver à ce dernier son droit de réclamer cette indemnité devant l'autorité
judiciaire. (C. 29 juillet 1873. S. 78. 2. 309.)

Nous rapprochons cet arrêt d'un autre qui, sans toucher à
la même matière, est inspiré par le même principe de ne pas
détourner au jury les affaires qui relèvent de sa compétence.

Quand un mur sujet à reculement s'est écroulé, le conseil
de préfecture ne peut autoriser le propriétaire à le reconstruire sur l'ancien alignement, lors même que la chute de ce
mur aurait été déterminée par des travaux exécutés par la
commune sur la voie publique. Le propriétaire peut seulement, dans ce cas, faire valoir, devant le jury appelé à régler
le prix du terrain réuni à la voie publique, la circonstance
que c'est par le fait de l'administration qu'il y a eu cession
immédiate de ce terrain. (C. d'Ét. 11 mai 1870. S. 72. 2.
119.)

On sait, en effet, que la destruction d'une construction sujette à reculement a pour effet d'incorporer à la voie publique la portion du terrain devenu libre qui empiète sur l'a-
lignement, et que, par suite, c'est sur la limite fixée par l'alignement que les nouvelles constructions doivent être élevées.
(C. d'Et. 5 fév. 1857. S. 57. 2. 707. — Cass. 19 juin 1857. S.
57. 1. 871.

Ce principe est absolu et il doit, par suite, être appliqué
même au cas où l'écroulement de la construction a pour cause
des travaux exécutés par l'administration. Mais, ainsi que le
reconnaît le présent arrêt, il est juste que, dans le dernier
cas, le propriétaire puisse réclamer un supplément d'indemnité à raison de la cession anticipée de son terrain.

397. — *Responsabilité des agents chargés d'ordonner la démolition*. L'arrêté prescrivant la démolition d'une maison en vue de la sûreté publique constitue un acte de police administrative.

En conséquence, le préjudice auquel son exécution donne lieu ne rentre pas dans les dommages occasionnés par des travaux publics dont la connaissance appartient aux conseils de préfecture. Il en serait autrement si un semblable arrêté, bien que pris en apparence dans l'intérêt de la sûreté générale, n'avait en réalité pour but que de faciliter l'exécution des travaux publics. (C. d'Et. 18 juillet 1873. S. 75. 2. 190.)

398. — *Poursuite contre les fonctionnaires qui font exécuter des travaux*. L'abrogation de l'article 75 de la constitution du 22 frim. an VIII, prononcée par le décret du 19 sept. 1870, n'a pas eu pour conséquence de supprimer la prohibition pour les tribunaux ordinaires, d'interpréter des actes administratifs. Spécialement, le tribunal saisi d'une demande en dommages-intérêts formée par un propriétaire contre un agent voyer, à raison de l'exécution d'un arrêté préfectoral prescrivant la démolition d'une maison menaçant ruine, doit renvoyer devant l'autorité administrative pour faire décider préjudiciellement et par interprétation de l'arrêté, si, comme le prétend le propriétaire, certaines mesures prises d'office par l'agent n'étaient pas nécessaires pour cette exécution (C. d'Et. 18 juillet 1873. S. 75. 2. 190.)

399. — *Observation concernant les chemins ruraux*. Art. 8. de la loi du 20 août 1881. Pour assurer l'exécution de la présente loi le préfet de chaque département fera un règlement général sur les chemins ruraux reconnus. Ce règlement sera communiqué au conseil général et transmis, avec ses observations, au ministre de l'intérieur, pour être approuvé s'il y a lieu. — Art. 9. L'autorité municipale est chargée de la police et de la conservation des chemins ruraux.

Avant la loi du 20 août 1881 il n'existait ni loi ni règlement général concernant la police et la conservation des chemins ruraux, ces chemins n'avaient pour les protéger que les arrêtés des maires pris en vertu des lois du 16. 24 août 1790, titre XI, art. 3 et 18 juillet 1837. Art. 10 et 11 sur la police municipale, à l'avenir ils seront protégés par un règlement préfectoral qui sera à peu près conforme au règlement des chemins vicinaux, on peut donc dire, dès à présent, que toute la législation des chemins vicinaux concernant les alignements et les contraventions sera applicable aux chemins ruraux au moins dans sa partie la plus essentielle.

Titre III. — Police dans l'intérêt de la voie et de la sécurité des voyageurs.

400. — *Règlement.* Art. 303. Il est défendu d'une manière absolue :

1° De laisser stationner, sans nécessité, sur les chemins vicinaux et leurs dépendances aucune voiture, machine ou instrument aratoire, ni aucun troupeau, bête de somme ou trait :

2° De mutiler les arbres qui y sont plantés, de dégrader les bornes, poteaux et tableaux indicateurs, parapets des ponts et autres ouvrages ;

3° De les dépaver ;

4° D'enlever les pierres, les fers, bois et autres matériaux destinés aux travaux ou déjà mis en œuvre ;

5° D'y jeter des pierres ou autres matières provenant des terrains voisins ;

6° De les parcourir avec des instruments aratoires, sans avoir pris les précautions nécessaires pour éviter toute dégradation ;

7° De détériorer les berges, talus, fossés ou les marques indicatives de leur largeur ;

8° De labourer ou cultiver leur sol ;

9° D'y faire ou d'y laisser paître aucune espèce d'animaux ;

10° De mettre rouir le chanvre dans les fossés.

11° D'y faire aucune anticipation, ou usurpation, ou aucun ouvrage qui puisse apporter un empêchement au libre écoulement des eaux ;

12° D'établir aucune excavation ou construction sous la voie publique ou ses dépendances.

Art. 305. Les propriétaires des terrains supérieurs bordant les chemins vicinaux sont tenus d'entretenir toujours en bon état les revêtements ou les murs construits par eux et destinés à soutenir ces terrains.

Art. 306. Si la circulation sur un chemin vicinal venait à être interceptée par une œuvre quelconque, le maire y pourvoirait d'urgence. En conséquence, après une simple sommation administrative, l'œuvre serait détruite d'office et les lieux rétablis dans leur ancien état, aux frais et risques de qui il appartiendrait et sans préjudice des poursuites à exercer contre qui de droit.

401. — *Chemins impraticables, droit des voyageurs.* L'article 41, titre 2 de la loi des 28 sept. 6 oct. 1791, aux termes duquel tout voyageur peut se faire un passage sur les champs riverains, quand le chemin public se trouve impraticable, est applicable, non pas seulement aux voyageurs proprement dits, mais encore aux habitants mêmes de la commune où est situé ce chemin, pour leur exploitation rurale. (Cass. 1er juin 1866. S. 67. 1. 91.)

Et cet article n'est pas restreint au cas où il s'agit de chemins vicinaux ; il s'applique à toute espèce de chemins publics, notamment aux chemins ruraux. (Cass. 20 juin 1857. S. 57. 1. 706.)

Il faut que l'impraticabilité soit réelle et actuelle ; que le passage s'exerce dans les conditions les moins dommageables et autant que possible qu'il y ait eu décision administrative. A défaut d'interdiction ou de réparation de la voie, c'est aux tribunaux ordinaires saisis de la plainte du propriétaire sur l'héritage duquel un voyageur se serait frayé passage, à ses risques et périls, à examiner et à décider si l'exception tirée de l'impraticabilité de la voie existe réellement.

Dans tous les cas, le passage donne lieu à ouverture
d'indemnité réglée par les tribunaux administratifs et payables
par la caisse chargée de pourvoir à l'entretien de la route reconnue impraticable.

Sont soumis à cette servitude les fonds riverains des routes
des chemins vicinaux et de tous les chemins publics, mais non
des chemins privés non classés.

402. — *Écoulement naturel des eaux*. Art. 307. Les
propriétés riveraines situées en contre-bas des chemins
vicinaux sont assujettis, aux termes de l'article 640 du
Code Civil, à recevoir les eaux qui découlent naturellement de ces chemins. Les propriétaires de ces terrains
ne pourront faire aucune œuvre qui tende à empêcher
le libre écoulement des eaux qu'ils sont tenus de recevoir et à les faire séjourner dans les fossés ou refluer sur
le sol des chemins. Art. 205. L'autorisation de transporter les eaux d'un côté à l'autre d'un chemin vicinal ne
sera donnée que sous la réserve des droits des tiers. Il y
sera toujours stipulé, pour l'administration, la faculté de
faire supprimer les constructions faites, si elles étaient
mal entretenues ou si elles devenaient nuisibles à la viabilité du chemin.

L'article 640 du Code Civil visé dans l'article 306 du
règlement n'oblige les propriétaires inférieurs à recevoir
que les eaux qui découlent naturellement des fonds plus
élevés sans que la main de l'homme y ait contribué. Cet
article n'obligerait donc nullement les propriétaires inférieurs à recevoir les eaux amenées par les fossés des
chemins publics, creusés de main d'homme. Les propriétaires inférieurs ne sont donc tenus à recevoir les eaux
des fossés que par l'effet des règlements de l'autorité
administrative motivés sur la nécessité de conservation
des chemins.

Si cette servitude d'intérêt général est onéreuse pour
les fonds inférieurs, les propriétaires peuvent demander

une indemnité aux communes ou aux départements pour dommages résultant de l'exécution de travaux publics à régler par le conseil de préfecture. L'administration doit donc éviter, autant que possible dans la construction des chemins, de diriger les eaux pluviales d'une manière nuisible, sur les propriétés privées.

Elle n'a pas non plus le droit de détourner les eaux pluviales dont peuvent bénéficier certains propriétaires inférieurs pour les attribuer à d'autres. Elle doit éviter tous dommages dans la construction des chemins.

Les communes ou les départements pourraient-ils tirer profit des eaux pluviales ramassées dans les fossés au détriment des propriétaires riverains ? Nous ne le pensons pas. Ainsi il a été jugé par un arrêté du conseil d'état : que la permission donnée par un préfet à un particulier de construire un aqueduc, sous une route départementale, ne peut être révoquée dans le seul but de procurer l'exécution d'un traité par lequel le département avait conféré à un autre propriétaire la jouissance des eaux de la route.

Evidemment le préfet avait ordonné la suppression de l'aqueduc parce que dans son opinion le département avait la libre disposition des eaux ramassées par les fossés du chemin, mais le conseil d'état a pensé autrement en annulant son arrêté et en empêchant ainsi le département d'exécuter le traité par lequel il avait concédé ces eaux à un tiers. Au surplus, voir sur cette question Demolombe (servitudes tome 1. p. 148. 149. 150.)

403. — *Mesures ayant pour objet la sûreté des voyageurs.* Art. 309. Il est interdit de pratiquer, dans le voisinage des chemins vicinaux, des excavations de quelque nature que ce soit, si ce n'est aux distances ci-après déterminées, à partir de la limite desdits chemins, savoir : Pour les carrières et galeries souterraines, 10 mètres ; Les carrières à ciel ouvert, 3 mètres ; Les mares publiques ou particulières, 5 mètres ; Les propriétaires de toutes excavations pourront être tenus de les couvrir ou de les entourer de clôtures propres à prévenir tout danger pour les voyageurs.

Art. 207. Les maires veilleront à la solidité des constructions bordant les chemins vicinaux et prendront les mesures nécessaires pour sauvegarder la sécurité des passants.

Nous avons vu qu'en principe le maire ne pouvait, sans délégation du préfet, prendre des mesures de police pour la conservation des chemins vicinaux.

Art. 304. Les préfets dans chaque département, déterminent les chemins de grande communication sur lesquels des barrières pourront être établies pour restreindre la circulation pendant le dégel. Ils prennent, sur l'avis des ingénieurs des ponts-et-chaussées ou des agents voyers, les mesures que la fermeture ou l'ouverture des barrières rendent nécessaires.

Peuvent seuls circuler pendant la fermeture des barrières de dégel :

1° Les courriers de la malle ;

2° Les voitures de voyage suspendues, étrangères à toute entreprise publique de messageries ;

3° Les voitures non chargées.

4° Les voitures chargées montées sur roues à jantes, d'au moins 11 centimètres de largeur et dont l'attelage n'excédera pas le nombre de chevaux qui sera fixé par le préfet, à raison du climat, du mode de construction et de l'état des chaussées, de la nature du sol, du nombre des roues de la voiture et des autres circonstances locales.

Toute voiture prise en contravention aux dispositions du présent article sera arrêtée, et les chevaux seront mis en fourrière dans l'auberge la plus rapprochée ; le tout sans préjudice de l'amende stipulée à l'article 4, titre 11 de la loi du 30 mai 1851, et des frais de réparation mentionnés dans l'article 9 de ladite loi. Les préfets rendront compte immédiatement au ministre de l'agriculture et du commerce des mesures qu'ils auront arrêtées en vertu du présent article (L. du 30 mai 1851, Art. 2 et décret du 29 août 1863.)

Les chemins vicinaux de grande communication sont assimilés en matière de roulage aux routes dépendant de la grande voirie par la loi du 30 mai 1851.

CHAPITRE XV

Titre Ier. — Pénalités.

404. — *Ancienne législation.* Jusqu'à l'apparition du code pénal les seuls délits prévus en matière de chemins vicinaux étaient réprimés par les lois des 7, 11 septembre 1790. 28 septembre, 6 octobre 1791 et 9 ventôse an XIII. — Les peines encourues pour les dégradations et les détériorations devaient être appliquées par les tribunaux correctionnels, la réintégration de la voie, dans les cas d'usurpation, devait être prononcée par le conseil de préfecture, deux arrêts de la cour de cassation, 31 janvier 1807 et du conseil d'État 8 mai 1822, rapportés à leur date dans la collection nouvelle de Sirey précisent exactement le sens des lois et fixent la mcopétence de chaque juridiction.

405. — *Dispositions du code pénal qui sanctionnent les règlements administratifs.* Les articles 471, 475, 479 du

code pénal, complétés par la loi du 28 avril 1832, ont
défini les peines encourues pour infractions aux règlements administratifs de police et de conservation des
chemins et institué une sorte de police du roulage sur
les chemins vicinaux ordinaires ou d'intérêt commun.
En outre, le n° 11 de l'article 479 a implicitement abrogé
l'article 40 de la loi des 28 septembre, 6 octobre 1791,
en édictant d'autres peines pour les mêmes faits et a réduit aux proportions de simple contravention de police
les infractions antérieurement qualifiées de délits correctionnels.

Art. **471.** *code pénal.* Voici d'abord les dispositions de
cet article qui donnent une sanction aux règlements
administratifs : Seront punis d'amende, depuis 1 f.
jusqu'à 5 francs inclusivement : 5° Ceux qui auront négligé ou refusé d'exécuter les règlements ou arrêtés concernant la petite voirie ou d'obéir à la sommation émanée de l'autorité administrative, de réparer ou démolir
les édifices menaçant ruine. 15° Ceux qui auront contrevenu aux règlements légalement faits par l'autorité administrative, et ceux qui ne se seront pas conformés aux
règlements ou arrêtés publiés par l'autorité municipale,
en vertu des articles 3 et 4, titre xı de la loi du 16, 24
août 1790, et de l'article 46, titre 1er de la loi du 19, 22
juillet 1791.

Ainsi toutes infractions aux mesures de police ou de
conservation du règlement des chemins vicinaux et de
tous autres arrêtés régulièrement pris par les maires et
les préfets, qui ne sont pas punies de peines spéciales,
édictées par un texte particulier de loi, trouvent leur
sanction dans les n° 5 et 15 de l'article 471 code pénal
et sont réprimées par les peines portées dans cet article.

Les tribunaux ne doivent avoir aucun égard aux
peines portées dans les règlements administratifs en tant
qu'elles excéderaient celles que la loi a établies.

Cass. 17 décembre 1841. S. 42. 1. 76.

406. — *Contravention punies de peines spéciales par le code pénal.* Art. 471. Seront punis d'amende, depuis un franc jusqu'à cinq francs, inclusivement :

407. — *Encombrement de la voie publique.* 4° Ceux qui auront embarrassé la voie publique, en y déposant ou y laissant, sans nécessité, des matériaux ou des choses quelconques qui empêchent ou diminuent la liberté ou la sûreté du passage ; ceux qui, en contravention aux lois et règlements, auront négligé d'éclairer les matériaux par eux entreposés ou les excavations par eux faites dans les rues et places ;

408. — *Abandon sur les chemins d'instrument pouvant servir aux voleurs.* 7° Ceux qui auront laissé dans les rues, chemins, places, lieux publics, ou dans les champs, des coutres de charrue, pinces, barraux ou autres machines, ou instruments ou armes, dont puissent abuser les voleurs et autres malfaiteurs.

Quand un propriétaire a demandé l'autorisation d'effectuer un dépôt de matériaux sur la voie publique et que le dépôt est étendu hors des limites tracées par l'acte d'autorisation, le procès-verbal de contravention peut être dressée contre lui, bien que le dépôt soit le fait d'un entrepreneur avec lequel il a traité à forfait. (C. d'Et. 16 juin 1876. S. 78. 2. 278.)

Le particulier qui a été autorisé à déposer, pendant un certain délai, des marchandises sur un quai, ne peut être poursuivi, pour contravention de grande voirie, à raison de ce que le dépôt aurait été maintenu, après l'expiration du délai, s'il avait vendu antérieurement lesdites marchandises à un tiers. (C. d'Et. 19 mai 1876. S. 78. 2. 192.)

409. — *Police du roulage sur chemins publics autres que les routes ou chemins de grande communication.* 475.

Seront punis d'amende, depuis six francs jusqu'à dix francs inclusivement : 3° Les rouliers, charretiers, conducteurs de voitures quelconques ou de bêtes de charge, qui auraient contrevenu aux règlements par lesquels ils sont obligés de se tenir constamment à portée de leurs chevaux, bêtes de trait ou de charge et de leurs voitures, et en état de les guider et conduire ; d'occuper un seul côté des rues, chemins ou voies publiques ; de se détourner ou ranger devant toutes autres voitures, et, à leur approche, de leur laisser libre au moins la moitié des rues, chaussées, routes et chemins ;

4. Ceux qui auront fait ou laissé courir les chevaux, bête de trait, de charge ou de monture, dans l'intérieur d'un lieu habité, ou violé les règlements contre le chargement, la rapidité ou la mauvaise direction des voitures ; Ceux qui contreviendront aux dispositions des ordonnances et règlements ayant pour objet : La solidité des voitures publiques, leurs poids ; Le mode de leur chargement ; Le nombre et la sûreté des voyogeurs ; L'indication, dans l'intérieur des voitures, des places qu'elles contiennent et du prix des places ; L'indication, à l'intérieur, du nom du propriétaire.

476. Pourra, suivant les circonstances, être prononcé, outre l'amende portée en l'article précédent, l'emprisonnement pendant trois jours au plus, contre les rouliers, charretiers, voituriers et conducteurs en contravention ; Contre ceux qui auront contrevenu aux règlements ayant pour objet, soit la rapidité, la mauvaise direction ou le chargement des voitures ou des animaux, soit la solidité des voitures publiques, leur poids, le mode de leur chargement, le nombre et la sûreté des voyageurs ;

478. La peine de l'emprisonnement pendant cinq jours au plus sera toujours prononcée, en cas de récidive, contre toutes les personnes mentionnées dans l'article 475.

410. — *Mort ou blessures aux animaux* 479. Seront punis d'une amende de onze à quinze francs inclusivement. 4° Ceux qui auront occasionné la mort ou la blessure des animaux ou bestiaux appartenant à autrui, par la vétusté, la dégradation, le défaut de réparation ou d'entretien des maisons ou édifices, ou par l'encombrement ou l'excavation, ou telles autres œuvres, dans ou près les rues, chemins, places ou voies publiques, sans les précautions ou signaux ordonnés ou d'usage.

411. — *Dégradations, détériorations, usurpations des chemins publics.* 11° Ceux qui auront dégradé ou détérioré, de quelque manière que ce soit, les chemins publics, ou usurpé sur leur largeur ;

412. — *Enlèvement des gazons, terres ou pierres.* 12. Ceux qui, sans y être dûment autorisés, auront enlevé des chemins publics les gazons, terres ou pierres, ou qui, dans les lieux appartenant aux communes, auraient enlevé les terres ou matériaux, à moins qu'il n'existe un usage général qui l'autorise.

413. — *Récidive.* 482. La peine d'emprisonnement pendant cinq jours aura toujours lieu, pour récidive, contre les personnes et dans les cas mentionnés en l'article 479.

483. Il y a récidive (en matière de contravention) lorsqu'il a été rendu contre le contrevenant, dans les douze mois précédents, un premier jugement pour contravention de police commise dans le ressort du même tribunal.

414. — *Circonstances atténuantes.* L'article 463 du présent code sera applicable à toutes les contraventions ci-dessus indiquées.

415. — *Infractions à la police des chemins constituant des délits punis de peines correctionnelles, ou même des crimes.*

Les infractions à la police des chemins vicinaux ne constituent généralement que des contraventions, cependant il y a quelques faits qui peuvent constituer des délits et même des crimes.

416. — *Destruction de ponts, digues ou fossés, crime.* Art. 437. code pénal. (L. du 13 mai 1863) quiconque, volontairement, aura détruit ou renversé par quelque moyen que ce soit, en tout ou en partie, des édifices, des ponts, digues ou chaussées ou d'autres constructions qu'il savait appartenir à autrui, ou causé l'explosion d'une machine à vapeur, sera puni de la réclusion et d'une amende qui ne pourra excéder le quart des restitutions et indemnités ni être au dessous de cent francs, ce fait relève de la cour d'assises.

417. — *Obstacle à l'exécution de travaux ordonnés par l'administration,* Art. 438. Quiconque, par des voies de fait, se sera opposé à la confection de travaux autorisés par le gouvernement, sera puni d'un emprisonnement de trois mois à deux ans, et d'une amende qui ne pourra excéder le quart des dommages-intérêts, ni être au dessous de seize francs.

Les moteurs subiront le maximum de la peine.

Les dispositions de cet article sont générales et absolues ; elles embrassent toutes les voies de fait exercées pour s'opposer à l'exécution de travaux ordonnés ou autorisés par le gouvernement, ou par ses agents dans les départements, et spécialement par les préfets. Elles sont applicables notamment au propriétaire qui s'est opposé à la réédification d'un mur opérée par le gouvernement, pour servir d'indemnité à ce propriétaire, (Cass. 21 nov. 1862.)

Elles répriment l'opposition violente à tous travaux autorisés, comme les extractions de matériaux et les occupations temporaires nécessaires à l'entretien d'un chemin vicinal. (Cass. 4 avril 1867.

De ce que des travaux publics nuiraient à l'exercice de certains droits réels appartenant à des propriétaires voisins, il ne s'ensuit pas que ceux-ci soient autorisés à détruire ces travaux par des voies de fait personnelles. Ainsi, le droit à une prise d'eau que peut avoir un particulier, ne saurait excuser la voie de fait par laquelle il a comblé, comme portant obstacle à l'exercice de ce droit, un fossé établi sur un chemin vicinal dans un intérêt de conservation du chemin et de sécurité publique. (Cass. 5 juin 1856. S. 56. 1. 921.)

L'opposition par voies de fait à l'exécution de travaux autorisés par le gouvernement ne cesse pas d'être punissable des peines que prononce l'art. 438 code pénal, bien que l'auteur des voies de fait se prétende propriétaire du terrain sur lequel des travaux ont eu lieu. (Cass. 26 janv. 1860. S. 60. 1. 300.)

Même si le propriétaire n'a pas reçu l'indemnité préalable qui lui est due. (Cass. 22 mai 1857. S. 57. 1. 705.) — Contra. Agen, 21 avril 1864. S. 64. 2. 190.)

418. — *Arbres coupés, écorcés ou mutilés.* 445. Quiconque aura abattu un ou plusieurs arbres qu'il savait appartenir à autrui sera puni d'un emprisonnement qui ne sera pas au dessous de dix jours ni au dessus de six mois, à raison de chaque arbre, sans que la totalité puisse excéder cinq ans.

446. Les peines seront les mêmes à raison de chaque arbre mutilé, coupé ou écorcé de manière à le faire périr.

447. S'il y a eu destruction d'une ou de plusieurs greffes, l'emprisonnement sera de six jours à deux mois, à raison de chaque greffe, sans que la totalité puisse excéder deux ans.

448. Le minimum de la peine sera de vingt jours dans les cas prévus par les articles 445 et 446, et de dix jours

dans le cas prévu par l'article 447, si les arbres étaient plantés sur les places, routes, chemins, rues ou voies publiques ou vicinales ou de traverse.

419. — *Inondation de chemins publics.* 457. Seront punis d'une amende qui ne pourra excéder le quart des restitutions et des dommages-intérêts, ni être au dessous de cinquante francs, les propriétaires ou fermiers ou toute personne jouissant de moulins, usines ou étangs, qui, par l'élévation du déversoir de leurs eaux au dessus de la hauteur déterminée par l'autorité compétente, auront inondé les chemins ou les propriétés d'autrui.

420. — *Peines spéciales contre les gardes champêtres.* 462. Si les délits de police correctionnelle dont il est parlé au présent chapitre ont été commis par des gardes-champêtres ou forestiers, ou des officiers de police, à quelque titre que ce soit, la peine d'emprisonnement sera d'un mois au moins, et d'un tiers au plus en sus de la peine la plus forte qui sera appliquée à un autre coupable du même délit.

Titre II. — Contraventions à poursuivre devant les conseils de préfecture.

421. — *Procès-verbaux.* Art. 311 du règlement. Toute anticipation sur le sol d'un chemin vicinal ou de ses dépendances, de quelque manière qu'elle ait été commise, sera constatée par les maires, adjoints, commissaires de police, agents voyers et gardes champêtres. Cod. Ins. crim. art. 9, 11, 12 et 16, Loi du 21 mai 1836. art. 11 arrêt de cass. 17 mai 1845. aff. Berger. Elles sont aussi constatées par les gendarmes, les officiers et sous-officiers de gendarmerie.

Art. 312. Les procès-verbaux rédigés par les fonction-naires et agents désignés par l'art. précédent devront être soumis au timbre et à l'enregistrement, en débet, dans les quatre jours de leur rédaction ; ceux rédigés par les gardes champêtres devront préalablement être affirmés dans la forme ordinaire et dans les vingt quatre heures de leur rédaction. Lois des 28 septembre, 6 octobre, 1791, t. 1, section VII, 13 brumaire an VII, t. 2 art. 12, 22 frimaire an VII, articles 20, 68, et 70, 28 floréal an XII, art. 11.

JURISPRUDENCE

L'enregistrement n'est pas obligatoire à peine de nullité, mais l'affirmation des procès-verbaux des gardes champêtres devant le juge de paix du canton ou le maire de leur commune est prescrite à peine de nullité.

Il n'est pas absolument nécessaire que la contravention soit établie par procès-verbal ; elle existe indépendamment de ce mode de preuve qui est le plus ordinaire, elle pourrait être établie devant le conseil de préfecture ou devant le tribunal notamment par la preuve testimoniale.

Il n'est pas nécessaire que le procès-verbal constatant une contravention de grande voirie soit rédigé dans un délai dé-terminé à partir du jour où la contravention a été reconnue. Un tel procès-verbal est donc valable, quoiqu'il n'ait été rédi-gé que 12 jours après cette contravention. (C d'Et. 13 juillet 1870. S. 72. 2. 254.)

La disposition de l'art. 8 du décret du 12 juillet 1865, por-tant que les procès-verbaux de contravention et leur affirma-tion doivent être notifiés au contreversant dans les cinq jours n'est pas prescrite à peine de nullité. (C. d'Et. 27 nov. 1874. S. 76. 2. 190.)

Un tribunal de police ne peut écarter la preuve résultant d'un procès-verbal régulier, en s'appuyant soit sur des ren-seignements dont il n'indique pas la source, soit sur une ins-pection des lieux, à laquelle ni le ministère public ni le pré-venu n'ont été appelés à assister. (Cass. 27 juillet 1872. S. 73. 1. 48.)

La déposition d'un seul témoin peut suffire pour détruire la foi due au procès-verbal. (Cass. 23 janv. 1873. S. 73. 1. 344.)

Le tribunal de police ne peut se refuser à entendre les témoins que le ministère public demande à produire pour établir l'existence d'une contravention constatée par un procès-verbal ne faisant pas foi jusqu'à preuve contraire (Cass. 29 mai 1873. S. 73. 1. 488.)

Le procès-verbal dressé par un agent de police judiciaire, dans l'espèce un garde champêtre, ne fait foi jusqu'à preuve contraire que des faits constatés par l'agent rédacteur personnellement (Cass. 15 mars 1878. S. 79. 7. 96.)

Un prévenu peut faire entendre des témoins pour combattre et détruire les constatations d'un procès-verbal dressé par le commissaire de police, encore bien que ce procès-verbal constate de visu les faits qui y sont rapportés ; et le juge de police qui, se fondant sur l'enquête régulièrement faite à l'audience, décide que la contravention poursuivie n'existe pas, ne fait qu'user du droit qui lui appartient d'apprécier souverainement les faits soumis à son examen. (Cass. 23 mars 1878. S. 79. 1. 390.)

La preuve contre un procès-verbal ne peut résulter que de dépositions de témoins entendus après avoir prêté serment ou de procès-verbaux, expertises, arrêtés ou autres documents authentiques. (Cass. 16 fév. 1878. S. 79. 1. 437.)

422. — *Compétence du conseil de préfecture, notification, procédure.* Art. 313 du règlement. Tout procès-verbal constatant une anticipation sera notifié administrativement au contrevenant, avec injonctions de restituer, sous huitaine, le sol anticipé. Si, à l'expiration de la huitaine, la restitution n'a pas eu lieu, le procès-verbal sera immédiatement transmis au préfet pour être statué par le conseil de préfecture, conformément à l'article 8, de la loi du 9 ventôse, an XIII

Cet article est ainsi conçu : Les poursuites en contravention aux dispositions de la loi seront portées devant le conseil de préfecture, sauf le recours au conseil d'état.

La loi du 9 ventôse, an 13, ayant assimilé les usurpations de chemins vicinaux et les plantations d'arbres faites sans observer la distance aux contraventions de grande voirie, les procès-verbaux qui les constatent doivent être transmis aux préfets ou sous-préfets, chargés d'exercer la poursuite en vertu de l'article 3, L. du 29 floréal, an X, on sait que devant le conseil de préfecture l'action en partie civile n'est pas recevable.

Il est utile que l'acte de notification du procès-verbal contienne invitation à comparaître devant le conseil de préfecture selon les vœux du décret du 12 juillet 1865.

La communication du dossier, et s'il y a lieu, l'avis d'audience sont ensuite donnés par le greffier du conseil.

Art. 314. règlement. Lorsqu'un arrêté du conseil de préfecture portera injonction de restituer le sol anticipé, cet arrêté pourra, pour éviter des frais, être notifié administrativement au contrevenant, sous la condition que ce dernier donnera reçu de cette notification et déclarera la tenir pour suffisante.

Dans le cas où cette déclaration ne serait pas immédiatement donnée, le maire ferait notifier l'arrêté par huissier. Loi du 18 juillet 1837, art. 10.

Art. 315. Si, à l'expiration du délai fixé par le conseil de préfecture ou, à défaut, dans les trois jours qui suivront sa notification, le contrevenant n'avait pas obéi, le maire ferait procéder d'office à la reprise des terrains indûment occupés, ainsi qu'à la destruction des œuvres condamnées par ledit arrêté. Toutefois, s'il n'y avait pas urgence à l'exécution immédiate de cet arrêté, ou s'il s'agissait de la destruction de bâtiments ou autres constructions, le maire pourrait surseoir à l'exécution jusqu'à l'expiration du délai de pourvoi ou jusqu'à ce qu'il ait été statué définitivement. Il sera rendu compte au préfet de tout sursis ainsi accordé, afin qu'il puisse, au besoin, donner des instructions nécessaires. (Loi du 18 juillet 1837, art. 9 et 10.)

Art. 316. Lorsque la décision du conseil de préfecture

sera devenue définitive, soit par l'expiration du délai de
pourvoi, soit par le rejet de ce pourvoi, le maire veillera
à ce qu'elle reçoive aussitôt son exécution.

423. — *Pourvois.* En cette matière, le recours au conseil
d'état peut avoir lieu par simple mémoire déposé au secrétariat de la sous-préfecture ou de la préfecture et sans l'intervention d'un avocat au conseil d'état. Il est délivré au déposant récépissé du mémoire qui doit être transmis immédiatement par le préfet au secrétariat du conseil d'état. (Loi du 21
juin 1865. art.12. Le délai de pourvoi est de trois mois à partir de la signification pour le délinquant ; et du jour de l'arrêté pour l'administration.

Le pourvoi n'est pas suspensif, mais le conseil d'état peut
suspendre l'exécution. (D. 22 juillet 1806.)

Le recours devant le conseil d'état contre les arrêtés des
conseils de préfecture statuant en matière d'anticipation sur le
sol des chemins vicinaux, pouvant être formé sans ministère
d'avocat, par assimilation aux poursuites en matière de grande
voirie, il s'en suit qu'il n'y a pas lieu de prononcer une condamnation de dépens contre la commune dont les conclusions sont rejetées. (C. d'Et. 13 avril 1870. S. 72. 2. 30.)

424. — *Compétence mixte des conseils de préfecture et
des juges de paix.* Art. 317. Lorsqu'une anticipation sur
le sol d'un chemin vicinal ou de ses dépendances aura
été déclarée constante par le conseil de préfecture, le
procès-verbal constatant cette contravention sera déféré
au tribunal de simple police, pour y être requis l'application, s'il y a lieu, de l'amende prononcée par l'article
479, n° 11 du code pénal.

JURISPRUDENCE

La connaissance des dégradations ou usurpations des chemins vicinaux appartient à deux juridictions ; au conseil de
préfecture sur ce qui concerne le pouvoir de faire cesser ces

dégradations ou usurpations et de faire réparer les chemins,
et au tribunal de police, en ce qui touche l'application de la
peine. Loi du 9 vent. an 13, art. 8. Cod. pén. 479. § 11. Et ces
deux compétences distinctes sont complètement indépen-
dantes l'une de l'autre ; de telle sorte que le tribunal de police ne peut, en pareil cas, surseoir à statuer sur la pénalité
jusqu'après la décision du conseil de préfecture sur l'existence
de la contravention ; le tribunal de police doit juger, suivant
sa propre conviction, d'après les moyens de fait et de droit
produits devant lui.

Il ne peut prononcer de sursis que dans le cas où un doute
véritable, s'élevant sur le sens de l'arrêté de classement, il
devient nécessaire de faire interpréter cet arrêté par le préfet.
(Cass. 3 décembre 1858. S. 59. 1. 282.)

425. — *Prescriptibilité des dégradations.* Les dégradations
des chemins vicinaux, bien que leurs effets soient successifs
et permanents, n'ont pas le caractère de contraventions
successives et dès lors imprescriptibles, mais constituent des
contraventions ordinaires, dont la prescription court à partir
de leur perpétration. — (Cass. 3 décembre 1858. S. 59.
1. 282.)

La connaissance des dégradations ou usurpations des chemins vicinaux appartient à deux juridictions : au tribunal de
police, en ce qui touche l'application de la peine ; au conseil
de préfecture, en ce qui touche le pouvoir de faire réparer
ces chemins. (Orléans, 7 janvier 1872. S. 73. 2. 88.)

Les dispositions des articles 6, 7 et 8 de la loi du 9 vent.
an XIII, relatives à la compétence des conseils de préfecture
pour statuer sur la réparation du dommage résultant des
usurpations et anticipations commises sur les chemins vicinaux, n'étendent pas cette compétence à tous les autres cas
de dommage causés sur ces chemins et notamment aux
dégradations et aux entraves apportés à la circulation. Spécialement, c'est devant le tribunal de police que doit être
poursuivie la contravention résultant de l'établissement, sans
autorisation, au rez-de-chaussée, d'une maison située le long
d'un chemin vicinal, d'une porte dont les vantaux s'ouvrent
au dehors, et c'est à ce tribunal aussi qu'il appartient de statuer accessoirement à la poursuite de la contravention, sur la

suppression des vantaux indûment établis. (Cass. 27 juillet 1872. S. 73. 1. 48.)

La démolition de travaux confortatifs ressort des tribunaux de police. (C. d'Ét. 17 janvier 1873. S. 74. 2. 264.)

Les dégradations au sol sont de la compétence des tribunaux de simple police. (Conflits, 13 mars 1875. S. 77. 2. 30.)

Spécialement, c'est au tribunal de police qu'il appartient d'ordonner la destruction de haies vives plantées sur les limites d'une propriété riveraine d'un chemin vicinal, en dehors des distances prescrites par un réglement préfectoral. Et cette destruction doit être ordonnée, alors même que le ministère public n'aurait pris aucune réquisition expresse à cet égard. (Cass. 23 février 1878. S. 79. 1. 43.)

Le fait, par un particulier, d'avoir établi, sans se conformer aux prescriptions d'un arrêté préfectoral, des bannes à la devanture d'une boutique, en saillie sur l'alignement d'une grande route, ne constitue pas une contravention de grande voirie, et le conseil de préfecture est, dès lors, incompétent pour en connaître. (C. d'Ét. 4 mai 1870. S. 72. 2. 118.)

Quand une maison longeant un chemin vicinal ou une rue qui en est le prolongement, est sujette à reculement, d'après le plan d'alignement, régulièrement approuvé, les travaux confortatifs exécutés au mur de face de cette maison n'ont pas le caractère d'une usurpation. Ils rentrent dans la catégorie des contraventions sur lesquelles il appartient au tribunal de simple police de statuer en ce qui concerne l'amende encourue et la suppression des travaux. Le conseil de préfecture doit s'abstenir. (C. d'Ét. 26 juillet 1872.)

L'anticipation ou usurpation commise par un particulier sur le sol d'une grande route constitue une contravention permanente, dont la répression peut être poursuivie à toute époque. En conséquence, le conseil de préfecture, saisi d'un procès-verbal de contravention dressé contre un particulier pour avoir élevé une construction anticipant sur le sol d'une telle route, ne peut refuser d'ordonner la démolition de cette construction, sous prétexte qu'il a déjà été statué sur le même fait par un précédent arrêté qui se trouve prescrit. (C. d'Ét. 13 avril 1870. S. 72. 2. 118.)

Le particulier qui a été renvoyé, par le tribunal de simple police, des fins d'un procès-verbal dressé contre lui, ne peut, à raison du même fait, être poursuivi devant le conseil de préfecture, pour contravention de voirie. (C. d'Ét. 5 février 1875. S. 76. 2. 305.)

Quand une construction a été démolie en exécution d'un arrêté du conseil de préfecture qui se trouve annulé par le conseil d'État il y a lieu par le conseil non de statuer sur l'indemnité de dépossession due au propriétaire, mais de réserver à ce dernier son droit de réclamer cette indemnité devant l'autorité judiciaire. (Conflits, 29 juillet 1873. S. 78. 2. 309.)

L'arrêté prescrivant la démolition d'une maison en vue de la sûreté publique, constitue un acte de police administrative. En conséquence, le préjudice auquel son exécution donne lieu ne rentre pas dans les dommages occasionnés par des travaux publics dont la connaissance appartient aux conseils de préfecture. (Il en serait autrement si un semblable arrêté, bien que pris en apparence dans l'intérêt de la sûreté générale, n'avait en réalité pour but que de faciliter l'exécution des travaux publics. C. d'Ét. 18 juillet 1873. S. 75. 2. 190.)

Le propriétaire qui a construit sur un terrain que l'administration prétend faire partie d'un chemin vicinal, ne peut être condamné par le conseil de préfecture à délaisser ce terrain, si l'arrêté par lequel ledit chemin a été classé n'en a pas indiqué les limites d'une manière précise. (L. 21 mai 1836. art. 15. — C. d'Et. 12 février 1875. S. 76. 2 310.)

Le propriétaire qui a construit un mur sur un terrain que l'administration prétend faire partie d'un chemin vicinal ne peut être condamné à démolir ce mur, alors que, d'une part, il n'existe aucun plan régulier d'alignement spécifiant le côté sur lequel porterait l'élargissement du chemin, et que, d'autre part, ledit mur n'empiète pas sur ses limites actuelles. (C. d'Ét. 17 janvier 1873. S. 74. 2. 264.)

Le particulier qui, à raison des termes de l'arrêté d'alignement à lui délivré, a pu se croire autorisé à construire sur un terrain, ne doit pas être condamné à démolir les ouvrages qu'il y a élevés, bien que ce terrain paraisse faire partie d'une route. (C. d'Ét., 3 avril 1870. S. 72. 2. 118.)

Titre III. — Contraventions dont la répression appartient à l'autorité judiciaire.

426. — *Art.* 318 *du règlement.* Toutes contraventions aux dispositions du règlement préfectoral autres que l'anticipation de sol des chemins vicinaux et de leurs dépendances sont constatées par procès-verbaux des fonctionnaires et agents énumérés en l'art 311 ci-dessus ou de tout autre agent ayant qualité pour le faire. Les dispositions de l'article 312 ci-dessus sont applicables à ces procès-verbaux.

Art. 319. Tout procès-verbal constatant une contravention au règlement préfectoral autre qu'une anticipation sera, après enregistrement et affirmation, s'il y a lieu, transmis soit au procureur de la république de l'arrondissement, soit au fonctionnaire chargé des attributions du ministère public près le tribunal de simple police du canton, selon que le fait constaté constituera un délit ou une simple contravention. Code. ins. crim. art. 15, 20 et 53.

Les infractions en matière de vicinalité constituent généralement des contraventions ; néanmoins nous avons vu que quelques-unes pouvaient constituer des délits correctionnels ou même des crimes. Les contraventions relèvent du tribunal de simple police ; les délits des tribunaux correctionnels et les crimes des cours d'assises.

427. — *Poursuite des contraventions.* Les préfets ont seuls le droit de poursuivre les répressions devant les conseils de préfecture, mais ce droit de poursuite ne leur appartient pas devant les tribunaux de l'ordre judiciaire, il est réglé par le code d'instruction criminelle dans les articles 182, 145 pour les délits, et l'article 144 pour les contraventions relevant des tribunaux de simple police.

428. — *Principes saillants en matière de poursuite de contraventions.* 1° Les fonctions de ministère public sont remplies par les commissaires de police ou les maires, (art. 144. cod. Ins. Crim.) — 2° Les jugements de simple police sont susceptible d'opposition et d'appel, (art. 151-172. Cod. Ins. Crim.) — 3° Les jugements de police qui ne prescrivent ni emprisonnement, ni amende, ni restitutions ou autres réparations civiles excédant 5 francs, ne sont point soumis à l'appel et ne peuvent être attaqués que par le recours en cassation. (Cass. 29 janvier 1873. 20 février 1823. 13 janvier 1865.) Le droit d'appeler des jugements de police n'appartient qu'à la partie condamnée et ne peut être exercé, en aucun cas, par le ministère public, sauf à lui à se pourvoir en cassation, s'il y a lieu. (Cass. 20 février 1746. 10 février 1848.) La voie d'appel est également refusée dans tous les cas à la partie civile. (Cass. 20 février 1846.) Mais les parties civiles sont recevables à interjeter appel du jugement qui les a condamnées à des dommages-intérêts envers le prévenu, en raison du préjudice que leur action mal fondée lui a causé. (Cass. 6 décembre 1849.

4° Les contraventions de police ne comportent pas l'excuse tirée de la bonne foi du délinquant. (Cass. 13 novembre 1858. S. 59. 1. 447.)

5° Elles ne peuvent non plus être excusées à raison de permissions qui auraient été accordées par l'autorité municipale au mépris des défenses de la loi ou des réglements. (Cass. 8 et 22 août 1856. S. 56. 1. 838. — 13 avril 1861. S. 62. 1. 111. 27 avril 1866. S. 67. 1. 47.)

6° Mais elles comportent l'application de l'article 66 et dès lors le contrevenant âgé de moins de seize ans doit être relaxé lorsqu'il a agi sans discernement. (Cass. 24 mai, 22 juin 1855. S. 55. 1 619.)

7°' Les caractères généraux de la complicité, définis par les art. 59, 60, 62. ne s'appliquent pas aux contraventions de police. (Metz, 23 avril 1856. S. 56. 2. 405. — Cass. 26 décembre 1857. S. 58. 1. 492.)

8° L'action en réparation civile de la contravention peut être portée devant le tribunal chargé de la contravention directement à la requête de la partie civile, mais si le tribunal de police a déjà statué sur la contravention il a épuisé sa compétence et la demande en réparations civiles, soit en dommages-intérêts,soit en démolition d'un édifice, ne pourrait faire l'objet d'une action nouvelle devant le même juge. (Cass. 8 juin 1872. S. 72. 1. 256.)

429. — *Compétence des juges de paix en matière d'alignement. — Saillies. — Démolition.* Au cas de travaux exécutés sans autorisation à un bâtiment joignant la voie publique, la démolition de ces travaux, ne doit être prononcée, indépendamment de l'amende, qu'autant que le bâtiment n'est point sur l'alignement et que les travaux sont confortatifs.

Cette démolition ne doit donc pas être ordonnée si le procès-verbal de contravention ou une déclaration expresse de l'autorité municipale constate que les travaux n'ont point été faits à un bâtiment retranchable, ou qu'ils ne sont pas confortatifs ; il n'y a lieu alors qu'à l'amende encourue pour défaut d'autorisation. (Cass. 24 décembre 1859. S. 60. 1. 680.)

Et si une telle constatation n'existe point, le juge de police saisi doit surseoir à statuer tant sur l'amende que sur la démolition, jusqu'à ce que l'autorité municipale, seule compétente pour apprécier préjudiciellement le caractère de l'effet des travaux, se soit prononcée à cet égard. (Même arrêt.)

La démolition des travaux exécutés sans autorisation préalable à un bâtiment situé sur la voie publique et sujet à reculement, ne doit pas être ordonnée, si depuis la poursuite cette autorisation a été obtenue et s'il est reconnu par l'administration que les travaux n'ont point un caractère confortatif. (Cass. 28 juillet 1854. S. 55. 1. 239.)

La destruction des travaux illégalement exécutés ne doit pas non plus être ordonnée, lorsqu'il s'agit de réparations qui n'ont aucunement changé l'état antérieur des choses et ne causent pas de préjudice à la voie publique. (Cass. 29 avril 1852. S. 53. 1. 235.)

La démolition de travaux indûment exécutés à un bâtiment joignant la voie publique ne peut être poursuivie par action principale devant la juridiction répressive, mais seulement accessoirement à la poursuite de la contravention et à titre de réparation civile. Lors donc que le tribunal de police a statué sur la contravention de voirie, sans ordonner la démolition, cette démolition ne peut faire l'objet d'une action nouvelle devant le même juge. (Cass. 1er août 1856. S. 57.   151.)

Décidé dans le même sens, qu'après un jugement relaxant le prévenu traduit devant le juge de police pour avoir élevé des constructions contrairement à l'alignement qui lui avait été donné et en anticipation sur la voie publique, l'autorité administrative ou municipale ne peut, à l'aide d'un arrêté postérieur prescrivant la démolition de ce mur, saisir à nouveau le tribunal de répression ; la chose précédemment jugée y fait obstacle ; elle ne peut agir que par la voie civile en cessation de l'anticipation prétendue et en revendication du sol usurpé. (Cass. 2 août 1856. S. 57. 1. 385.)

Le tribunal de police saisi de la contravention résultant du fait de construction élevée le long d'un chemin contrairement aux prescriptions d'un arrêté municipal, ne peut, sur les conclusions du ministère public, tendant tout à la fois à la condamnation à l'amende et à la démolition des constructions, prononcer dès à présent l'amende et surseoir à statuer sur la démolition jusqu'à ce qu'il soit établi s'il y a eu empiétement commis sur la largeur du chemin ; il doit, si le chemin est rural, et s'il y a eu empiétement, prononcer l'amende et la démolition, ou, en cas d'exception de propriété, surseoir à statuer sur le tout ; et si le chemin est vicinal, renvoyer, après avoir infligé l'amende, devant l'autorité administrative pour ce qui concerne la démolition. (Cass. 7 juillet 1860. S. 60. 1. 924).

Lorsqu'une commune demande la suppression d'un tunnel établi sous un chemin vicinal, en se fondant sur la révoca tion de l'arrêté municipal qui en a autorisé la construction, si le défendeur conteste le caractère de révocabilité de cet arrêté, la juridiction administrative est seule compétente pour statuer sur la contestation. (Cass. 28 mai 1872. S. 72. 1. 217.)

Au cas où un prévenu, traduit devant un tribunal de police pour avoir refusé d'obéir à un arrêté du maire qui lui a enjoint de démolir une construction menaçant ruine, soutient que cet arrêté n'était pas susceptible d'exécution immédiate, comme ne déclarant pas l'urgence de la démolition et n'ayant pas été précédé d'une expertise, le juge qui accueille ces conclusions ne saurait toutefois surseoir à statuer sur la contravention jusqu'après la décision de l'administration compétente. (Cass. 25 janvier 1873. S. 73. 1. 96.)

Le tribunal de police saisi d'une poursuite contre un individu prévenu d'avoir élevé une construction le long de la voie publique sans autorisation préalable, doit, alors que la question de savoir, s'il y a empiétement est douteuse, surseoir à statuer jusqu'à ce qu'il soit justifié d'un alignement régulier. (Cass. 27. novembre 1875. S. 76. 2. 385).

Le juge de police qui réprime une contravention à un règlement administratif, fixant la hauteur et les dimensions des constructions élevées en dehors de la voie publique dans les cours et espaces inférieurs, doit ordonner en même temps la démolition des travaux, lorsqu'ils ne peuvent subsister sans nuire d'une manière permanente aux intérêts de la sûreté et de la salubrité publiques. (Cass. 27 avril 1877. S. 77. 1. 488.)

C'est au tribunal de simple police, et non au Conseil de préfecture qu'il appartient d'ordonner la démolition de travaux confortatifs, exécutés sans autorisation à un mur longeant un chemin vicinal et sujet à reculement. Id. (C. d'Ét. 17 janvier 1873. S. 74. 2. 264.)

Le juge de police ne peut relaxer le prévenu qui a réparé la façade extérieure de sa maison, sans autorisation préalable, par le motif que les réparations extérieures dont il s'agit n'avaient aucun caractère confortatif, à l'autorité administrative seule il appartient de décider cette question (Cass. 30 août 1855).

Le tribunal de police saisi d'une poursuite contre un propriétaire prévenu, d'avoir, sans autorisation, reconstruit une partie de bâtiment faisant saillie sur la voie publique, ne peut, tout en condamnant le prévenu à l'amende, refuser d'ordonner la démolition de la construction nouvelle, en se fondant soit sur ce qu'il n'y avait pas de plan d'alignement dans la commune, soit sur ce que le prévenu alléguait que l'ancienne construction existait depuis plus de 30 années et qu'il était ainsi devenu propriétaire du terrain. (Cass. 25 janvier 1873. S. 73. 232).

Le juge de police ne peut non plus relaxer celui qui a élevé une construction sur la voie publique sans autorisation, sur le motif que cette construction ne serait que provisoire (Cass. 30 avril 1853).

Les ouvriers et artisans (tels que maçons et serruriers) qui concourent aux travaux de construction exécutés sur la voie publique sans l'autorisation nécessaire, sont passibles, comme le propriétaire, de l'amende prononcée par l'art. 471 n° 5. (Cass. 13 juillet 1860. S. 62. 1. 910. id. architectes et constructeurs. S. 6 septembre 1828. — 18 juin 1831. 31. 1. 252. — 10 mai 1834. 34. 1. 407. C. N. 1. 6.)

Quand il n'existe pas d'éléments suffisants pour reconnaître si les travaux sont ou non en dehors de l'alignement, le juge de police doit surseoir à statuer jusqu'à décision de cette question par l'autorité compétente. (Cass. 24 décembre 1859. S. 60. 1. 924).

Le tribunal de police qui ordonne la démolition d'une construction élevée en contravention le long de la voie publique, ne peut accorder au condamné un délai pour opérer, cette démolition : ce serait là empiéter sur les attributions de l'autorité administrative. (Cass. 17. 18 février 1860. S. 60. 1. 682).

Le tribunal de simple police, saisi d'un procès-verbal dressé contre un propriétaire pour avoir fait exécuter des travaux confortatifs, à la façade d'une maison considérée comme sujette à reculement est compétent pour apprécier le système de défense, dès lors le caractère des travaux, et statuer sur le moyen invoqué par le propriétaire et tiré de ce que ladite façade ne ferait pas saillie sur l'alignement (L. 19. 22 juillet 1791. art. 29. cod. pén. art. 471. C. d'Ét. 25 avril 1873. S.75. 2. 122).

Arrêt contraire à la jurisprudence de la C. de Cass. 24 décembre 1859. S. 60. 1. 680.)

Doit être cassé comme manquant de base légale, le jugement de condamnation pour contravention à un arrêté d'alignement, si cet arrêté vient à être annulé par l'autorité supérieure. (Cass. 11 avril 1862, et 21 août 1863. S.64. 1. 100. 66. 1. 181).

130. — *Contre qui doivent être exercées les poursuites.* M. Guillaume, dans son traité de voirie urbaine, rapporte les décisions judiciaires suivantes qui résument la jurisprudence :

1° Les poursuites à raison des infractions aux lois et règlements qui régissent la grande voirie ou la petite voirie, sont exercées contre les auteurs des infractions et contre les autres personnes qui en sont responsables.

Ainsi les poursuites pour contravention aux règlements qui

imposent l'obligation de ne construire en bordure d'une rue ou d'une place, qu'après avoir demandé la permission et obtenu l'alignement, peuvent être exercées non seulement contre les architectes ou les entrepreneurs qui ont exécuté les travaux, mais encore contre les propriétaires du sol sur lequel la construction est élevée. Celui-ci pourrait même être poursuivi dans le cas où les travaux auraient été exécutés à son insu sur l'ordre, par exemple, d'un locataire, sauf son recours contre ce dernier. Une pareille responsabilité est indispensable pour assurer l'exécution des prescriptions légales ou réglementaires (C. d'Ét. 4 mai 1862. — Cass. 22 février 1844).

2° Le nouvel acquéreur d'une maison est passible de la démolition soit des travaux confortatifs exécutés sans autorisation au mur de face de la maison, avant son acquisition, soit des ouvrages élevés par son auteur en saillie sur la voie publique ; mais il n'est pas passible de l'amende encourue, l'auteur de la contravention et les personnes pouvant être considérées comme complices doivent seuls être poursuivis pour l'application de cette amende (C. d'Ét. 5 décembre 1839. 28 juillet 1849. 22 juin 1850.)

La réparation civile consistant dans la démolition de travaux ou d'ouvrages illégalement exécutés à une maison, présente un caractère réel qui fait suivre l'immeuble, en quelques mains qu'il passe, tandis que l'amende étant personnelle ne doit être appliquée qu'à celui qui a commis la contravention ou l'a favorisée soit sciemment soit par négligence.

3° Lorsque le locataire d'un bâtiment auquel les travaux ont été effectués illégalement est l'auteur de la contravention, il peut être poursuivi sans aucun doute. Le propriétaire lui-même, comme nous l'avons rappelé, peut l'être également.

Mais ce dernier doit seul être poursuivi quand il a seul commis la contravention, le locataire étant resté inactif.

4° Les personnes logées gratuitement dans un édifice appartenant à l'État, au département ou à la commune, doivent être assimilées, à cet égard, à un locataire. Ainsi le desservant qui exécute sans autorisaton des réparations même locatives au mur de face du presbytère situé en saillie sur la voie publique, peut être poursuivi comme auteur d'une contravention aux règlements de voirie (Cass. 12 novembre 1847).

5° L'action pénale, comme l'action en réparation civile, à raison d'une contravention de cette nature, peut être portée contre l'État, le département ou la commune, selon que la contravention résulte de travaux exécutés à un immeuble appartenant à l'un ou à l'autre. (C. d'Ét. 23 juillet 1841. 14 juin 1851).

6° Les entrepreneurs, les architectes, les maçons et les ouvriers peuvent être poursuivis avec le propriétaire pour les contraventions de voirie consistant en travaux qu'ils ont dirigés ou exécutés, lors même qu'ils n'ont fait que se conformer aux ordres du propriétaire.

Ils ne peuvent d'ailleurs, être poursuivis seuls quand la démolition des travaux illégalement exécutés est encourue. Dans ce cas, en effet, la réparation civile ne saurait être prononcée que contre le propriétaire. (Cass. 4 avril 1851).

Toutefois il est jugé que, dans le cas où une contravention de grande voirie est imputable à plusieurs propriétaires, le défaut de poursuite contre un ou plusieurs d'entre eux, ne saurait entraîner la nullité des poursuites dirigées contre les autres. (C. d'Ét. 7 juin 1851. S. 51. 2. 667).

431.— *Personnes civilement responsables.* La responsabilité des maîtres résultant de l'article 1384. Cod. N. est applicable devant les conseils de préfecture, même pour les amendes. (C. d'Ét. 20 juin 1865. 28 janvier 1838).

Les père et mère, en raison de leur responsabilité, sont actionnés en même temps que leurs enfants mineurs pour les contravention commises par ceux-ci. (Cod. pén. art 66. Inst. Crim, art. 368. cod. Nap. 1382).

Le mineur, âgé de moins de 16 ans révolus, doit être relaxé si le juge apprécie qu'il a agi sans discernement.

432.— *Exécution des condamnations.* Le recouvrement des amendes, restitutions, dommages et intérêts et frais, en faveur de l'état ou des communes se fait suivant les dispositions de la loi du 29 décembre 1873, par les compⱦ tables de l'administration des contributions directes. Ces comptables sont : Les trésoriers-payeurs généraux pour les chemins de grande communication et d'intérêt commun et les receveurs municipaux pour les chemins vicinaux ordinaires. Les préfets surveillent le recouvrement des dommages-intérêts pour les chemins de grande communication et d'intérêt commun et les maires pour les chemins vicinaux ordinaires. Le procureur de la république a la surveillance du recouvrement des amendes et des frais de poursuite avancés par l'État.

L'exécution, en ce qui touche les démolitions ou les travaux à faire a un caractère plus administratif. C'est aux préfets qu'il appartient de diriger l'exécution consistant en travaux ou démolitions pour les chemins de grande communication et d'intérêt commun et c'est aux maires pour les chemins vicinaux ordinaires.

Après sommation faite au contrevenant, l'administration a le droit de requérir des ouvriers pour procéder aux travaux. (Loi du 22 germinal, an iv). Lorsque la démolition est faite à la requête des préfets, c'est la caisse départementale des chemins de grande communication qui fait l'avance des frais d'exécution et le recouvrement en est ensuite effectué au moyen d'un mandat exécutoire, délivré par le préfet contre le débiteur, dans les termes du décret du 27 mai 1854. Lorsque la démolition est faite à la requête du maire l'avance est faite par la caisse municipale et le recouvrement est effectué au moyen d'un exécutoire délivré par le maire, dans les termes de l'article 63 de la loi du 18 juillet 1837.

Un commissaire de police ne doit pas agir d'office pour faire procéder à la démolition ou à la reprise d'un terrain usurpé ; il doit attendre les ordres soit de l'administration soit du ministère public.

433. — *Prescription de l'action publique et de l'action civile.* L'action publique et l'action civile résultant d'un délit se prescrivent par trois ans. Art. 638. code. inst. **crim.**

Art. 640, code. inst. crim. L'action publique et l'action civile pour une contravention de police seront prescrites après une année révolue, à compter du jour où elle aura été commise, même lorsqu'il y aura eu procès-verbal, saisie, instruction ou poursuite, si dans cet intervalle il n'est point intervenu de condamnation, s'il y a eu jugement définitif de première instance de nature à être attaqué par la voie de l'appel, l'action publique et l'action civile se prescriront après une année révolue, à compter de la notification de l'appel qui en aura été interjeté.

JURISPRUDENCE

La prescription est suspendue pendant la durée de l'instance engagée devant les tribunaux civils pour faire juger des questions préjudicielles. (Cass. 30 janvier 1830. C. N. 9. — 10 avril 1835. S. 35. 1. 387. 27 mai 1843. S. 44. 1. 34. 29 août 1846. S. 46. 1. 755. Mais la prescription reprend son cours de plein droit à partir de l'expiration du délai fixé pour faire juger la question préjudicielle. (Cass. 1er décembre 1848 S. 49. 1. 541). Ou à partir du jour où ce jugement a été rendu, sans qu'il soit besoin d'aucune notification (Cass. 10 avril 1835. S. 35. 1. 387).

La prescription est suspendue par le pourvoi en cassation du ministère public ou du prévenu. (Cass. 16 juin 1836. S. 36. 1. 862.) Lorsque le jugement a été cassé, le tribunal saisi par le renvoi a le même délai qu'avait le tribunal auquel il a été substitué.

La prescription d'un an en matière de police court à compter de l'appel interjeté par déclaration faite au greffe, bien que cet appel n'ait pas été signifié au ministère public : la déclaration au greffe équivaut à la notification exigée par la loi. (Cass. 28 juillet 1845. S. 45. 1. 759).

Les dégradations des chemins vicinaux se prescrivent par un an. (Cass. 3 décembre 1858. S. 59. 1. 281. De même les constructions empiétant sur la voie publique. (Cass. 10 janvier 1857. S. 57. 1. 386.) Toutefois ces empiétements ne peuvent être couverts par la prescription et il appartient toujours aux tribunaux compétents,(les conseils de préfecture) de faire restituer la partie usurpée à la voie publique (Cass. 1er août 1856. S. 57. 1. 151.) Mais dès que la prescription de la peine est acquise les tribunaux répressifs, autres que les conseils de préfecture sont sans compétence pour statuer sur les réparations civiles, telles que restitution de la voie, dommages. etc.

Les saillies sur la voie doivent être supprimées quelle que soit leur date ; il n'y a pas de prescription pour les protéger. (Cass. 17 novembre 1859. S. 60. 1. 591.)

Le dépôt de matériaux se prescrit (Cass. 24 décembre 1859. S. 60. 1. 296.)

433. — *Contraventions sur les chemins ruraux.* Jusqu'à la loi du 20 août 1881 les chemins ruraux, d'après la jurisprudence de la cour de Cassation, n'étaient protégés ni par l'imprescriptibilité, comme les autres voies publiques communales, ni par les servitudes imposées aux fonds riverains en faveur des routes nationales ou départementales et des chemins vicinaux, relativement aux alignements, constructions et plantations. Les seules infractions réprimées sur ces chemins étaient les usurpations ou détériorations commises sur les chemins publics dans les cas prévus par l'article 479 nos 11 et 12 du code pénal.

L'article 8 de la nouvelle loi confère aux préfets le droit de définir la contravention dans le règlement qu'elle leur impose le devoir de faire, et les dispositions de ce règlement seront sanctionnées par l'article 471 du code pénal. (Voir à notre tome 1er la circulaire ministérielle qui accompagne la loi de 1881.)

CHAPITRE XVI

Titre Ier. — Comptabilité de l'agent voyer cantonal

435. — *Dispositions règlementaires.* Art. 177. L'agent voyer cantonal tient un carnet d'attachements sur lequel il inscrit tous les faits de dépense à mesure qu'ils se produisent, par ordre de date, sans lacune, sans classification, pour tous les ateliers confiés à sa surveillance, qu'ils soient situés dans les chemins de grande communication, d'intérêt commun ou de petite vicinalité, en ayant soin d'indiquer le chemin auquel ces faits se rapportent, avec distinction entre les réseaux subventionnés et non subventionnés.

Ce carnet présente, sur la page de gauche, le libellé des opérations et leurs résultats, soit en quantités, soit en deniers, soit à la fois en quantités et en deniers. Il ne comprend que les faits de dépense, les observations relatives aux autres parties du service ne doivent pas y figurer.

En regard de chaque article, il reçoit sur la page de droite, les croquis et tous les renseignements propres à justifier les quantités et les sommes portées sur la page de gauche, ainsi que la mention des pièces dont les détails ne peuvent pas être inscrits sur le carnet.

Dans le cas de prise de possession de terrains avant le règlement de l'indemnité, la date en est portée pour ordre au carnet. Un nouvel article, indiquant le montant de la dépense, est ouvert lors de la fixation de l'indemnité. Mention est également faite des terrains cédés gratuitement.

Les travaux ou approvisionnements exécutés par entreprise sont inscrits au carnet, au fur et à mesure qu'il est possible d'en vérifier partiellement les métrés, les quantités ou les poids. On se conformera, pour ces inscriptions, aux désignations ainsi qu'aux conditions de règlement des comptes, des devis ou projets approuvés.

Lorsque les travaux ou approvisionnements exécutés par entreprise doivent donner lieu à des payements d'à-compte, avant de se trouver en état d'être métrés *exactement*, ils sont inscrits au carnet, sous le nom de *travaux non terminés*, avec les métrés approximatifs. Ces métrés sont refaits complétement, à chaque nouvelle constatation, sans qu'on puisse procéder par différence. L'ancien article est rayé, et une annotation renvoie à la nouvelle situation.

La distinction en *travaux terminés* et *non terminés* pourra être supprimée par l'agent voyer en chef, suivant l'importance ou la nature des ouvrages.

Lorsque des travaux ou approvisionnements par entreprise auront été l'objet d'une réception accompagnée d'un décompte accepté par l'entrepreneur, et qu'ils n'auront donné lieu, en raison de leur faible importance à aucune inscription antérieure sur le carnet, il suffit de mentionner la date de la réception et du décompte, et de porter en bloc le résultat final de ce décompte.

Pour les prestations à la journée ou à la tâche, la dépense est portée en bloc sur le carnet, à mesure que les états d'indication (*modèle n° 16*) sont arrêtés et certifiés par les agents voyers.

Les souscriptions et les subventions industrielles acquittées en nature sont aussi inscrites au fur et à mesure de leur exécution.

Lorsque l'entrepreneur est tenu par le cahier des charges de prendre en compte des travaux ou fournitures effectués par des prestataires, la remise de ces travaux ou fournitures donne lieu à une nouvelle inscription qui indique leur montant, aux prix du bordereau ; dans le cas où les prestations remises auraient été effectuées dans le courant de l'année, on fait ressortir sur la page de droite la plus ou moins-value sur les prix de l'entreprise.

Pour les travaux en régie à la journée, la dépense est portée en bloc sur le carnet, à mesure que les rôles sont arrêtés et certifiés par les agents voyers. Pour les travaux en régie à la tâche, on procède de la même manière, en séparant, s'il y a lieu, les comptes des tâcherons portés sur un même état. Pour les mémoires et les factures, la dépense est portée en bloc sur la page de gauche, à mesure que ces pièces sont arrêtées et certifiées.

Les surveillants sont pourvus, au besoin, de carnets auxiliaires, dont les résultats sont reportés, par masses, sur le carnet tenu par l'agent voyer cantonal sous les ordres duquel ils sont placés. *(Règlement général, art.76.)*

Art. 178. Les carnets sont délivrés, par l'agent voyer en chef, à l'agent voyer d'arrondissement, qui en numérote les feuillets et les parafe par premier et dernier avant de les remettre à l'agent voyer cantonal. Les carnets successivement délivrés, dans une même année, à chaque agent voyer cantonal sont numérotés suivant l'ordre de la remise.

Chaque agent est responsable de toutes les indications qu'il consigne sur son carnet et des omissions commises dans ses écritures.

L'agent voyer cantonal ne doit se dessaisir de son carnet que sur l'ordre de ses chefs ; quand il reçoit une autre destination, il arrête ce carnet et l'adresse à l'agent voyer d'arrondissement.

A la fin de l'année, tous les carnets, remplis ou non, sont transmis à l'agent voyer d'arrondissement, qui les vise *ne varietur*.

Les carnets restent déposés au bureau de l'agent voyer cantonal, jusqu'à la clôture de l'exercice ; ils sont ensuite déposés dans les archives de l'agent voyer d'arrondissement. (*Même règlement, art.* 77.)

Art. 179. Tout est écrit à l'encre sur les carnets.

Les attachements sont précédés de la date à laquelle ils se rapportent ; ils reçoivent des numéros dont la série se continue, sans interruption, du 1er janvier au 31 décembre.

Ceux qui, par leur nature, doivent être contradictoires sont acceptés sur le carnet par la signature de la partie intéressée. En cas de refus de celle-ci, l'agent voyer cantonal prévient aussitôt l'agent voyer d'arrondissement. La signature de l'entrepreneur n'est réclamée que pour les attachements définitifs ; elle n'est jamais demandée pour les travaux ou approvisionnements non terminés. Les acceptations données sur les carnets auxiliaires des surveillants ne doivent pas être reproduites sur le carnet de l'agent voyer cantonal.

L'inscription sur le carnet ne constitue pas titre contre l'administration.

Le carnet est fréquemment visé par l'agent voyer d'arrondissement. Le visa doit porter mention *vu et vérifié*, avec la date et la signature. *Même règlement, art.* 78.)

Art. 180. Aucune inscription faite sur le carnet ne doit être ni grattée ni surchargée. Toutes les rectifications reconnues nécessaires sont faites et datées avec une encre de couleur différente, et écrites au-dessus des lignes auxquelles elles se rapportent. On se borne à passer sur les inscriptions rectifiées un simple trait qui les laisse parfaitement lisibles.

Dans les cas où les rectifications s'appliquent à un attachement contradictoire, qui a déjà reçu la signature de la partie intéressée, cette signature doit être apposée une seconde fois, avec la mention de l'approbation de la correction. (*Même règlement, art.* 79.)

Art. 181. Les journées d'ouvriers sont constatées par des feuilles d'attachements (*modèle n° 20*) tenues par le surveillant de chaque atelier.

La case réservée à chaque ouvrier contient, pour chaque journée, autant de divisions qu'il y a de reprises de travail. On pointe comme absent l'ouvrier qui ne se présente pas au commencement d'une reprise ou quitte le travail avant la fin. Les cases *restées en blanc au bas de la feuille sont également pointées* à chaque reprise, comme si elles concernaient des absents. Si un ouvrier. travaille isolément à la journée, sa présence et son travail sont constatés de la même manière que pour les cantonniers.

Les feuilles d'attachements sont remises à la fin du mois, ou plus fréquemment s'il est nécessaire, à l'agent voyer cantonal, qui les arrête et en inscrit immédiatement les résultats sur son carnet. (*Même règlement, art.* 80.)

Art. 182. Les travaux en régie exécutés à la tâche sont détaillés sur des états (*modèles n°* 21 *et* 41) qui, lorsqu'ils doivent être produits à l'appui du payement sont soumis à l'approbation du préfet ou du maire, suivant le cas, et acquittés par les parties prenantes au moment du payement. (*Même règlement, art.* 81.)

Art. 183. Les mémoires sont détaillés sur des états conformes au *modèle n° 22.*

On emploie le *modèle n° 22 bis* pour les quittances des sommes n'excédant pas 10 francs. (*Même règlement, art.* 82.)

Art. 184. Les situations des fournitures de matériaux

ou des ouvrages terminés et non terminés, exécutés par un entrepreneur sont dressées conformément aux inscriptions faites au carnet (*modèle n° 23*). (*Même règlement art.* 83.)

Art. 185. Lorsque des approvisionnements ou des travaux provenant des prestations en nature ou de toute autre origine sont remis en compte aux entrepreneurs, la remise en est constatée par un procès-verbal (*modèle n° 24*) sur lequel le détail de ces approvisionnements et travaux est indiqué aux prix du bordereau, en tenant compte du rabais de l'adjudication. (*Même règlement, art.* 84.)

Art. 186. Le décompte des cantonniers est établi sur un état *modèle n° 25* pour les chemins de grande communication et d'intérêt commun, et *modèle n° 25 bis* pour les chemins vicinaux ordinaires. (*Même règlement, art.* 85.)

Art. 187. Toutes les dépenses constatées par l'agent voyer cantonal sont reportées sommairement dans un registre désigné sous le nom de *Livre de comptabilité de l'agent voyer cantonal.* (*Modèle n° 26.*)

Ce registre, composé de trois parties, est subdivisé, pour chacune d'elles, en *réseau subventionné* et *non subventionné.*

La première est relative aux chemins de grande communication, la deuxième concerne les chemins d'intérêt commun, et la troisième, les chemins vicinaux ordinaires. (*Même règlement art.* 86.)

Art. 188. La première et la deuxième partie du livre de comptabilité de l'agent voyer cantonal sont composées d'une manière identique et comprennent :

1° Le répertoire des chemins, formant table des matières : (*modèle n° 26 A*) ;

2° Pour chaque chemin, un compte dans lequel est inscrit, en trois divisions séparées, pour l'entretien, les grosses réparations et les travaux neufs, le montant total des dépenses faites, avec désignation des pièces sur lesquelles elles sont relevées, et en distinguant, dans chacune de ces divisions, les entreprises et les régies. Les indemnités de terrains, les dommages, les dépenses diverses et le salaire des cantonniers font l'objet de divisions spéciales. (*Modèle n° 26 B; même règlement art. 87.*)

Art. 189. La troisième partie du livre de comptabilité de l'agent voyer cantonal comprend :

1° Le répertoire des communes formant table des matières. (*Modèle n° 26 C.*)

2° Pour chaque commune, un compte (*modèle n° 26 D*) dans lequel est inscrit, en trois divisions séparées, pour l'entretien, les grosses réparations et les travaux neufs, le montant total des dépenses faites, avec désignation des pièces sur lesquelles elles sont justifiées, et en distinguant, dans chacune de ces divisions, les entreprises et les régies. Les indemnités de terrains, les dommages, les dépenses diverses et le salaire des cantonniers font l'objet de divisions spéciales.

3° Pour chaque commnne, un compte récapitulatif des certificats de payement et des mandats délivrés. (*Modèle n° 26 E. ; règlement général, art 88.*)

Art. 190. Un décompte, pour ordre, de l'emploi des prestations applicables aux différentes catégories de chemins est établi, par l'agent voyer cantonal, sur une formule spéciale placée à la fin de son livre de comptabilité. (*Modèle n° 26 F; même règlement, art. 89.*)

Art. 191. A la fin de chaque mois, l'agent voyer cantonal transmet, s'il y a lieu, à l'agent voyer d'arrondissement les pièces suivantes : (*Même règlement, art. 90.*)

Chemins vicinaux de grande communication et d'intérêt commun : les feuilles d'attachements des journées d'ouvriers (*modèle n° 20*) ; les états des travaux à la tâche (*modèle n° 21*) ; les mémoires ou quitances (*modèles n°s 22 et 22 bis*) ; les situations des travaux exécutés par entreprise (*modèle n° 23*), accompagnées au besoin d'un métré (*modèle n° 27*) ; les procès-verbaux de remise de travaux et approvisonnements aux entrepreneurs (*modèle n° 27*) ; le décompte des cantonniers (*modèle n° 25*), et toutes les pièces relatives aux indemnités de terrains, dommages et dépenses diverses.

Chemins vicinaux ordinaires : Pour chaque commune : les rôles des journées d'ouvriers employés en régie (*modèle n° 28*), accompagnés des feuilles d'attachements (*modèle n° 20*) ; les états des travaux à la tâche (*modèle n° 21*) ; les mémoires ou quittances (*modèles n*os 22 et 22 *bis*) ; les situations des travaux exécutés par entreprise (*modèle n° 23*), appuyées au besoin d'un métré et accompagnées d'un certificat de payement (*modèle n° 29*) ; les décomptes des cantonniers (*modèle n° 25 bis*), et toutes les pièces relatives aux indemnités de terrains et dépenses diverses.

Chaque envoi de pièces de comptabilité, fait par l'agent voyer cantonal, est accompagné d'un bordereau (*modèle n° 30*), sur lequel il est fait mention des terrains dont la prise de possession a été effectuée.

Art. 192. A la fin de chaque trimestre, ou plus souvent si l'agent voyer en chef le juge nécessaire, l'agent voyer cantonal adresse à l'agent voyer d'arrondissement, un état sommaire indiquant, par commune, pour les chemins vicinaux ordinaires, la situation des dépenses faites et les certificats de payement délivrés. (*Modèle n° 31 ; règlement général, art. 91.*)

Art. 193. A la fin de l'année, l'agent voyer cantonal adresse, pour les chemins vicinaux ordinaires, les décomptes (*modèle n° 32*) de toutes les entreprises de son service qui n'ont pas fait l'objet d'une réception provisoire ou définitive. Il les notifie aux entrepreneurs, dans les formes indiquées aux clauses et conditions générales et les adresse à l'agent voyer d'arrondissement. (*Même règlement, art. 92.*)

Art. 194. A la clôture de l'exercice, il dresse également, pour les chemins vicinaux ordinaires, des états faisant connaître pour toutes les communes de sa circonscription :

1° Les ressources constatées (*modèle n° 33*) ;

2° Les dépenses effectuées (*modèle n° 34*) ;

3° L'état d'avancement des chemins (*modèle n°ˢ 35* et *35 bis*) ;

4° Divers renseignements statistiques et la situation financière du réseau subventionné (*modèle n° 36*).

Ces états sont établis avec distinction entre les réseaux subventionnés et non subventionnés. Ils sont adressés le 10 mai, au plus-tard, à l'agent voyer d'arrondissement, qui, après en avoir certifié l'exactitude, les transmet, le 25 mai, à l'agent voyer en chef. Ce dernier, après les avoir vérifiés, les fait parvenir au préfet pour être soumis au conseil général. (*Même règlement, art. 93.*)

Titre II. — Comptabilité du régisseur comptable.

436. — Art 195. Dans le cas de régie pour le compte d'un entrepreneur, le régisseur comptable tient un journal spécial de la même forme que le carnet (*modèle n° 19*), pour les faits de dépenses relatifs à cette régie.

L'agent voyer cantonal, qu'il soit ou non régisseur comptable, doit en outre inscrire sur son carnet les travaux effectués comme s'ils étaient exécutés par l'entrepreneur. (*Règlement général, art. 94.*)

Art. 196. Les avances de fonds à faire à un régisseur comptable ont lieu sur sa demande, formulée sur un imprimé. (*Modèle n° 37.*)

Pour les chemins de grande communication et d'intérêt commun, cette demande, visée par l'agent voyer d'arrondissement, certifiée par l'agent voyer en chef, est transmise par ce dernier au préfet par la délivrance du mandat.

S'il s'agit d'un chemin vicinal ordinaire, la demande, dans le cas où l'agent voyer cantonal n'est pas régisseur, est certifiée par ce dernier et visée par l'agent voyer d'arrondissement. Cette demande est ensuite transmise au maire pour le mandatement.

Art. 197. Les recettes et les payement effectués par le régisseur comptable sont enregistrés sur un livret de caisse. (*Modèle n° 38.*)

Ce livret contient, sur la page de gauche : 1° l'indication des numéros et des dates des mandats délivrés au nom du régisseur comptable ; 2° l'inscription, de la main de l'agent, du payement, de la date, de la destination des avances et du montant, en toutes lettres, des sommes payées ; 3° l'indication en chiffres des sommes payées.

La page de droite indique, par ordre chronologique : 1° les dates des payements successivement effectués par le régisseur ; 2° la nature des dépenses ; 3° le montant des sommes payées ; 4° celui des pièces justificatives produites.

L'agent voyer d'arrondissement, constate, sur le livret de caisse, les résultats des vérifications qu'il doit faire des écritures, des pièces de dépenses et de la caisse du régisseur. (*Même règlement, n° 96.*)

Art. 198. Le régisseur comptable justifie de l'emploi des avances qui lui sont faites par la production des mémoires des fournisseurs et des rôles des ouvriers employés à la journée ou à la tâche. Ces pièces doivent être revêtues de l'acquit des parties prenantes.

La justification doit être faite dans le mois qui suit l'encaissement du mandat et comprendre, autant que possible, une dépense égale au montant de ce mandat. Les pièces justificatives font l'objet d'un bordereau (*modèle n° 39*) dressé en double expédition par le régisseur comptable.

Pour les chemins de grande communication et d'intérêt commun, ce bordereau est vérifié par l'agent voyer d'arrondissement, et visé par l'agent voyer en chef et le préfet. Pour les chemins vicinaux ordinaires, il est vérifié par l'agent voyer cantónal et par l'agent voyer d'arrondissement et visé par le maire.

Les deux expéditions de ce bordereau sont transmises à l'agent du payement, qui est tenu de renvoyer immédiatement au régisseur comptable, par l'intermédiaire des agents voyers, une des expéditions signée pour récépissé: (*Règlement général, art.* 97).

Art. 199. Les certificats de payement délivrés au nom d'un régisseur comptable sont inscrits sur les livres de comptabilité comme les autres dépenses justifiées sont portées comme à-compte délivré à ce dernier. (*Même règlement art.* 98.)

Titre III. — Comptabilité de l'agent voyer d'arrondissement.

437. — Art. 200. L'agent voyer d'arrondissement centralise, vérifie et coordonne les résultats constatés et produits par les agents placés sous ses ordres. (*Règlement général, art.* 99).

Art. 201. Il dresse, au commencement de chaque mois, pour les chemins de grande communication et d'intérêt commun, d'après les pièces de dépenses qui lui ont été transmises par les agents voyers cantonaux: 1° le décompte mensuel (*modèle n°* 40) des sommes dues à tous les cantonniers; 2° l'état capitulatif (*modèle n°* 41) des feuilles d'attachements des journées d'ouvriers, des états des travaux à la tâche, des mémoires et des quittances; 3° des propositions de payement en faveur des entrepreneurs et les décomptes à l'appui. (*Modèle n°* 42.)

Il envoie à l'agent voyer en chef ces pièces, en y joignant, après les avoir revêtues de son visa, celles mentionnées à l'état récapitulatif (*modèle n°* 30.)

En ce qui concerne les chemins vicinaux ordinaires,

il vérifie les pièces qui lui sont adressées par l'agent voyer cantonal; il les vise et les renvoie à ce dernier, qui les transmet au maire pour le mandatement. (*Même règlement, art.* 100.)

Art. 202. Les réceptions de matériaux d'entretien sont constatées sur une formule (*modèle n° 46*) et font connaître les quantités de matériaux reçus.

Les procès-verbaux de réception provisoire et de réception définitive pour les travaux neufs et de grosses réparations sont dressés sur les *modèles n°* 43 et 44. Ils sont accompagnés du décompte des travaux exécutés. (*modèle n° 45*.)

Tous les procès-verbaux de réception relatifs aux chemins de grande communication et d'intérêt commun sont immédiatement transmis à l'agent voyer en chef. Les procès-verbaux qui concernent les chemins vicinaux ordinaires sont conservés par l'agent voyer cantonal, à l'exception de ceux qui doivent être joints à l'appui des payements.

Les réceptions sont mentionnées avec leur date au carnet. (*Même règlement, art.* 101.)

Art. 203. Tous les faits de comptabilités concernant le service de l'agent voyer d'arrondissement sont classés dans un registre (*modèle n° 47*) désigné sous le nom de : *Livre de comptabilité de l'agent voyer d'arrondissement.*

Ce livre se compose de trois parties, subdivisées chacune en *réseau subventionné* et *réseau non subventionné*. La première partie est relative aux chemins de grande communication, la deuxième aux chemins d'intérêt commun, et la troisième aux chemins vicinaux ordinaires.

La première et la deuxième partie sont identiques : en tête de chacune d'elle est placé un *répertoire* formant table des matières (*modèle n° 47 A*). Elles comprennent ensuite une série de comptes ouverts indiquant les dépenses faites et les propositions de payement délivrées.

Ces comptes sont groupés de la manière suivante : 1° *entreprise;* un compte spécial est ouvert à chacune d'elles (*modèle n° 47 B*) ; 2° *travaux en régie* (*modèle n° 47 C*) ; l'entretien, les grosses réparations et les travaux neufs donnent lieu à l'ouverture de comptes distincts, pour chaque chemin ou partie de chemin, s'il y a lieu ; 3° *cantonneirs* (*modèle n° 47 D*) ; 4° *indemnités de terrains* (*modèle n° 47 E*) ; 5° dommages (*modèle n° 47 F*) ; 6° *dépenses diverses* ·(*modèle n° 47 G*) (ces quatre derniers comptes comprennent toutes les dépenses faites et les certificats délivrés par chaque arrondissement ; mais à chacun d'eux un article est ouvert par chemin) ; 7° *comptes-rendus*, par chemin, de l'emploi des prestations. (*Modèle n° 47 H.*)

La troisième partie comprend : 1° un *répertoire* des communes formant table des matières (*modèle n° 47 I*) ; 2° un *résumé*, par commune, des dépenses faites et des visas des certificats de payement (*modèle n° 47 J*) ; 3° un compte des *indemnités de terrains* (*modèle n° 47 K*), dans lequel un article est ouvert par commune. (*Règlement général, art.* 102.)

Art. 204. A la fin de chaque trimestre, et plus souvent si l'agent voyer en chef le juge nécessaire, l'agent voyer d'arrondissement dresse des *états sommaires* des dépenses de son service, pour les ·chemins de grande communication et d'intérêt commun (*modèle n°* 48), et pour les chemins vicinaux ordinaires (*modèle n° 48 bis*).

Ces états sont adressés à l'agent voyer en chef. *Même règlement, art.* 103.)

Art. 205. A la fin de l'année, l'agent voyer d'arrondissement dresse, pour les chemins de grande communication et d'intérêt commun, les décomptes (*modèle n°* 32) de toutes les entreprises de son service qui n'ont pas fait l'objet d'une réception provisoire ou définitive. Il les notifie aux entrepreneurs, dans les formes indiquées au cahier des charges et les adresse à l'agent voyer en chef. (*Même règlement, art.* 104).

Art. 206. L'agent voyer d'arrondissement dresse à la clôture de l'exercice, pour les chemins ou parties de chemins de grande communication et d'intérêt commun dont il est chargé, des états conformes aux *modèles n°* 33, 34, 35 et 36.

Ces états, établis par ligne avec distinction entre les réseaux subventionnés et non subventionnés, sont adressés le 25 mai au plus tard à l'agent voyer en chef. (*Règlement général art.* 105.)

Titre IV. — Comptabilité de l'agent voyer en chef.

438. — Art 207. L'agent voyer en chef centralise tous les faits de dépenses, tant ceux qui résultent des pièces fournies par les agents voyers d'arrondissement que ceux dont il rend personnellement compte. Il les inscrit sur un *livre de comptabilité* qui se compose de trois parties. La première est relative aux chemins de grande communication, la deuxième aux chemins d'intérêt commun, la troisième aux dépenses dont il rend personnellement compte.

Les deux premières sont subdivisées chacune en *réseau subventionné et en réseau non subventionné ;* elles sont identiques et comprennent :

1° La *situation*, à la fin de chaque mois, tant en nature qu'en argent, *des dépenses faites par chemin* et par service d'agent voyer d'arrondisssement (*modèle n°* 49 *A*) ;

2° Le *journal d'inscription* (*modèle n°* 49 *B*) *des certificats de payement* délivrés par l'agent voyer en chef, indiquant le montant des ordonnances de fonds, celui des certificats et leur imputation, la date de la délivrance et de l'envoi des mandats.

3° *L'état, par chemin, des certificats délivrés*, avec distinction de l'objet de la dépense et de son imputation (*modèle n°* 49 *C*).

La troisième partie comprend :

1° Un *état des dépenses du personnel* des agents voyers (*modèle n° 49 D*) ;

2° Un état de dépenses diverses de toute nature dont l'agent voyer en chef rend personnellement compte. Cet état est dressé, dans la forme des *modèles n° 49 A* et *C* (*même règlement, art.* 106).

Art. 208. En ce qui concerne les chemins de grande communication et d'intérêt commun, l'agent voyer en chef tient, comme annexe de ses livres de comptabilité, un registre *(modèle n° 50)* où des comptes sont ouverts pour les travaux exécutés par entreprise.

Chacun de ces comptes reçoit toutes les indications qui concernent la comptabilité de l'entreprise ; il fait connaître la situation, les autorisations données, les crédits ouverts, les dépenses faites, les certificats et les mandats délivré. (*Règlement général, art.* 107.)

Art. 209. Les certificats de payement, délivrés par l'agent voyer en chef, sont établis conformément aux modèles ci-après :

1° Pour les entrepreneurs (*modèle n° 51*) ;

2° Pour les indemnités de terrains (*modèle n° 52*) ;

3° Pour le personnel (*modèle n° 54*).

4° Pour les autres dépenses (*modèle n° 54*).

Ces certificats, ainsi que ceux relatifs au salaire des cantonniers (*modèle n° 40*), au payement des travaux en régie (*modèle n° 55* ; *même règlement, art.* 108.)

Art. 210. L'agent voyer en chef dresse :

A la fin de l'année, pour les chemins de grande communication et d'intérêt commun, un tableau sommaire des certificats de payement et des mandats délivrés, pendant l'année, pour les entreprises de travaux neufs et de grosses réparations en cours d'exécution (*modèle n° 56*) ;

A la fin de l'exercice : 1° une situation comparative des crédits ouverts et des dépenses faites pour les chemins de grande communication et d'intérêt commun,

avec distinction des chapitres du budget sur lesquels les
dépenses ont été imputées (*modèle n° 57*) ; 2° un état des
dépenses dont il rend personnellement compte (*modèle
n° 58*) ; 3° pour les chemins de grande communication
et d'intérêt commun, des états conformes aux modèles
33, 34, 35 et 36. Les états établis avec distinction entre
les réseaux subventionnés et non subventionnés, sont
adressés au préfet, qui les soumet, dans la session
d'août, au conseil général, conformément à la loi du 10
août 1871 (art. 66). 4° des états présentant, pour les chemins du département, les ressources et les dépenses de
l'exercice, ainsi que la situation de ces chemins à la fin
de l'année (*modèle n°s 59, 60, 61, 62*). Ces derniers états,
visés par le préfet, sont adressés au ministre de l'intérieur le 15 juillet, (*même règlement, art.* 109.)

Titre V. — Comptabilité du maire.

439. — Art. 211. Le maire est l'ordonnateur de
toutes les dépenses relatives aux chemins vicinaux pour
lesquelles un crédit a été ouvert au budget communal ;
mais il ne peut en effectuer aucune par lui-même, et il
lui est interdit de disposer, autrement que par mandats
sur les receveurs municipaux, des fonds affectés aux
travaux des chemins vicinaux, quelle que soit l'origine
de ces fonds. (*Règlement général, art.* 110.)

Art. 212. Tout mandat, pour être valable, devra porter sur un crédit régulièrement ouvert et énoncera
l'exercice, le chapitre, les articles et paragraphes du
budget auxquels ils s'applique, ainsi que le titre et le
montant du crédit en vertu duquel il est délivré.

Les mandats seront remis par l'ordonnateur aux
créanciers des communes, sur la justification de leur
individualité, ou à leurs représentants munis de titres
ou de pouvoirs en due forme. (*Même règlement, art.*
111.)

Art. 213. Les crédits accordés pour le même exercice et le même service seront successivement ajoutés les uns aux autres et formeront, ainsi cumulés, un crédit unique par chapitre, article ou paragraphe, selon le mode d'après lequel ils ont été ouverts. (*Même règlement, art.* 112.)

Art. 214. Les crédits étant ouverts spécialemement pour chaque nature de dépenses, les maires ne devront, pour quelque motif que ce soit, en changer l'affectation. Ils ne pourront non plus en outrepasser le montant par la délivrance de leurs mandats. (*Même règlement, art.* 113.)

Art. 215. Toutes les dépenses d'un exercice devront être mandatées depuis le 1er janvier jusqu'au 15 mars de la seconde année.

Toute créance mandatée qui n'aura pas été acquittée sur les crédits de l'exercice auquel elle se rapporte, dans les délais de la durée de cet exercice, devra être mandatée à nouveau sur les crédits reportés des exercices clos. (*Même règlement, art.* 114.)

Art. 216. Tout mandat émis par le maire indiquera le nombre et la nature des pièces justificatives qui s'y trouveront jointes. (*Même règlement, art.* 115.)

Art. 217. Au fur et à mesure de chaque opération de mandatement, il en sera tenu écriture sur deux registres ouverts à la mairie. (*Même règlement, art.* 116.)

Art. 218. Le premier sera désigné sous le nom de *Journal des mandats* (*modèle n°* 63.)

Le maire y inscrira tous les mandats au fur et à mesure de leur délivrance, et indiquera pour chacun d'eux : 1° son numéro d'ordre ; 2° l'article du budget en vertu duquel il a été délivré ; 3° la date de sa délivrance; 4° le nom de la partie prenante ; 5° l'objet de la dette ; 6° le montant total du mandat.

Chaque page sera additionnée, et le total obtenu reporté à la page suivante, et ainsi de suite jusqu'à la clôture de l'exercice. (*Même règlement, art.* 117.)

Art. 219. Le second livre portera le nom de *Livre de détail* (*Modèle n° 64.*)

Dès que le maire recevra le budget approuvé, il ouvrira dans le *livre de détail* un compte à chaque article de crédit porté dans le budget, en suivant le même ordre d'inscription que dans le budget, et en maintenant, à chaque article, le numéro qui lui a été attribué. (*Même règlement, art.* 118.)

Art. 220. Il indiquera d'abord pour chacun des crédits le numéro de l'article du budget ou les titres qui les a ouverts, leur libellé tel qu'il est formulé dans les budgets ou dans les autorisations supplémentaires, la date de leur ouverture et leur montant. (*Même règlement, art.* 119.)

Art. 221. Les mandats délivrés sur chaque crédit seront ensuite inscrits au fur et à mesure de leur délivrance. Le maire indiquera, pour chacun d'eux, le numéro qui lui aura été donné au journal, sa date, le nom de la partie prenante et le motif de la délivrance, enfin le montant, dans la colonne réservée au chemin auquel il se rapporte, (*même règlement, art.* 120.)

Art. 222. Le *livre de détail* sera clos au 16 mars. Les résultats en seront résumés sur la dernière page, et devront reproduire le total général des mandatements donnés par le journal, (*même règlement art.* 121.)

Titre VI. — Comptabilité des receveurs municipaux.

440. — Art. 223. Les recettes et les dépenses communales relatives aux chemins vicinaux seront effectuées par le receveur municipal, chargé seul et sous sa responsabilité de poursuivre la rentrée de tous les revenus de la commune et de toutes les sommes qui lui seraient dues, ainsi que d'acquitter les dépenses mandatées par le maire jusqu'à concurrence des crédits régulièrement accordés.

Tous les rôles de taxes, de sous-répartition et de prestations locales devront parvenir à ce comptable par l'intermédiaire du receveur des finances, (*même règlement, art.* 122.)

Art 224. Toute personne autre que le receveur municipal qui, sans autorisation légale, se serait ingérée dans le maniement des deniers de la commune affectés aux chemins vicinaux, sera, par ce seul fait, constituée comptable ; elle pourra en outre être poursuivie, en vertu de l'article 258 du Code pénal, comme s'étant immiscée sans titre dans des fonctions publiques, (*même règlement art.* 123.)

Art. 225. Les receveurs municipaux recouvreront les divers produits aux échéances déterminées par les titres de perception ou par l'administration, et d'après le mode de recouvrement prescrit par les lois et règlements, (*même règlement, art.* 124.)

Art. 226. Ils adresseront le 5 de chaque mois, aux maires des communes de leur circonscription, un état faisant connaître le montant des recouvrements effectués pendant le mois écoulé sur les ressources des chemins vicinaux (*modèle n° 65 ; même règlement, art.* 125.)

Art. 227. Le recouvrement des produits de chaque exercice devra être terminé le 31 mars de la seconde année, et le receveur municipal pourra être tenu de verser dans sa caisse, sauf à exercer personnellement son recours contre les débiteurs, le montant des restes à recouvrer pour le recouvrement desquels il ne justifiera pas avoir fait les diligences nécessaires, (*même règlement, art.* 126.)

Art. 228. Les ressources créées pour le service des chemins vicinaux, quelle que soit leur origine et qu'elles consistent en argent ou en prestations en nature, ne pourront sous aucun prétexte, être appliquées à des travaux étrangers à ce service, soit à l'entretien, soit à la réparation ou à la construction de chemins qui n'auraient pas été légalement reconnus et classés comme vicinaux, sauf les cas prévus par les lois des 12 juillet 1865 et 21 juillet 1870.

Tout emploi, soit de fonds, soit de prestations en nanature, qui serait effectué contrairement à cette règle, serait rayé des comptes et mis à la charge du comptable ou de l'ordonnateur, suivant le cas, (*même règlement, art.* 127.)

Art. 229. Avant de procéder au payement des mandats délivrés par les maires, les receveurs municipaux devront s'assurer sous leur responsabilité :

1° Que la dépense porte sur un crédit régulièrement ouvert et qu'elle ne dépasse pas le montant de ce crédit ;

2° Que la date de la dépense constate une dette à la charge de l'exercice auquel on l'impute, et que l'objet de cette dépense ressortit bien au service particulier que le crédit a en vue d'assurer ;

3° Que les pièces justificatives, dont le tableau est donné à l'article 239, ont été produites à l'appui de la dépense.

Tout payement qui serait effectué sans l'accomplissement de ces formalités resterait à la charge du comptable (*même règlement, art.* 128.)

Art. 230. Les comptables n'ont pas qualité pour apprécier le mérite des faits auxquels se rapportent les pièces produites à l'appui de chaque mandat. Il suffit, pour garantir leur responsabilité, qu'elles soient certifiées et visées par les agents du service vicinal et par les maires, et que le mandatement concorde avec elles, (*même règlement, art.* 129.)

Art. 231. Les receveurs municipaux, en outre des livres généraux dont la tenue est prescrite par les instructions sur la comptabilité communale, tiendront deux registres spéciaux pour la comptabilité des chemins vicinaux, (*même règlement, art.* 130.)

Art. 232. Le premier, désigné sous le nom de *Livre de détail* des recettes et des dépenses pour les chemins vicinaux (*modèle n° 66*), et destiné à présenter d'une manière distincte les opérations relatives à ce service, sera tenu par exercice. Il sera divisé en deux parties.

La première sera relative aux ressources. Le receveur municipal ouvrira un compte spécial à chacun des articles de recette admis par les budgets primitifs ou supplémentaires, ou par des autorisations spéciales, en suivant le même ordre d'inscription que dans le budget, et en maintenant à chaque article le numéro qui lui a été attribué. Il y inscrira au fur et à mesure de leur réception, les différents titres qui lui seront adressés par les receveurs des finances, et jour par jour les recettes qu'il effectuera en numéraire, en extraits de rôles constatant les travaux effectués, ou en déclarations de retenues pour centimes additionnels. Chaque recette figurera dans la colonne du *livre de détail* à laquelle elle s'applique.

Les ordonnances de décharge et de réduction figureront en bloc à chaque compte au dessous des produits constatés.

La deuxième partie sera relative aux dépenses effectuées. Un compte distinct sera également ouvert pour chaque crédit inscrit au budget primitif ou additionnel, ou accordé par des autorisations spéciales, en suivant le même ordre d'inscription que dans le budget et en maintenant à chaque article le numéro qui lui aura été attribué. Le receveur municipal y inscrira, jour par jour, les diverses dépenses qu'il aura effectuées, en distinguant les différents chemins auxquels elles se rapportent, (*Même règlement, art.* 131.)

Art. 233. Le second registre, désigné sous le nom de *Carnet des ordonnances de dégrèvements modèle n°* 67, servira à inscrire toute les réductions et décharges prononcées dans le cours de l'exercice sur les produits relatifs à la vicinalité. Un compte sera ouvert *pour chaque nature de produits.* Il sera totalisé le 31 mars de la se-

conde année, et les résultats en seront reporté sur le *li
vre de détail,* (*même règlement, art.* 132.)

Art. 234. Les receveurs municipaux seront tenus de rendre chaque année un compte spécial par commune, pour les opérations relatives aux chemins vicinaux qu'ils auront effectuées. (*modèle n° 68.*)

Ce compte, dressé à la clôture de l'exercice, sera transmis le 5 avril au plus tard au receveur des finances, qui, après l'avoir vérifié et certifié, le fera parvenir au préfet le 15 avril, pour tout délai, (*même règlement, art.* 133.)

Art. 235. Chaque compte, formé d'après les écritures, devra présenter la *situation* du comptable d'après le compte précédent, la *totalité des opérations* faites par le receveur pendant l'exercice, tant en recette qu'en dépense, et le *résultat général* des recettes et des payements à la clôture de l'exercice, (*même règlement, art.* 134.)

Art 236. Le receveur municipal transcrira littéralement sur ces comptes tous les articles de recette et de dépense ouverts par les budgets primitifs ou supplémentaires ou par des autorisations spéciales, et qui sont relatifs aux chemins vicinaux, (*même règlement, art.* 135.)

Art. 237. Les recettes et les payements relatifs aux chemins vicinaux seront justifiés de la manière suivante dans les comptes communaux soumis aux conseils de préfecture ou à la cour des comptes, (*même règlement, art.* 136.)

JUSTIFICATION DES RECETTES.

Art. 238. § 1ᵉʳ. — *Produit des centimes spéciaux ou des centimes extraordinaires.*

Extrait des rôles généraux ou spéciaux des contributions directes délivré par le percepteur, visé par le maire et le receveur des finances. (*Règlement général, art.* 137.)

§ 2. — *Prestations.*

Avant apurement du rôle, copie de l'exécutoire ; et pour établir le montant des réductions, les ordonnances de décharges ; après apurement, le rôle lui-même.

§ 3. — *Subventions spéciales.*

Arrêtés de fixation rendus par le conseil de préfecture ou décision de la commission départementale, selon que ces subventions auront été réglées dans la forme des expertises ou dans celle des abonnements.

§ 4. — *Souscriptions particulières ou provenant d'associations particulières.*

Copie ou extrait du titre de souscription ou le titre lui-même appuyé de l'acceptation donnée par le préfet, et, dans le cas de réduction du titre, les ordonnances de décharge.

§. 5. — *Emprunts à la caisse des chemins vicinaux ou à toute autre caisse.*

Copie de la délibération du conseil municipal, de l'arrêté du préfet, du décret ou de la loi autorisant l'emprunt. Copie certifiée par le maire des actes qui ont réglé les conditions de l'emprunt.

§ 6. — *Aliénation de délaissés d'anciens chemins déclassés.*

Arrêté préfectoral autorisant la vente ; expédition T de l'adjudication ou de l'acte de vente à l'amiable ; décompte des intérêts, s'il y a lieu. Si le titre n'est pas apuré à la fin de l'exercice, il ne sera produit qu'un extrait sur papier libre, avec mention que le titre M sera produit ultérieurement.

§ 7. — *Subventions de l'État ou du département.*

Certificat du receveur des finances, visé par le maire, établissant le montant des subventions accordées.

JUSTIFICATION DES DÉPENSES.

Art. 239. Toutes les pièces justificatives à produire à l'appui des mandats devront être visées par l'ordonnateur. (*Règlement général, art.* 138.)

§ 1er. — *Prestations en nature.*

Extrait du rôle établissant le relevé des journées ou des tâches effectuées en nature, émargé par le surveillant des travaux, certifié par l'agent voyer d'arrondissement et revêtu de l'attestation du maire que les travaux ont été accomplis.

§ 2. — *Travaux en régie.*

Autorisation du préfet de faire les travaux en régie, si les travaux à exécuter sur un même chemin s'élèvent à plus de 300 francs.

Et, selon le cas :

S'il y a un entrepreneur à la tâche, l'état T de ses travaux ou fournitures, certifié par lui et par l'agent voyer cantonal, visé par l'agent voyer d'arrondissement.

S'il n'y a que des fournisseurs et ouvriers employés sous la surveillance du maire ou d'un agent voyer :
1° les mémoires ou factures T certifiés par les fournisseurs, par l'agent voyer cantonal et visés par l'agent

voyer d'arrondissement ; 2° les états nominatifs[1] des journées d'ouvriers dûment émargés pour acquit par la signature des ouvriers ou par celle de deux témoins du payement, certifiés par l'agent voyer cantonal et visés par l'agent voyer d'arrondissement ; lesdits états devront indiquer distinctement, pour chaque ouvrier, le lieu des travaux, les dates exactes des journées de chacun, leur nombre, le prix de la journée et le total revenant à chaque ouvrier. Les avances faites à un régisseur seront justifiées par lui, suivant le cas, par les pièces ci-dessus indiquées ; à l'appui du premier payement, on produira en outre, copie de l'arrêté du maire nommant le régisseur.

§ 3. — *Travaux à exécuter en vertu d'adjudication ou de marché de gré à gré.*

A l'appui du premier à-compte, décision approbative des travaux ; copie ou extrait du procès-verbal d'adjudication ou du marché, non timbré, mais avec mention que l'expédition T sera fournie avec le mandat pour solde. Justification de la réalisation du cautionnement par le récépissé du receveur municipal ou une déclaration de versement, et, suivant le cas, déclaration du maire, approuvée par le préfet, constatant qu'il n'y a pas eu lieu d'exiger ce cautionnement. Certificat T de l'agent voyer cantonal, visé par l'agent voyer d'arrondissement et le maire, constatant l'avancement des travaux et le montant de la somme à payer.

Pour les à-compte subséquents, certificat T de l'agent voyer cantonal, visé par l'agent voyer d'arrondissement, rappelant les sommes payées antérieurement et le montant du nouveau mandat à payer.

Quant au solde des travaux, expédition en due forme

[1] T, si la somme à payer à l'un des ouvriers est supérieure à 10 francs.

du procès-verbal d'adjudication ou du marché T ; devis estimatif T [1] ; bordereau des prix ; procès-verbal de réception définitive T et décompte général T dressés par l'agent voyer cantonal et visés par l'agent voyer d'arrondissement.

Dans le cas d'adjudication à prix ferme, il n'est pas nécessaire de produire un décompte général, mais le procès-verbal de réception définitive seulement.

§ 4. *Indemnités relatives aux acquisitions de terrains.*

Dans tous les cas, la décision ou le décret qui prescrit l'élargissement, l'ouverture ou le redressement, et déclare les travaux d'utilité publique ;

Et :

I. *S'il y a eu cession amiable par les propriétaires :*

1° Délibéraion du conseil municipal autorisant l'acquisition approuvée par le préfet en conseil de préfecture ; expédition ou extrait de l'acte de cession amiable relatant la transcription, indiquant les précédents propriétaires, et constatant que le vendeur a produit les titres qui établissent sa possession.

2° Pièces constatant la purge des hypothèques, c'est-à-dire le certificat de publication et affiches de l'acte, le numéro du journal de l'arrondissement dans lequel l'insertion a été faite (les publications et l'insertion devront toujours précéder la transcription);

3° Certificat du conservateur des hypothèques, délivré à l'expiration de la quinzaine de la transcription ;

Lorsque l'indemnité ne dépassera pas 500 francs, les pièces relatives à la purge des hypothèques et le certificat du conservateur pourront être remplacés par une délibération du conseil municipal, approuvée par le pré-

---

[1] La soumission tiendra lieu du devis lorsqu'elle énoncera les quantités, les prix et les conditions d'exécution des ouvrages.

fet, dispensant le maire de faire remplir les formalités de la purge des hypothèques ; en outre, l'acte pourra ne pas indiquer les précédents propriétaires et ne pas être soumis à la transcription. (*Loi du 3 mai 1841, art. 19, ord. du 18 avril 1842 ;*)

4° Certificat de payement de l'agent voyer cantonal visé par l'agent voyer d'arrondissement.

II. *S'il n'y a pas eu cession amiable par les propriétaires*, les pièces indiquées dans le cas précédent, sauf les modifications suivantes :

En matière d'élargissement, au moyen de terrains non bâtis ni clos de murs :

1° L'expédition ou l'extrait de l'acte de cession amiable sera remplacé par une expédition de la décision du juge de paix fixant le chiffre de l'indemnité, ou par le jugement du tribunal civil s'il y a eu appel de la sentence du juge de paix ; la décision qui prescrit l'élargissement sera seule soumise à la transcription. Si la valeur des terrains ne dépasse pas 500 francs, le conseil municipal pourra, en vertu du décret du 14 juillet 1866, et avec l'approbation du préfet, dispenser de l'accomplissement des formalités de purge des hypothèques ; s'il s'agit de terrains bâtis dont l'acquisition a eu lieu en vertu d'une déclaration d'utilité publique, l'expédition a lieu en vertu d'une déclaration d'utilité publique, l'expédition ou l'extrait de l'acte de cession amiable sera remplacé par une copie ou un extrait de la décision du jury portant fixation de l'indemnité. De plus, le conseil municipal pourra dispenser des formalités de purge et de transcription en ce qui touche le jugement d'expropriation, seul acte qui devrait être transcrit.

2° Dans le cas où il n'y a pas dispense de purge en ce qui concerne les terrains non bâtis ni clos de murs, on produira les pièces constatant que la purge a eu lieu conformément aux dispositions du Code civil.

En matière d'ouverture ou de redressement, l'expédition

de l'acte de cession amiable sera remplacée par les pièces ci-après :

1° Copie ou extrait du jugement d'expropriation relatant textuellement la transcription ;

2° Certificat du maire constatant que le jugement a été *notifié, publié et affiché,* et indiquant les époques de l'accomplissement de ces formalités ;

3° Le numéro du journal dans lequel le jugement aura été inséré par extrait ;

La transcription devra toujours être postérieure aux formalités de notification, de publication d'affiche et d'insertion ;

4° Certificat du conservateur des hypothèques, délivré après l'expiration du délai de quinzaine de la transcription du jugement ;

Lorsque la valeur des terrains ne dépasse pas 500 francs, les pièces relatives à la purge des hypothèques pourront être remplacées par une délibération du conseil municipal approuvée par le préfet, dispensant le maire de remplir les formalités de purge des hypothèques ; en outre le jugement d'expropriation pourra ne pas être soumis à la transcription (*loi du* 3 *mai* 1841,*art.* 19. *Ord. du* 18 *avril* 1842 ;)

5° Copie ou extrait de la décision du jury portant fixation de l'indemnité d'expropriation ;

6° Certificat du maire constatant que dans les huit jours qui ont suivi l'avertissement donné en exécution de l'article 21 de la loi du 3 mai 1841, aucun tiers ne s'est fait connaître comme intéressé au règlement de l'indemnité, ou, dans le cas contraire, désignant ces tiers ;

7° Certificat du maire constatant la représentation des titres réguliers qui établissent la possession et expliquent au besoin les motifs pour lesquels l'ayant droit n'est pas identiquement la personne dénommée dans le jugement d'expropriation. Dans ce dernier cas, le propriétaire réel devra produire un certificat constatant sa situation hypothécaire ; — ce certificat pourra être rem-placé, si l'indemnité ne dépasse pas 500 francs, par une délibération du conseil municipal, approuvée par le préfet, portant dispense de fournir cette pièce ;

8° Certificat de payement délivré par l'agent voyer cantonal et visé par l'agent voyer d'arrondissement.

Si les offres faites par l'administration municipale, conformément à l'article 23 de la loi du 3 mai 1841, ont été acceptées, le certificat dont la production est prescrite par le numéro 6 ci-dessus sera remplacé par l'acte d'acceptation des offres, sous forme de convention.

Tous les actes passés en vertu d'une déclaration d'utilité publique, et qui, dans les cas ordinaires, devraient être timbrés, sont exempts du timbre, mais sont visés pour timbre *gratis. (Loi du 3 mai* 1841, *art.* 58.)

NOTA. Si la propriété vendue appartient en totalité ou en partie à des mineurs, interdits, absents ou incapables, le contrat doit rappeler l'autorisation donnée par le tribunal d'accepter les offres de la commune, ou, dans le cas de cession amiable, et si l'immeuble est d'une valeur qui n'excède pas 100 francs, relater la délibération du conseil municipal acceptant l'offre du tuteur de se porter fort pour le mineur et de faire ratifier la vente à sa majorité.

Pour les immeubles dotaux, on devra exiger l'autorisation donnée par le tribunal d'accepter les offres de la commune et justification du remploi, lorsqu'il est ordonné.

S'il existe des inscriptions hypothécaires ou oppositions qui empêchent le payement, le prix de vente est versé à la caisse des dépôts et consignations en vertu d'un arrêté du maire, qui est produit avec le récépissé T du préposé de la caisse et toutes les pièces énoncées ci-dessus, à l'exception de l'état des inscriptions délivré par le conservateur. Cette pièce est remplacée par le reçu du préposé de la caisse des dépôts, à qui elle est remise.

Il ne sera pas fait d'offres réelles toutes les fois qu'il existera des inscriptions sur les immeubles expropriés ou autres obstacles au versement des deniers entre les mains des ayants droit. (Loi du 3 mai 1841, art. 53.)

§ 5. *Indemnités relatives soit à des extractions de matériaux, soit à des dépôts ou enlèvements de terre, soit à des occupations temporaires de terrains.*

Si l'indemnité a été fixée à l'amiable :
1° L'accord T,fait entre l'administration et le propriétaire, et approuvé par le préfet ;
2° Certificat de payement délivré par l'agent voyer cantonal et visé par l'agent voyer d'arrondissément.
Si l'indemnité n'a pas été fixée à l'amiable :
1° Extrait de l'arrêté préfectoral qui autorise les extractions de matériaux ou les occupations temporaires de terrains ;
2° Arrêté du conseil de préfecture qui a fixé l'indemnité ;
3° Certificat de payement délivré par l'agent voyer cantonal, visé par l'agent voyer d'arrondissement.

§ 6. *Contingent de la commune dans les travaux des chemins vicinaux de grande communication et d'intérêt commun, si le contingent doit être acquitté en tout ou en partie en argent.*

Extrait de la décision du conseil général qui a fixé les contingents.
Récépissé du receveur des finances.

§ 7. *Concours dans le traitement des agents voyers.*

Extrait de l'arrêté du préfet.
Récépissé du receveur des finances.
§ 8. *Frais de confection de rôles et d'états matrices.*
Extrait de l'arrêté du préfet.
Récépissé du receveur des finances.

§ 9. *Salaire des cantonniers employés sur les chemins vicinaux ordinaires.*

Certificat de payement dressé par l'agent voyer cantonal et visé par l'agent voyer d'arrondissement, indiquant le montant du traitement des cantonniers et le
nombre des jours pour le payement desquels le mandat
est délivré.

§ 10. *Travaux entrepris en commun par plusieurs communes et salaires y relatifs.*

Extrait de l'arrêté du préfet.
Récépissé du receveur des finances.
Le tout sans préjudice des titres des parties suivant les
cas.

Art. 240. Toutes les dépenses autres que celles énoncées ci-dessus seront justifiées comme il est prescrit par
les règlements sur la comptabilité communale. Un certificat de payement délivré par l'agent voyer cantonal et
visé par l'agent voyer d'arrondissement devra être joint
à l'appui de chaque mandat. (*Règlement général, art.*
139.

Titre VII. — Comptabilité du préfet.

441. — Art. 241. Les ressources afférentes aux travaux de chemins de grande communication et d'intérêt

commun sont rattachées au budget départemental. (*Loi du 10 août 1871 art. 58 et 60. Même règlement, art. 140.*)

Art. 242. Le préfet mandate les dépenses relatives aux chemins de grande communication et d'intérêt commun, dans la limite des crédits ouverts au budget départemental et des ordonnances délivrées par le ministre de l'intérieur. (*Même règlement, art. 141.*)

Art. 243. Les mandats sont délivrés sur des modèles conformes à la formule annexée au règlement ministériel du 30 novembre 1840, sur la comptabilité publique. (*Même règlement, art. 142.*)

Art. 244. Indépendamment des livres-journaux, du grand-livre et des livres auxiliaires prescrits par les articles 299 à 302 du décret du 31 mai 1862, le préfet tient, par exercice, pour le service de la vicinalité, un livre de comptabilité divisé en quatre parties, (*même règlement, art. 143.*)

Chemins de grande communication.

La première partie concerne les chemins de grande communication. Elle se divise en trois sections.

La première section (*modèle n° 69 A*) se compose d'un journal sur lequel les opérations concernant les produits éventuels en argent c'est-à-dire la fixation définitive des contingents, la délivrance des titres, des ordonnances et des mandats et la constatation des recouvrements, sont inscrites par ordre chronologique.

Les titres et les ordonnances sont inscrits en détail sur cette section du livre. Les contingents peuvent y être portés en bloc.

La deuxième section (*modèle n° 69 B*) indique pour chaque ligne : 1° le montant détaillé des contingents et des autres ressources à recouvrer en argent ; 2° le montant des titres délivrés avec désignation de la provenance des ressources à recouvrer ; 3° le montant des recouvrements effectués et des mandats délivrés sur produits éventuels ; 4° le montant des subventions allouées et des mandats délivrés sur les fonds départementaux et de l'État ; 5° le montant des non-valeurs accordées.

La troisième section (*modèle n° 69 C*) comprend le relevé détaillé des titres restant à délivrer à la clôture de l'exercice. ›

Chemins d'intérêt commun.

La seconde partie concerne les chemins d'intérêt commun. Elle est identique à la première.

Prestations.

La troisième partie (*modèle n° 69 D*) est relative aux prestations applicables aux chemins de grande communication et d'intérêt commun. Elle indique par commune : 1° le montant des prestations exigibles en argent à défaut d'option ou d'exécution ; 2° le montant des prestations effectuées en nature ; 3° le montant des titres délivrés sur prestations à recouvrer en argent à défaut d'exécution.

Dégrèvements.

La quatrième partie est relative aux dégrèvements. Elle se divise en deux sections.

La première section (*modèle n° 69 E*) concerne les dégrèvements accordés sur les ressources spécialement applicables aux chemins de grande communication et d'intérêt commun.

La deuxième section (*modèle n° 69 F*) indique le montant, par ordonnance, des dégrèvements accordés sur l'ensemble des prestations et sur toutes autres ressources applicables à la petite vicinalité, avec distinctiou, s'il y a lieu, de la partie des non-valeurs sur prestations qui est afférente aux chemins de grande communication et d'intérêt commun.

Art. 245. Les titres de perception des ressources éventuelles applicables aux chemins de grande communication et d'intérêt commun sont délivrés par le préfet sur une formule (*modèle n° 70.*) Ils sont dressés par arrondissement et indiquent l'exercice auquel appartiennent les fonds à recouvrer, la section et le paragraphe de la nomenclature des produits départementaux arrêtés de concert entre les départements de l'intérieur et des finances, ainsi que le sous-chapitre et l'article du budget départemental sous lesquels sont inscrites les dépenses que les fonds à recouvrer sont destinés à couvrir.

Lorsqu'il s'agit de prestations à recouvrer en argent à défaut d'exécution, la formule peut être remplacée par l'état, visé par l'agent voyer en chef et approuvé par le préfet, que l'agent voyer d'arrondissement doit dresser en exécution de l'article 147 de la présente instruction.

La minute des titres est envoyée au trésorier-payeur général, chargé de poursuivre le recouvrement des sommes dues. Un extrait ou une expédition, s'il en est besoin, en est adressée à l'agent voyer en chef. (*Règlement général, art.* 144.)

Justification des recettes.

Art. 246. Le préfet fournira, à l'appui des recettes concernant les chemins de grande communication et d'intérêt commun, les pièces exigées par le ministère de l'intérieur et celui des finances, concernant les recettes des produits éventuels départementaux. (*Règlement général, art.* 145.)

Justification des dépenses.

Art. 247. On produira à l'appui des mandats de payement pour dépenses relatives aux chemins de grande communication et d'intérêt commun les pièces indiquées, pour les dépenses départementales, dans la nomenclature annexée au règlement du 30 novembre 1848, sur la comptabilité publique. Les modifications qui pourraient être apportées à ce règlement seront applicables aux dépenses des chemins de grande communication et d'intérêt commun, (*même règlement, art. 146.*)

Titre VIII. — Comptabilité du trésorier-payeur général.

442. — Art. 248. Le trésorier-payeur général est chargé de recouvrer les divers produits afférents aux chemins de grande communication et d'intérêt commun, (*même règlement, art. 147.*)

Art. 249. Le trésorier-payeur général tient un livre (*modèle n° 71* sur lequel il inscrit, en les distinguant, les produits destinés aux chemins de grande communication et d'intérêt commun.

Il enregistre, *au débit* des comptes relatifs aux chemins de grande communication et d'intérêt commun, le montant des sommes à recouvrer sur chaque fonds, d'après les rôles, états ou titres qui lui sont transmis par le préfet. Cet enregistrement indique la date de la réception des états, rôles ou autres titres en vertu desquels les recouvrements doivent être opérés, la nature de ces états ou titres, et le montant des sommes à recouvrer.

Le trésorier-payeur général enregistre *au crédit* des comptes le montant des recouvrements effectués.

Ce livre est tenu par exercice. (*Même règlement, art. 148.*)

Art. 250. Indépendamment de ce livre, le trésorier-payeur général tient un carnet supplémentaire sur lequel il indique ses opérations, tant en recette qu'en dépense, pour chaque ligne de grande communication et d'intérêt commun. (*Même règlement, art. 149.*)

Art. 251. Le trésorier-payeur général dresse et fait parvenir au préfet, à la fin de chaque mois, un état comparatif (*modèle n° 72*) des recouvrements à faire et des recouvrements effectués pour les chemins de grande communication, et un état semblable en ce qui touche les chemins d'intérêt commun.

A la suite de ces états, le trésorier-payeur général indique le montant des recouvrements effectués pour chaque ligne vicinale.

Le trésorier-payeur général joint à cet envoi un relevé détaillé (*modèle n° 73*) des recouvrements opérés au profit des chemins de grande communication et d'intérêt commun. Ce relevé est distinct du relevé semblable que le trésorier-payeur général doit fournir en ce qui concerne les autres produits éventuels départementaux.

Ces états et relevés font connaître l'exercice auquel appartiennent, d'après les titres de perception, les recouvrements effectués. (*Même règlement, art.* 150.)

Art. 252. Le recouvrement du montant des titres de perception émis au profit des chemins de grande communication et d'intérêt commun doit être opéré au 31 mars de la deuxième année de l'exercice.

S'il existe à cette époque des restes à recouvrer sur quelques-uns des produits, le trésorier-payeur général rend compte et justifie au préfet des circonstances qui se sont opposées à la rentrée des reliquats. Il dresse à cet effet, pour chaque catégorie de chemins, un état (*modèle n° 74*) contenant la désignation des débiteurs, celle des sommes dues par chacun d'eux et les motifs du non-recouvrement. (*Même règlement, art.* 151.)

Le préfet détermine et fait inscrire sur cet état : 1° les reliquats passés en non-valeurs ; 2° les reliquats à mettre à la charge des comptables ; 3° les restes à reporter à l'exercice suivant. (*Même règlement, art.* 151.)

Art. 253. Lorsque les états des restes à recouvrer sont définitivement arrêtés, le trésorier-payeur général opère, sur les titres de l'exercice, la réduction des sommes à appliquer à l'exercice suivant, et il en prend charge comme titre de perception de ce dernier exercice. (*Même règlement, art.* 152.)

Art. 254. Dans la quinzaine qui suit l'époque fixée pour la cloture de l'exercice, au point de vue du payement des mandats, le trésorier-payeur général adresse au préfet : 1° un état (*modèle n°* 75) indiquant la situation financière de chaque ligne vicinale de grande communication, au moment de cette clôture ; 2° un état détaillé (*modèle n°* 76) des mandats impayés au moment de la clôture de l'exercice.

Des états semblables sont produits pour les chemins d'intérêt commun. (*Même règlement, art.* 153.)

Art. 255. Le trésorier-payeur général fait connaître au préfet, chaque fois que ce dernier le juge convenable, le montant, pour chaque ligne vicinale, des titres délivrés, des recouvrements effectués. des dépenses soldées et des mandats restant à payer. (*Même règlement, art.* 154.)

Art. 256. Toutes les prescriptions du présent règlement relatives à la comptabilité des chemins de grande communication et d'intérêt commun. et notamment celles des articles 241 et 248. sont applicables aux ouvrages d'art qui dépendent de chemins vicinaux ordinaires, intéressent plusieurs communes et peuvent bénéficier des dispositions de l'article 72 de la loi du 18 juillet 1837. (*Même règlement, art.* 155.)

Titre IX. — Inventaires.

443. — *Conservation et mouvément des objets appartenant au service.*

1° *Agent voyer cantonal.*

Art. 257. L'agent voyer cantonal tient, pour les chemins de grande communication et d'intérêt commun, un registre d'inventaire (*modèle n°* 77) sur lequel sont inscrits tous les objets appartenant au service vicinal et existant, soit dans son bureau, soit dans les divers lieux de dépôt ou magasins.

Ce registre est divisé en quatre parties :

La première partie comprend les outils et les machines (*modèle n° 77 A*);

La deuxième partie comprend les instruments de précision (*modèle n° 77 B*);

La troisième partie comprend le mobilier des bureaux (*modèle n° 77 C*);

La quatrième partie comprend les livres, cartes et dessins (*modèle n° 77 D*);

Dans chaque partie, les objets sont classés par ordre alphabétique. (*Même règlement, art.* 156.)

Art. 258. Les numéros d'ordre de classement des objets se continuent dans les quatre parties de l'inventaire. A cet effet, on réserve à la suite de chaque partie et de chaque nature d'objets les nombres de pages et de numéros d'ordre présumés nécessaires pour que le même registre puisse recevoir l'inscription de nouveaux articles pendant une période de dix ans environ. (*Même règlement, art.* 157.)

Art. 259. Tous les objets appartenant au service seront recensés et inscrits sur l'inventaire lors de la mise en vigueur du présent règlement.

Chaque objet nouveau sera porté ensuite sur l'inventaire au moment de l'acquisition ou de la remise qui en sera faite.

Les objets inscrits sur les trois premières parties seront marqués des lettres S V, incrustées dans le bois ou gravées sur le métal, et, autant que possible, ils porteront leur numéro de classement dans l'inventaire.

Les objets inscrits dans la quatrième partie recevront un timbre de forme circulaire, avec encre noire, (*même règlement, art.* 158.)

Art. 260. Lorsque des outils, achetés aux frais du service, seront remis à des cantonniers, ces outils seront, .

en outre, inscrits sur leurs livrets, (*même règlement, art.* 159.)

Art. 261. Les objets inscrits sur l'inventaire d'une circonscription cantonale ne peuvent passer dans une autre circonscription que d'après un ordre (*modèle n° 78*) extrait d'un registre à souche tenu par l'agent voyer d'arrondissement ou l'agent voyer en chef.

L'agent voyer détenteur de l'objet qui doit être déplacé le remet à la personne désignée (*modèle n° 78*) contre le reçu annexé à cet ordre, et il mentionne dans la colonne d'observations de son registre la date de la remise.

Si l'objet est rendu à l'agent qui l'a délivré, cet agent remet le reçu et constate la rentrée de l'objet par une nouvelle note dans la colonne d'observations, (*même règlement, art.* 160.)

Art. 262. Au commencement de l'année, l'agent voyer cantonal envoie à l'agent voyer d'arrondissement :

1° Son registre d'inventaire, qui lui est retourné après que copie en a été prise dans le bureau de l'agent voyer d'arrondissement ;

2° Deux bulletins (*modèle n° 79*), l'un pour les chemins de grande communication, l'autre pour les chemins d'intérêt commun, sur lesquels sont portés les objets usés ou ne pouvant plus être utilisés et dont la vente ou la radiation est proposée.

Lorsque les bulletins sont retournés à l'agent voyer cantonal avec des annotations indiquant soit l'autorisation de vente, soit l'ordre de faire réparer, soit toute autre mesure à prendre, celui-ci mentionne à l'encre rouge, dans la colonne d'observations de son inventaire, la suite donnée à sa proposition ; puis, au moment où il se dessaisit des objets, il biffe en rouge toutes les inscriptions qui les concernent, (*même règlement, art.* 161.)

2° *Agent voyer d'arrondissement.*

Art. 263. L'agent voyer d'arrondissement tient, pour l'inscription et le mouvement des objets appartenant au service vicinal, les registres suivants :

1° Un inventaire destiné à l'inscription des objets qui lui sont confiés directement et qui ne sont point affectés spécialement à une circonscription cantonale ; — cet inventaire est composé conformément aux articles 257, 258 et 259 ci-dessus ;

2° Une copie de chacun des inventaires des circonscriptions cantonales de son ressort ; — ces copies sont mises à jour au commencement de l'année, au moyen des registres originaux communiqués par les agents voyers cantonaux, et qui leur sont renvoyés aussitôt ;

3° Un journal de déplacement des objets portés sur les inventaires (*modèle n°* 78), sur la souche duquel il conserve la trace des ordres donnés par lui aux agents voyers cantonaux, (*même règlement, art.* 162.)

Art. 264. Les bulletins des objets dont la vente est proposée et qui dépendent du service des chemins de grande communication et d'intérêt commun, sont vérifiés par l'agent voyer d'arrondissement et transmis avec ses propositions à l'agent voyer en chef. L'agent voyer d'arrondissement fait connaître ultérieurement à l'agent voyer cantonal les mesures ordonnées au sujet de ces bulletins. (*Même règlement, art.* 163.)

Art. 265. Les dépôts des objets portés sur les inventaires des agents voyers d'arrondissement, aux époques fixées par l'agent voyer en chef et au moins une fois par an.

Les résultats de ces vérifications sont adressés à l'agent voyer en chef, sous forme de procès-verbaux, avec les propositions jugées nécessaires. (*Même règlement, art.* 164.)

Art. 266. Au commencement de l'année, l'agent voyer d'arrondissement envoie à l'agent voyer en chef :

1° Son registre d'inventaire, qui lui est retourné après que la copie en a été prise ;

2° Un bulletin (*modèle n° 79*), sur lequel sont portés les objets dudit inventaire usés ou ne pouvant plus être utilisés, et dont la vente ou la radiation est proposée. (*Même règlement, art. 165.*)

3° *Agent voyer en chef.*

Art. 267. L'agent voyer en chef tient, pour l'inscription et le mouvement des objets appartenant au service vicinal, les registres suivants :

1° Un inventaire destiné à l'inscription des objets qui lui sont confiés directement et qui ne sont point affectés spécialement à un arrondissement ; — cet inventaire est composé conformément aux articles 257, 258 et 259 ci-dessus ;

2° Une copie de chacun des inventaires des agents voyers d'arrondissement ; — ces copies sont mises à jour au commencement de l'année, au moyen des registres originaux communiqués par les agents voyers d'arrondissement ;

3° Un journal de déplacement des objets portés sur les inventaires ((*modèle n° 78*), sur la souche duquel il conserve la trace des ordres donnés par lui aux agents voyers d'arrondissement, (*même règlement, art. 166.*)

Art. 268. Les bulletins des objets dont la vente ou la radiation est proposée par les agents voyers d'arrondissement, et qui dépendent du service des chemins vicinaux de grande communication ou d'intérêt commun, sont visés par l'agent voyer en chef et adressés avec ses propositions au préfet.

L'agent voyer en chef fait connaître ensuite aux agents

voyers d'arrondissement les mesures prises par le préfet. *(Même règlement, art.* 167.)

Art. 269. Les dépôts des objets portés sur les inventaires des agents voyers d'arrondissement et des agents voyers cantonaux sont visités par l'agent voyer en chef pendant ses tournées. *(Même règlement, art.* 168.)

444. — MESURES A PRENDRE EN CAS DE REMPLACEMENT OU DE DÉCÈS D'UN AGENT VOYER.

Art. 270. Lorsqu'un agent voyer est remplacé, il doit, avant son départ, procéder à la vérification des objets portés sur l'inventaire, de concert avec son successeur. Il lui en fait en même temps la remise.

Le nouvel agent donne son reçu sur une des dernières pages de l'inventaire. Il y ajoute, s'il y a lieu, des observations qui sont visées par son prédécesseur.

Un procès-verbal, dressé contradictoirement entre les deux agents, constate la vérification et la remise de l'inventaire, et mentionne, le cas échéant, les observations faites. Ce procès-verbal est transmis immédiatement à l'agent voyer d'arrondissement, si c'est un agent voyer cantonal qui est remplacé, et à l'agent voyer en chef, si c'est un agent voyer d'arrondissement qui est remplacé. Les procès-verbaux dressés lors du remplacement des agents voyers cantonaux sont communiqués à l'agent voyer en chef toutes les fois qu'ils contiennent des observations. *(Même règlement, art.* 169.)

Art. 271. Lorsqu'un agent est obligé de partir avant l'arrivée de son successeur, il fait provisoirement la remise de l'inventaire : si c'est un agent voyer en chef, à l'un des agents voyers d'arrondissement ; si c'est un agent voyer d'arrondissement, à l'un des agents voyers cantonaux désignés par l'agent voyer en chef ; et si c'est un agent voyer cantonal, à un autre agent de même grade désigné par l'agent voyer d'arrondissement.

Cette remise est, dans tous les cas, constatée par un procès-verbal dressé comme il est dit à l'article précédent. (*Même règlement art.* 170.)

Art. 272. En cas de décès d'un agent voyer, il est procédé sans délai au récolement de l'inventaire de cet agent.

L'opération est faite, savoir ; par le successeur, s'il est nommé immédiatement, sinon par l'agent intérimaire, en attendant la nomination du successeur.

Il est dressé procès-verbal de cette opération, et toutes les mesures sont prises pour que les objets appartenant au service ne se trouvent pas confondus avec ceux qui dépendent de la succession de la famille. (*Même règlement, art.* 171.)

FIN DU CODE DES CHEMINS VICINAUX

LE

CODE DES ROUTES DÉPARTEMENTALES

CHAPITRE XVII

DES ROUTES DÉPARTEMENTALES

445. — *Définition des routes départementales*. Les routes départementales sont des chemins publics dont le classement, la construction et les dépenses relèvent du conseil général et qui au point de vue des contraventions et de la police de conservation se rattachent au régime de la grande voirie.

Un quart de ces routes environ a été construit sous l'ancien régime et les autres trois quarts achevés dans la période de 1814 à 1860. Le réseau est à peu près complet et il est sorti du décret du 16 décembre 1811.

Les routes départementales se distinguent, au point de vue administratif, des chemins vicinaux de grande communication, surtout en ceci qu'elles sont exclusivement à la charge du budget départemental, tandis que les chemins de grande communication, étant des chemins communaux, sont à la charge des contingents communaux.

Si la législation sur les chemins vicinaux reste ce qu'elle est actuellement, toutes les routes départementales finiront probablement par être déclassées pour être rangées dans la catégorie des chemins de grande communication. Les départements gagneront à cette substitution d'alléger leurs charges en rejetant sur les contingents communaux l'entretien des routes départementales ; si, au contraire, il intervient un changement de législation qui distingue rationnellement les chemins qui devraient être départementaux et les chemins qui devraient être communaux, tous les chemins de grande communication deviendraient routes départementales. Dans un cas comme dans l'autre la législation des chemins de grande communication et des routes départementales cesserait d'être différente comme elle l'est aujourd'hui au grand préjudice de la simplicité de notre rouage administratif départemental.

446. — *Historique.* Nous allons rappeler brièvement les lois qui ont réglé successivement les modes de classement d'ouverture et d'exécution des routes départementales avant la législation actuelle qui les régit : c'est le moyen d'expliquer la regrettable divergence de législation que nous venons de signaler.

447. — *Classement et direction.* Décret du 16 décembre 1811. Toute demande, pour l'ouverture, la reconstruction ou l'entretien des routes départementales formées par des arrondissements, des communes, des particuliers, ou d'office par les conseils généraux, devait être soumise à la plus prochaine session des conseils généraux qui devaient délibérer : Sur l'utilité des travaux demandés ; sur la part que devaient supporter respectivement dans les dépenses les départements, les arrondissements ou les communes en proportion de leur intérêt dans les travaux proposés.

Sur les offres faites par des particuliers ou associations de particuliers, ou communes et sur les conditions auxquelles ces offres seraient acceptées. La délibération du conseil général était communiqué aux conseils d'arrondissement, aux conseils municipaux, aux particuliers ou associations de particuliers qui avaient pris l'initiative pour avoir à fournir leurs observations dans le délai fixé par le conseil général. Les délibérations définitives des conseils généraux devaient être, avec l'avis du préfet, et les observations de l'ingénieur en chef du département, adressées, par l'intermédiaire du directeur général des ponts et chaussées au ministre de l'intérieur, d'après le rapport duquel il était statué *par décret.*

. Le classement se faisait donc par décret à la suite de l'information que nous venons de rappeler et le même décret fixait la direction de la route projetée.

448. — *Travaux.* Les travaux de construction, de reconstruction et d'entretien étaient projetés ; les devis, faits discutés et approuvés dans les formes et les règles suivies pour les routes impériales, c'est-à-dire par décret avec le concours de l'administration des ponts et chaussées. Les ingénieurs en chef et ordinaires étaient spécialement chargés de dresser les plans et devis, de diriger les travaux d'ouverture ou d'entretien avec le concours des conducteurs et des cantonniers, leurs agents-auxiliaires.

449. — *La prise de possession des terrains* était réglée par la loi du 8 mai 1810 : Art. 2. Les tribunaux ne peuvent prononcer l'expropriation qu'autant que l'utilité a été constatée dans les formes établies par la loi.

Art. 3. Ces formes consistent : Dans le décret impérial qui seul peut ordonner des travaux publics ou achats de terrains ou édifices destinés à des objets d'utilité publique. Dans l'arrêté du préfet qui désigne les localités des territoires sur lesquels les travaux doivent avoir lieu, lorsque cette désignation ne résulte pas du décret même.

— Et dans l'arrêté ultérieur par lequel le préfet détermine les propriétés particulières auxquelles l'expropriation est applicable.

Art. 4. Cette application ne peut être faite à aucune propriété particulière qu'après que les parties intéressées ont été mises en état d'y fournir leurs contredits selon les formes d'une enquête préalable tracée par la loi.

Voilà les grandes lignes de la législation impériale qui a opéré le classement des routes de France et préparé leur exécution.

Les frais de construction, de reconstruction et d'entretien de ces routes étaient mis à la charge concurremment de l'État, des départements, des arrondissements et des communes, les recettes et les dépenses étant centralisées au budget de l'état.

450. — *Lois sur l'expropriation pour cause d'utilité publique.* La loi du 7 juillet 1833 sur l'expropriation pour cause d'utilité publique est venue la première compléter la législation précédente et la modifier sur quelques points.

Le second paragraphe de cette loi est ainsi conçu ; « Une ordonnance royale suffira pour autoriser l'exécution des routes départementales, des canaux et chemins de fer d'embranchement de moins de 20,000 mètres de longueur, des ponts et de tous autres travaux de moindre importance ; cette ordonnance devra également être précédée d'une enquête. » Ces enquêtes auront lieu dans les formes déterminées par un règlement d'administration publique.

Cette loi complétait l'organisation de 1810 et 1811 en prescrivant de faire précéder la déclaration d'utilité publique d'une enquête de commodo, et incommodo ; et la modifiait au point de vue des formalités qui devaient précéder la prise de possession des terrains à exproprier.

Un doute s'étant élevé après la loi de 1833 sur le point de savoir s'il fallait faire précéder la délibération d'un conseil général demandant un classement de route départementale de l'enquête prévue par l'article 3 ou s'il fallait continuer à suivre simplement la procédure du décret du 16 décembre 1811 ; une loi du 20 mars 1835 trancha la difficulté dans les termes suivants : — « à l'avenir aucune route ne pourra être classée au nombre des routes départementales, sans que le vote du conseil général ait été précédé de l'enquête prescrite par l'article 3 de la loi du 7 juillet 1833. Cette enquête sera faite d'office par l'administration ou sur la demande du conseil général. » Une ordonnance du 18 février 1834, encore en vigueur, a déterminé les formes de cette enquête.

Cette législation a été successivement touchée sans être sensiblement modifiée par les loi des 10 mai 1838, 31 mai 1841 et 18 juillet 1866, dans le sens d'une décentralisation progressive au profit des conseils généraux.

Elle a été, au contraire, transformée dans ses dispositions les plus essentielles par la loi du 10 août 1871.

451. — *Législation actuelle*. L'article 46 de la loi de 1871 dispose dans les termes suivants : « Le conseil général statue définitivement sur le *classement* et la *direction* des routes départementales, *projets*, *plans* et *devis* des travaux à exécuter pour la construction, la rectification ou l'entretien desdites routes. Il *désigne les services* qui seront chargés de leur construction et de leur entretien. »

Ainsi le classement, la direction, l'approbation des projets et devis, le choix du service auxiliaire sont décentralisés par ce texte de loi.

452. — *Déclaration d'utilité publique*. Dans une première rédaction on avait proposé d'aller plus loin et d'accorder aux conseils généraux le pouvoir de déclarer l'utilité publique de tous les travaux à la charge du dé-

-partement. Le ministre s'y opposa. Il fit remarquer que
ce serait déroger à un principe essentiel de la loi de 1841
que d'enlever la déclaration d'utilité publique au souverain qui seul doit être appelé à la prononcer. Ses observations furent accueillies et par une contradiction qui
montre combien la résistance ministérielle était futile,
l'article 44 admet cependant que le conseil général
pourrait déclarer l'utilité publique de tous les chemins
vicinaux, ainsi dans l'état actuel des choses si un conseil
général classait une route départementale, il faudrait
recourir à un décret pour prononcer la déclaration
d'utilité publique, tandis que pour les chemins de grande
communication la déclaration du conseil général est
suffisante.

453. — *Abolition du monopole des ponts et chaussées.*
Le monopole de l'administration des ponts et chaussées
ne fut pas aboli quant aux routes départementales, sans
difficulté. La décentralisation, disait-on, n'est possible
qu'à la condition qu'elle ne soit pas la désorganisation
de tous les services publics. La mesure proposée porte
une atteinte grave à la carrière des ponts et chaussées
dont l'avenir ne présentera plus de sécurité et par suite
entraînera un abaissement dans le niveau des études
spéciales. Le budget des routes nationales et départementales s'élève à 75 millions, si on ôte de ce budget le
contingent départemental qui s'élève à 35 millions, on
réduit l'administration des ponts et chaussées à 40
millions. M. de Tillancourt répondit :

« Les conseils généraux ont été froissés de l'omnipo-
tence que les ponts et chaussées ont voulu quelquefois
s'arroger pour les routes départementales. Ce corps
investi en quelque sorte d'un droit au travail, se consi-
dérant comme souverain, ne tenait aucun compte des
désirs, des préférences des conseils généraux et c'est
pour réagir contre ces tendances que bon nombre d'administrations départementales ont chargé les agents

voyers des chemins sur lesquels elles avaient liberté entière.

La création de ce service a eu un effet salutaire sur l'administration des ponts et chaussées ; celle-ci a appris à tenir un plus grand compte de l'expérience des représentants des intérêts locaux, à ne pas résister systématiquement à leurs inspirations.

Lorsque les conseils départementaux ne trouveront plus chez les ingénieurs dépouillés de leurs priviléges, une prépondérance de nature à les effrayer, ils seront heureux de profiter des qualités que possèdent à un si haut degré les élèves de l'école polythécnique, ceux-ci feront de leur côté quelques concessions et ils joindront à la science, à l'indépendance, à l'honorabilité, au dévouement dont ils ont donné tant de preuves, l'observation des nécessités locales qu'on leur a parfois contestée et qu'il leur sera si facile d'acquérir. » L'assemblée nationale, après cet échange d'explications, maintint aux conseils généraux, et avec raison, suivant nous, le pouvoir de désigner le service chargé de la construction et de l'entretien des routes départementales.

Voilà l'origine du dualisme des services qui existe dans un certain nombre de départements. Dans la Dordogne, par exemple, les ingénieurs des ponts et chaussées ont gardé la direction des routes départeméntales et un corps spécial d'agents voyers dirige le service vicinal. Dans la Haute-Vienne les deux services ont été confiés aux ponts et chaussées qui sont en même temps chargés de la voirie urbaine de la ville de Limoges. Ce dualisme disparaîtra évidemment avec le temps ou bien avec l'unification de législation.

454. — *Ressources.* Le conseil général n'a pas de ressources spéciales pour la construction et l'entretien des routes départementales, il doit y pourvoir à l'aide de ses ressources ordinaires, ces dépenses figurent aux termes de l'article 12 de la loi du 10 mai 1838, au nombre des dépenses ordinaires départementales et sont inscrites comme telles à la première section du budget.

455. — *Péages. Ponts.* Dans certains cas on a eu recours pour la rectification des routes, la correction des rampes ou même pour la construction à la ressource spéciale des péages.

D'après la loi de floréal an X, lorsque le gouvernement veut établir une nouvelle voie de communication sans se charger de la dépense, il peut offrir l'entreprise à l'industrie privée, moyennant un péage que le concessionnaire est autorisé à percevoir à son profit. En général ces péages sont limités à une durée qui ne dépasse pas 99 ans, mais qui est souvent moindre et ils peuvent être toujours supprimés par voie de rachat. Si les départements recouraient à cette mesure qui n'est plus en harmonie avec notre système de crédit, les tarifs à percevoir pour les péages devraient être approuvés par décret.

La loi du 30 juillet 1880 a édicté les dispositions suivantes en ce qui concerne la construction des ponts et le rachat des péages :

Art. 1. Il ne sera plus construit à l'avenir de ponts à péage sur les routes nationales ou départementales. En cas d'insuffisance des ressources immédiatement disponibles pour la construction des ponts dépendant de la voirie vicinale, il pourra y être pourvu par les départements et les communes intéressées au moyen d'un emprunt à la caisse des chemins-vicinaux.

Art. 2. Le rachat de la concession de tout pont à péage, dépendant de la grande ou de la petite voirie, peut être autorisé et déclaré d'utilité publique, par décret rendu en conseil d'état, après enquête. L'enquête a lieu dans les formes déterminées par l'ordonnance du 18 février 1834.

Les art. 3, 4, 5, fixent le mode de rachat des péages.

Art. 6. Les ponts à péage établis sur les routes nationales seront rachetés dans un délai de huit ans, à partir du 1er janvier qui suivra la promulgation de la présente loi. Pour déterminer l'ordre .de priorité des rachats, il sera tenu compte du concours offert par les départements, les communes ou les particuliers.

Art. 7. Il pourra être accordé sur les fonds de l'état, pour le rachat des ponts à péage dépendant des routes départementales ou des chemins vicinaux de toute catégorie, une subvention dont le maximum est fixé à la moitié de la dépense. Ce maximum est réduit à un tiers pour les rachats des ponts à péage situés sur les routes départementales, dans les départements où le produit du centime additionnel au principal des quatre contributions directes est compris entre 20,000 et 40,000 francs, et à un quart dans les départements où il est supérieur à 40, 000 francs. Il ne sera accordé aucune subvention pour le rachat des ponts à péage qui seraient construits sur les chemins vicinaux après la promulgation de la loi du 30 juillet 1880.

456. — *Bacs*. En ce qui concerne les bacs, le § 13 de l'article 46 de la loi du 10 août 1871 attribue aux conseils généraux la décision définitive sur les questions relatives à l'établissement et à l'entretien des bacs et passages d'eau sur les routes et chemins à la charge du département, et sur la fixation des tarifs de péage. Le § 6, de l'article 58 de la même loi, comprend parmi les recettes ordinaires du département le produit des droits de péage sur les bacs et passages d'eau établis sur les routes et chemins à la charge du département.

D'après la circulaire du ministre des travaux publics, du 14 octobre 1871, il faut étendre les pouvoirs des conseils généraux en cette matière, non seulement sur les routes départementales, mais encore sur les chemins de grande communication à la dépense desquels les départements contribuent pour une large part ; mais la même circulaire ajoute que, pour les chemins d'intérêt commun et pour les chemins vicinaux ordinaires, on ne peut les

considérer comme étant à la charge du département, et
en conséquence les bacs et passages d'eau sur ces chemins restent soumis aux dispositions de la loi de frimaire
an VII. (voir n° 103.)

La circulaire ajoute que les projets de bacs doivent
continuer à être soumis à l'administration des ponts et
chaussées qui doit proposer le tarif des péages à percevoir en vertu de la loi de frimaire an VII.

457. — *Déclassement.* Aucune loi, aucune ordonnance réglementaire n'ont déterminé les formes à suivre
pour le déclassement d'une route départementale. D'après
l'article 46 de la loi du 10 août 1871, c'est le conseil
général qui a le pouvoir de déclasser. Une circulaire du
ministre des travaux publics, du 14 octobre 1871, inter-
prétant cette loi, dispose que les classements, et déclas-
sements doivent toujours être précédés d'une enquête
suivant l'ordonnance du 20 mars 1835, lors même
qu'aucune acquisition de terrains ne serait nécessaire.
L'administration ajoute même la précaution de faire
délibérer les conseils municipaux des communes traversées par la route.

Après le déclassement, le conseil général examine ce
qu'il convient de faire de la route déclassée. Quelquefois
il la classe chemin de grande communication ou d'intérêt commun ; d'autres fois il la concède aux communes
pour devenir chemin vicinal ordinaire ; s'il décide qu'elle
est inutile à la circulation et qu'il y a lieu de l'aliéner,
les propriétaires riverains ont un droit de préemption
dans les termes de la loi du 24 mai 1842 ci-avant rappor-
tée et commentée. n° 2.

Dans le cas d'aliénation de parcelles inutilisées, le
prix en appartient au département, selon l'article 59 de
la loi du 20 août 1871 disposant que les anciennes routes
impériales de 3ᵐᵉ classe dont l'entretien a été mis à la
charge des départements par le décret du 16 décembre
1811 ou postérieurement, sont définitivement comprises

parmi les propriétés départementales. L'aliénation doit donc se faire en suivant les règles propres à l'aliénation des propriétés départementales, et non pas suivant les règles spéciales à l'aliénation des biens de l'état.

458. — *Routes interdépartementales.* La loi du 10 août 1871 qui a conféré aux conseils généraux le pouvoir de classer et de déclasser les routes départementales a aussi innové au point de vue des routes qui pourraient intéresser deux départements. Suivant la législation ancienne, quand il y avait accord entre les conseils généraux, un simple décret intervenait, tandis que le gouvernement recourait à une loi en cas de désaccord. Aujourd'hui le conseil général statue définitivement sur le classement et le déclassement des routes départementales sans distinguer entre celles qui s'étendent sur plusieurs départements et celles dont le tracé se trouve renfermé dans les limites d'un seul département. L'accord entre les conseils généraux intéressés se produit par des commissions interdépartementales qu'ils ont droit de nommer. Cependant la circulaire du 14 décembre ajoute que le classement ou le déclassement des routes interdépartementales ne sont définitifs que lorsque, après l'issue des conférences, ils auront été ratifiés par tous les conseils généraux intéressées.

Largeur. La largeur est déterminée par l'acte qui en ordonne l'ouverture, elle est en général de 8 mètres pour les routes départementales.

JURISPRUDENCE

459. — *Cession des terrains.* La convention par laquelle, en cas de déclassement d'une route départementale ou d'un chemin vicinal, une partie du sol de ces voies publiques est rétrocédée à un riverain, constitue un contrat de droit commun, et c'est, dès lors, à l'autorité judiciaire qu'il appartient.

de connaître des difficultés auxquelles cette convention donne lieu. (C. d'Ét. 23 janv. 1868. S. 68. 2. 357.)

Et le riverain n'est pas recevable dans ce cas, à attaquer devant le Conseil d'État l'arrêté par lequel le préfet a fixé le prix de la rétrocession, cet arrêté ne faisant pas obstacle à ce qu'il porte ses réclamations devant les tribunaux. (Même arrêt.)

460. — *Propriété des parcelles retranchées.* Les parcelles retranchées des routes impériales ou départementales par voie d'alignement sont la propriété de l'État ou du département, sauf le cas où il serait établi que ces parcelles ont fait partie antérieurement de la voirie municipale. (C. d'Ét. 22 juillet 1858. S. 60. 2. 640.)

461. — *Qui fixe le prix des parcelles retranchées.* Lorsque, par l'effet de l'alignement de la voie publique, une portion de terrain qui en est retranchée a été incorporée à la propriété d'un riverain, l'indemnité dont ce terrain est débiteur envers l'État doit être réglée en cas de contestation, non par le conseil de préfecture, mais par le jury d'expropriation. (C. d'Ét. 23 janvier. 1853. S. 57. 2. 604.)

462. — *Nécessité d'un déclassement explicite.* Le décret autorisant la rectification d'une route départementale et les travaux qui en sont la suite, n'ont pas pour effet de soustraire immédiatement au régime de la grande voirie, les parties de cette route qui sont situées sur l'ancienne direction. Pour que ces parties cessent d'être soumises au régime de la grande voirie, il faut que le déclassement en soit prononcé par l'administration. (C. d'Ét. 19 nov. 1852. S. 53. 2. 360. C. d'Ét. 5 janv. 1855. S. 55. 2. 442.)

463. — *Exécution des travaux.* Les conseils généraux choisissent les services qui doivent diriger les travaux et faire les dépenses et ils fixent le salaire des agents auxiliaires. (L. du 10 août 1871) aussi bien des ingénieurs que des agents voyers, (circulaire du 14 octobre 1871.)

Les travaux se préparent et s'exécutent par analogie avec ceux des ponts et chaussées lorsque c'est l'administration des ponts et chaussées qui a la direction des routes départementales et par analogie avec ceux des chemins de grande communication lorsque cette direction appartient aux agents voyers.

Comme ces travaux ont le caractère de travaux départementaux, c'est le conseil général qui doit approuver les devis et cahiers des charges et fixer l'époque des adjudications.

Le budget des routes départementales est aussi voté et arrêté par le conseil général.

464. — *Police et contraventions.* Les règles en cette matière diffèrent complétement de celles qui régissent les chemins vicinaux. Elles se rattachent à la grande voirie et les contraventions relèvent des conseils de préfecture.

La police du roulage sur les routes départementales comme sur les routes nationales est organisée par la loi du 30 mai 1831.

Cet aperçu sur les routes départementales montre combien il serait utile d'en rapprocher la législation de celle qui régit les chemins vicinaux. La différence qui sépare ces deux législations n'a pas sa raison d'être devant la logique et l'on ne conçoit pas que des chemins dépendant des budgets départementaux comme les chemins vicinaux de grande communication et les routes départementales puissent être régis par des lois absolument différentes ; cette anomalie ne s'explique que par l'historique et l'origine différente des deux législations.

CHAPITRE XVIII

Titre unique. — Servitudes légales.

465. — *Servitudes légales résultant du voisinage des routes.* Le voisinage du domaine public, dit M. Batbie, impose aux particuliers de nombreuses servitudes légales et d'utilité publique.

Légales, parce qu'elles sont établies par la loi ; et d'utilité publique par opposition aux servitudes légales d'intérêt privé qui sont régies par le titre iv du livre ii, du code Napoléon.

Les servitudes d'utilité publique sont des restrictions apportées par la loi au droit de propriété en vue de l'intérêt général. Elles grèvent la propriété sans indemnité à moins que l'indemnité ne soit accordée par un texte formel comme elle l'est, par exemple, dans le décret du 22 février 1808, sur les chemins de halage.

Examinons sommairement les servitudes légales qu'engendre le voisinage des routes départementales.

466. — *Fossés.* — *Curages.* — *Rejet des terres.* D'a-près la loi du 12 mai 1825 et à partir du 1er janvier 1827, les fossés des routes doivent être établis, curés et entretenus aux frais de l'état. Cette loi a abrogé les anciens règlements qui mettaient ces frais à la charge des riverains ; mais comme elle n'a rien dit du rejet des terres sur les héritages voisins, l'administration peut toujours rejeter sur la propriété des riverains les sables et terres provenant du curage des fossés, aux termes d'un arrêt du conseil du 3 mai 1720.

La jurisprudence du conseil d'état, notamment un arrêt du 18 août 1845, autorise le préfet qui donne un alignement à ajouter à la largeur de la chaussée, la largeur nécessaire pour creuser un fossé, s'il n'y en avait pas ; le propriétaire pourrait à son tour faire reconnaître son droit de propriété, s'il était contesté, pour obtenir une indemnité qui devrait être fixé par le jury.

467. — *Ecoulement des eaux des routes.* D'après l'article, 640 code Nap., le propriétaire du fond inférieur, dit M. Batbie, est tenu de recevoir les eaux qui découlent du fond supérieur naturellement et sans que la main de l'homme y ait contribué. La route étant construite de main d'homme, et sa chaussée étant disposée à dos d'âne pour faciliter l'écoulement des eaux, l'article 640, code Napoléon, n'obligerait pas les riverains à recevoir les eaux de la voie publique ; ils y sont tenus en vertu d'anciens règlements, et notamment de l'ordonnance du bureau des finances du 29 mars 1754, art. 6, dont la disposition a été reproduite par l'article 8 d'une autre ordonnance du même bureau, en date du 17 juillet 1781. Ces ordonnances sont encore en vigueur par suite de la sanction qui a été donnée, après 1789, aux anciens, règlements sur la voirie.

Nous avons vu que l'article 21, de la loi du 21 mai 1836, donne aux préfets le droit de régler tout ce qui concerne l'écoulement des eaux pour les chemins vicinaux de toute catégorie.

Lorsque les propriétés riveraines ne sont pas en contre-bas,et qu'il n'y a pas une pente suffisante pour l'écoulement des eaux, on y pourvoit, soit par des pentes artificielles, soit par l'établissement de puits sur les côtés. L'administration pour faire ces pentes artificielles et ces puits, doit s'entendre, autant que possible, avec les propriétaires et traiter à l'amiable. S'il n'est pas possible de traiter de gré à gré,les terrains ne peuvent être occupés qu'après la déclaration d'utilité publique et moyennant une juste et préalable indemnité.

L'administration a le droit de prendre les mesures qui seront propres à assurer le libre écoulement des eaux de la route ; mais si la disposition qu'elle donne aux lieux avait pour effet d'aggraver la servitude,le riverain pourrait réclamer une indemnité, et comme ce préjudice résulterait de l'exécution de travaux publics, la question d'indemnité serait de la compétence du conseil de préfecture. Le conseil appréciera,suivant les circonstances, si la charge imposée aux propriétaires n'est que l'exercice normal du droit d'écoulement des eaux ou si elle constitue une aggravation qui donne droit à une indemnité.

Le propriétaire riverain qui veut conduire des eaux de son fonds à travers une route départementale doit en obtenir l'autorisation du préfet. Ce magistrat fixe les conditions auxquelles cette permission sera donnée. Ordinairement elle prescrit l'établissement d'un aqueduc en maçonnerie.

Si l'écoulement des eaux, dit M. Batbie, est une servitude, il peut être aussi un avantage. Après avoir déterminé quelles sont les obligations des riverains, il faut donc se demander quels sont leurs droits.

Les eaux pluviales, tant qu'elles sont sur la voie publique, n'appartiennent à personne, et elles sont la propriété du premier occupant. Le premier qui les intercepte y a droit, et les propriétaires situés en aval ne peuvent pas prétendre droit à en recevoir leur portion, même quand ils auraient fait des travaux destinés à en faciliter la dérivation, ces travaux fussent-ils faits depuis trente ans et plus. L'art. 642, Code Nap., ne parle que des travaux faits pour faciliter la chute d'eaux qui viennent d'une source, et, par conséquent, il est inapplicable aux eaux pluviales qui ne constituent pas un cours d'eau et ne sont que des *res nullius*. Le propriétaire du fonds inférieur ne pourrait réclamer que s'il y avait entre lui et le propriétaire du fonds supérieur quelque titre réglant la manière dont ils se comporteront quant à l'usage des eaux pluviales.

Voici comment Demolombe traite la même question (Tome 1er des servitudes page 136.)

Les eaux qui tombent du ciel sont, par leur nature même, et dans l'état où les phénomènes physiques les produisent, des choses *nullius ;* non pas sans doute en ce sens qu'elles ne puissent pas être l'objet d'un droit privé, mais tout au contraire en ce sens qu'elles deviennent la propriété du premier occupant.

D'où il résulte :

1° que celui, sur les fonds duquel les eaux pluviales tombent directement du ciel, en devient propriétaire par droit d'occupation, ou, si l'on veut, par l'effet d'une sorte d'accession à son héritage ; et qu'il peut conséquemment en user à sa volonté, les retenir, les absorber tout à fait en usages agricoles ou industriels ou de pur agrément, ou les laisser couler sur les fonds inférieurs, en vertu de l'article 640.

2° que le même droit appartient au propriétaire, à l'égard des eaux pluviales qui ne tombent pas directement sur son fonds, mais qui découlent des fonds supérieurs, lorsque les propriétaires de ces fonds n'ayant pas eu la volonté ou la possibilité de les retenir ou d'en changer le courant, n'ont pas exercé, à l'égard de ces eaux, le droit du premier occupant.

Puisque l'eau pluviale appartient au premier occupant, il s'ensuit que le propriétaire sur le fonds duquel elle coule, par la pente naturelle du sol, ou même par l'effet d'une direction différente qui lui aurait été donnée par le propriétaire supérieur, peut exercer sur cette eau, une fois arrivée dans son fonds, le droit d'occupation, et qu'il n'est nullement tenu de la transmettre, comme les eaux courantes, aux autres propriétaires inférieurs.

Le propriétaire inférieur peut évidemment acquérir par titre les eaux pluviales ramassées sur le fonds supérieur.

Il peut aussi les acquérir par prescription. Mais évidemment la prescription ne peut pas résulter à son profit du seul fait de l'écoulement des eaux, fût-ce même *per mille annos*, il faut que le propriétaire inférieur ait fait des ouvrages sur le sol du propriétaire antérieur qui annoncent sa volonté d'acquérir une servitude active, comme un canal, des rigoles, etc.

Cette servitude pourrait également résulter de la destination du père de famille.

Les eaux pluviales sont, avons-nous dit, choses *nullius*, et appartiennent comme telles au premier occupant.

D'où il suit que tout propriétaire riverain de la voie publique peut s'approprier, par droit d'occupation, les eaux pluviales, à leur passage vis-à-vis de son fonds, à la condition seulement, bien entendu, de n'établir pour opérer cette dérivation, aucun appareil nuisible à la voie publique.

Mais d'ailleurs, et à l'encontre des autres propriétaires inférieurs ou coriverains du ruisseau pluvial, chaque propriétaire riverain peut exercer le droit de la manière la plus absolue, sans qu'on soit fondé à lui opposer l'art. 644 ; lequel s'applique aux eaux courantes, qui sont choses communes, et non point aux eaux pluviales, qui sont *res nullius*.

Et il en serait ainsi, lors même que, pendant un temps

immémorial, un des propriétaires riverains aurait dérivé
sur son fonds toutes les eaux pluviales de la voie publique, fût ce même à l'aide de travaux apparents ; un autre propriétaire, coriverain ou supérieur, qui aurait été
lui, pendant plus de trente ans, sans dériver les eaux
sur son fonds, n'en aurait pas moins le droit de les y
amener, dès qu'il le voudrait, pour son utilité ou son
agrément ; car c'était là, de sa part, un acte de pure faculté ; et quant aux travaux, qui auraient été pratiqués
antérieurement par le propriétaire coriverain ou inférieur, ils n'étaient qu'un mode d'occupation, qu'une manière d'exercer le droit, qui appartenait toujours également à chacun des riverains, de s'emparer des eaux
pluviales ; ils n'ont pu, évidemment, ni changer la nature de ces eaux, ni enlever aux autres propriétaires la
faculté imprescriptible, qui leur appartenait, à leur titre
d'habitants et comme fraction du public, de s'emparer
de ces eaux.

468. — *L'administration peut-elle concéder à prix d'argent les eaux des routes.* La seule difficulté serait de savoir si cette faculté, pour chacun des riverains d'un ruisseau pluvial, de s'emparer des eaux à leur passage devant son fonds, si, disons-nous, cette faculté ne pourrait
pas lui être enlevée par l'effet d'une concession, que l'administration, chargée de la police locale, en aurait faite
à l'un d'eux.

La négative est enseignée par M. Duranton, qui pense
que les eaux pluviales étant au premier occupant, et par
droit de nature et par la disposition du droit civil, l'administration ne doit point pouvoir disposer de ces eaux,
par de simples motifs de préférence ou pour un prix
offert, au préjudice de ceux à qui le droit commun les
attribue.

Et cette doctrine nous paraît généralement vraie.

Nous devons dire toutefois que des autorités d'un
grand poids enseignent la solution contraire, par un

double motif; soit parce que les eaux pluviales étant choses *nullius*, l'administration a, par cela, même, le droit
de disposer de celles qui tombent sur la voie publique;
soit parce que les frais d'entretien de cette voie étant à
la charge de la commune, il est juste qu'elle profite des
avantages qu'il est possible d'en retirer pour y faire
face.

Ces considérations, si graves qu'elles puissent paraître,
ne sauraient, suivant nous, l'emporter sur le principe;
que les eaux pluviales sont *res nullius*, et doivent, d'après le droit civil, appartenir au premier occupant.

469. — *Propriété des riverains sur les eaux pluviales
dérivées.* Lorsque les eaux pluviales ont été dérivées de
la voie publique; soit par le propriétaire riverain, qui
s'en est emparé par occupation, elles deviennent un accessoire de son héritage.

Elles peuvent donc être transmises au fonds inférieur
à titre de servitudes, par titre, prescription ou destination du père de famille.

Là cour de cassation a fort bien dit:

Attendu, en droit, que si les eaux pluviales qui coulent sur la voie publique, n'étant à personne, ne sont pas
susceptibles d'une possession exclusive, le propriétaire
riverain peut néanmoins les prendre à leur passage; qu'il
dépend de lui d'en faire l'usage qu'il lui plaît, et par
suite de les concéder à son voisin, afin que celui-ci en
use après les avoir reçues de lui. (Cass. 21 juillet 1845.
S. 45. 1. 34. 1856. 1. 309.)

Il est vrai que les autres propriétaires supérieurs
ou coriverains de la voie publique, n'en conserveront pas
moins toujours la faculté de dériver les eaux pluviales
de la voie publique sur leur propre fonds; et le propriétaire non riverain pourra ainsi se trouver privé de la
prise d'eau qu'il avait acquise. Mais ce sera, dit justement Marcadé, comme si une source sur laquelle une
servitude de prise d'eau avait été constituée, se trouvait

tarie ; et il n'en résulte nullement que celui des propriétaires riverains de la voie publique, qui, après avoir dérivé les eaux pluviales sur son fonds, se trouvait obligé de les transmettre, en vertu d'une cause quelconque, à un autre héritage attenant au sien, puisse lui-même, par son propre fait, porter atteinte à la servitude passive, dont il serait grevé.

L'article 645 n'est pas non plus applicable aux eaux pluviales, car cet article n'accorde un pouvoir réglementaire aux magistrats qu'en ce qui concerne les eaux courantes, considérées comme choses communes.

Quant aux droits que les propriétaires riverains peuvent acquérir sur les voies publiques, nous renvoyons aux nos de notre ouvrage, et aux volumes de Demolombe sur les servitudes où la question se trouve amplement traitée, nos 42-150.

470. — *Essartement des bois et plantations.* L'ordonnance du 3 août 1669 est conçue dans les termes suivants :

Ordonnons que, dans six mois du jour de la publication des présentes, tous bois, épines et broussailles qui se trouvent dans l'espace de 60 pieds ès grands chemins servant au passage des coches et carrosses publics, tant de nos forêts que de celles des ecclésiastiques, communautés, seigneurs et particuliers, seront essartés et coupés, en sorte que le chemin soit libre et plus sûr, le tout à nos frais ès forêts de notre domaine, et aux frais des ecclésiastiques, communautés et particuliers, dans les bois de leur dépendance.

Art. 4. Voulons les six mois passés, ceux qui se trouveront en demeure soient mulctés d'amende arbitraire, et contraints, par saisie de leurs biens, au paiement tant du prix des ouvrages nécessaires pour l'essartement, dont l'adjudication sera faite au moins disant, au siège de la maîtrise, que des frais et dépens faits après les six mois, qui seront taxés par les grands-maîtres.

L'essartement à 60 pieds de l'argeur de chaque côté dés routes a été prescrit pour empêcher l'humidité et protéger la sécurité des voyageurs. Cette servitude existe toujours, mais l'administration peut ne pas l'imposer et en réduire la largeur à moins de 60 pieds. Elle n'existe que pour les routes et ne saurait être étendue aux chemins vicinaux.

Si le voisinage immédiat des forêts a des inconvénients, la plantation d'une rangée d'arbres le long des routes n'a que des avantages.

Les propriétaires riverains des routes nationales et départementales sont tenus de planter des arbres soit sur le sol de la route quand sa largeur le permet, soit, au cas contraire, sur leur propriété à la distance d'un mètre du bord extérieur des fossés et suivant l'essence des arbres.

Depuis 1850 l'administration a renoncé à cette servitude et fait elle même les plantations toutes les fois que les lieux le permettent.

La loi du 9 ventôse an XIII attribue aux riverains la propriété des arbres plantés par eux. Quant aux arbres existant au moment du décret, la loi attribue à l'administration la propriété de ceux plantés sur les routes et aux riverains de ceux plantés sur les terrains. (Cass. 3 février 1868. S. 68. 1. 55.)

Extrait du décret du 16 déc. 1811, sur les plantations :

Art. 99. Les arbres plantés sur le terrain de la route et appartenant à l'État, ceux plantés sur les terres riveraines, soit par les communes, soit par les particuliers, en exécution du présent décret ou antérieurement, ne pourront être coupés ou arrachés qu'avec l'autorisation du directeur général des ponts et chaussées, accordée sur la demande du préfet, laquelle sera formée seulement lorsque le dépérissement des arbres aura été constaté par les ingénieurs, et toujours à la charge du remplacement immédiat.

Art. 90. Les plantations seront faites au moins à la distance d'un mètre du bord extérieur des fossés, et suivant l'essence des arbres. (Sur l'indication du service des ponts et chaussées.)

Art. 104. Tout propriétaire qui sera reconnu avoir coupé sans autorisation, arraché ou fait périr les arbres plantés sur son terrain, sera condamné à une amende égale à la triple valeur de l'arbre détruit.

105. Les particuliers ne pourront procéder à l'élagage des arbres qui leur appartiendraient sur les grandes routes qu'aux époques et suivant les indications contenues dans l'arrêté du préfet et toujours sur la surveillance des agents des ponts et chaussées, sous peine de poursuites comme coupables de dommages causés aux plantations des routes.

108. Toute contravention aux termes des articles 104 et 105 du présent, seront poursuivies et prononcées, et les amendes recouvrées comme en matière de grande voirie.

471. — *Extraction des matériaux.* Cette servitude est établie, en ce qui concerne les routes, par l'arrêt du conseil du 7 sept. 1755 qui autorise les entrepreneurs à prendre la pierre, le grès, le sable, et les autres matériaux dans les lieux qui leur seront indiqués par les actes administratifs. Le code rural de 1791, titre 1, section 6, art. 1er autorise les agents de l'administration à fouiller dans les champs pour y chercher des pierres, de la terre ou du sable nécessaire à l'entretien des grandes routes. Les articles 55 et suivants de la loi du 16 sept. 1807, fixent les bases à prendre et la procédure à suivre pour déterminer l'indemnité due aux riverains et un décret du 8 fév. 1868 a établi un règlement général pour les occupations temporaires des terrains nécessaires à l'exécution des travaux publics.

Cette matière ayant été traitée au chapitre XII, de notre ouvrage, nous renvoyons à ce chapitre pour la solution des difficultés pratiques ; la législation des chemins vicinaux ayant été calquée sur la législation de la grande voirie relative à ce sujet.

472. — *Ouvertures des carières ou fouilles.* L'ordonnance du bureau des finances du 29 mars 1754, sur la police générale et l'arrêt du conseil du 5 avril 1772 défendent, sous peine de 300 francs d'amende, d'ouvrir une carrière de pierres de taille, moellons ou grès, ou de faire des fouilles pour extraire de la marne, de la glaise ou du sable, à moins de trente toises de distance du pied des arbres plantés le long des grandes routes ; et de pousser *aucune fouille* ou galerie souterraine du côté des routes, à moins de 30 toises de distance des plantations ou du bord extérieur de ces routes. Une déclaration du roi du 17 mars 1780, réduit cette distance à 8 toises pour les chemins autres que les grandes routes. Ces arrêts sont toujours en vigueur.

Des règlements pris dans certains départements, par suite de la loi du 21 mai 1810 sur l'exploitation des mines ont réduit la distance à 10 mètres.

Moulins à vents. L'établissement des moulins à vent est prohibé à une distance de 250 pieds des routes par des règlements spéciaux à certaines provinces, notamment dans l'Artois.

Cette prohibition n'existe que dans les anciennes généralités de Lille et l'Artois.

473. — *Démolition des édifices menaçant ruines au bord des routes départementales.* Extraits des déclarations des 18 juillet 1729 et 18 août 1730.

Art. 1er. Les commissaires de la voirie auront une attention particulière pour être instruits des maisons et bâtiments où il y aurait quelque péril, le long des routes.

Art. 7. Au cas que la partie soutienne qu'il n'y ait aucun danger, elle aura la faculté de nommer un expert de sa part pour faire la visite conjointement avec l'expert (nommé par le préfet en matière de grande voirie ou de chemins vicinaux de grande communication et par le maire en matière de voirie urbaine ou de chemins vicinaux ordinaires.)

Ce que la partie sera tenu de faire sur le champ,sinon sera passé outre à la visite par l'expert seul qui aura été nommé.

Art. 8. La visite sera faite dans le temps qui aura été prescrit, par la sentence (c'est à dire aujourd'hui, l'arrêté administratif),en présence de la partie ou elle dûment appelée. (Dans les formes administratives.)

En cas qu'il y ait deux experts,et qu'ils se trouvent de différents avis, il en sera nommé un tiers, la partie pareillement présente ou dûment appelée. (Ce tiers serait nommé par le maire ou le préfet.)

Art 9. Sur le vu du rapport de l'expert ou des experts, la partie ouïe ou elle dûment appelée, et vu le rapport des ingénieurs, il sera ordonné s'il y a lieu, que, dans le temps qui sera prescrit, le propriétaire de la maison sera tenu de faire cesser le péril ; et d'y mettre à cet effet des ouvriers ; à faute de quoi, ledit temps passé, et sans qu'il soit besoin d'autre jugement, sur le simple rapport du commissaire, portant qu'il n'y a été mis d'ouvriers, il en sera mis de l'ordonnance dudit commissaire, aux frais de la partie, à la diligence du receveur des amendes,qui en avancera les deniers, dont il lui sera délivré, par le lieutenant général de police,exécutoire sur la partie, pour en être remboursé par privilége et préférence à tous autres, sur le prix des matériaux provenant des démolitions, et subsidiairement sur le fonds et superficie des bâtiments desdites maisons.

En cas d'urgence le préfet ou le maire,suivant les cas, pourraient ordonner l'évacuation de la maison et la démolition sans expertise préalable.

Une indemnité à fixer par le conseil de préfecture serait due au propriétaire dont la maison aurait été démolie sans qu'il y eût cause légitime. (C. d'Et. 2 juillet 1820.)

D'après notre législation la poursuite des contraventions de grande voirie et la conservation des routes étant confiées à l'autorité préfectorale, même dans la traverse des villes, en principe le préfet a seul le droit de faire démolir les constructions menaçant ruine qui existeraient dans la traverse des routes départementales, dans les villes ou villages, sauf en cas d'extrême urgence les droits du maire de veiller à la sécurité publique.

Suivant les indices donnés par M. Daubenton, il y a lieu de démolir un bâtiment pour cause de péril.

1° Lorsque, par vétusté, une ou plusieurs jambes étrières, un ou plusieurs trumeaux ou pieds droits sont en mauvais état ;

2° Lorsque le mur de face sur la voie publique est en surplomb de plus de moitié de son épaisseur ;

3° Lorsque le mur de face sur la voie publique est à fruit, c'est à dire, légèrement incliné en arrière, et qu'il a occasionné sur la face opposée un surplomb égal au fruit de la façade sur la voie publique ;

4° Lorsque les fondations sont mauvaises, alors même qu'il n'y aurait ni surplomb ni fruit ;

5° Lorsqu'il y a bombement égal au surplomb dans les parties inférieures du mur de face.

Les arrêtés administratifs qui prescrivent la démolition d'un mur en façade sur une route ou une rue peuvent être déférés au supérieur hiérarchique, mais ne sont pas susceptibles d'un recours au conseil d'état. (C. d'Et. 9 fév. 1854.)

474. — *Dépôts.* Les anciens règlements, la loi du 16, 24 août 1790 ; la loi du 29 floréal an x ; le décret du 16 déc. 1811 ; l'article 471 code pénal, défendent à toute personne d'effectuer aucun dépôt permanent ou temporaire de matériaux, bois, fumiers, gravoués, immondices et autres objets sur les routes ou chemins publics.

Les préfets sont seuls compétents pour autoriser les dépôts de matériaux sur les routes et chemins de grande communication et les maires sur les chemins vicinaux et les rues. Ces autorisations sont toujours révocables.

475. — *Mesures d'urgence.* Le préfet chargé de la police des routes peut prendre les mesures provisoires rendues nécessaires·par les besoins publics. Le sous-préfet a le même droit s'il s'agit de dégradations, dépôts de fumiers, d'immondices ou de matériaux. (Art. 113. id. 16 déc. 1811.)

CHAPITRE XIX

ALIGNEMENTS. AUTORISATIONS.

Titre Ier. — Principes généraux. Plans d'alignement.

476. — *Principes généraux en matière d'alignement.* On appelle alignement la limite donnée par l'administration à la voie publique par rapport aux héritages riverains.

Les principes de cette matière remontent à d'anciens règlements maintenus par l'article 20 de la loi du 19. 22 juillet 1789 dans les termes suivants : « Sont confirmés provisoirement les règlements qui subsistent touchant la voirie, ainsi que ceux actuellement existants à l'égard de la construction des bâtiments et relatifs à leur solidité et sûreté, sans que de cette disposition il puisse résulter la conservation des attributions faites à des tribunaux particuliers. » L'article 484, cod. pénal, a de nouveau confirmé les anciens règlements de voirie.

Le règlement fondamental en matière d'alignement

date du mois de décembre 1607. L'article 4 est ainsi conçu :

« Deffendons à notre dict grand voyer ou ses commis de permettre qu'il soit fait aucunes saillies, avances et pans de bois aux bastiments neufs et mesure à ceux où il y en a à présent, de contraindre les réédifier, n'y faire ouvrage qui les puissent conforter, conserver et soutenir, n'y faire aucun enrochellement en avance pour porter aucun mur, pan de bois ou autres choses en saillie, et porter à faux sur lesdites rues; ainsi faire le tout continuer à plomb, depuis le rez de chaussée, et pourvoir à ce que les rues s'embellissent et élargissent au mieux que faire se pourra, et en baillant par lui les alignements, redressera les murs où il y aura pli et coude, et de tout sera tenu de donner par écrit son procès-verbal de luy signé ou de son greffier portant l'alignement desdits édifices de 2 toises en 2 toises, à ce qu'il n'y soit contrevenu, pour lesquels alignements nous lui avons ordonné soixante sols parisis par maison, payables par les particuliers qui feront faire lesdites édifications sur ladite voirie, encore qu'il y eût plusieurs alignements en icelle, n'estant compté que pour un seul. »

Pour l'application de cet édit, le bureau des finances de la généralité de Paris fit, le 29 mars 1754, une ordonnance dont l'article 4 était ainsi conçu :

Faisons défense à tous les habitants, propriétaires, locataires ou autres ayant maisons ou héritages le long de nos rues, grandes routes et autres grands chemins, de construire ou reconstruire, soit en entier, soit en partie, aucuns bâtiments sans en avoir pris alignements ni de poser échoppes ou choses saillantes, sans en avoir obtenu la permission, lesquels alignements seront donnés par ceux de nous, commissaires du pavé de Paris et des ponts et chaussées, chacun en leur département, ou en leur absence, par un autre de nous, conformément aux plans levés et arrêtés et déposés au greffe du bureau, ou qui le seront dans la suite ; et lesdits alignements seront donnés sans frais ; ainsi qu'il s'est toujours pratiqué ; à peine contre les particuliers contrevenants de trois cents livres d'amende, de démolition des ouvrages faits et de confiscation des matériaux et contre les maçons, charpentiers et ouvriers de pareille amende et même,de plus grande peine, en cas de récidive. Défenses expresses sont faites à tous officiers de justice et aux prétendus voyers, si aucuns y a, de donner aucun desdits alignements.

Ces défenses furent renouvelées par l'arrêt du 27 février 1765 et reproduites dans l'ordonnance du bureau des finances du 30 avril 1772.

477. — *Distinctions à faire en matière d'alignement entre la grande voirie la petite voirie, et la voirie municipale.* On procède,à la délimitation des voies publiques de deux manières générales: par voie de plan général d'alignement et par alignement partiel ou individuel.

La législation n'est pas la même selon qu'il s'agit de voirie urbaine, de grande voirie ou de voirie vicinale ; s'il y a des dispositions communes à toutes les voies publiques, quelques-unes sont spéciales à chacune d'elles.

La loi du 16 septembre 1807 et les circulaires ministérielles du 17 août 1813 et 25 décembre 1837 indiquent les voies à suivre pour dresser les plans d'alignement en matière de voirie urbaine. Ces plans doivent être délibérés par le conseil municipal et approuvés par le préfet. (Décret du 25 mars 1852. table A, art. 57.)

478. — *Approbation des plans d'alignement en matière de grande voirie.* L'approbation des plans d'alignement en matière de grande voirie n'a pas été décentralisée et demeure soumise aux anciennes règles.

En matière de grande voirie (routes nationales et départementales, ville de Paris) les plans d'alignement ne sont dressés que dans la traverse des villes, bourgs ou villages où elles se trouvent bordées d'habitations.

Les projets de plans d'alignéments en matière de grande voirie (même pour les routes départementales puisque la loi du 10 août 1871 n'a pas donné le pouvoir aux conseils généraux de déclarer l'utilité publique des travaux), sont soumis aux formalités d'enquête prescrites par la loi sur l'expropriation pour cause d'utilité publique (circ. gen. des ponts et chaussées, 3 août 1833), une commission d'enquête est appelée à donner son avis ; le conseil municipal de la commune traversée par la route qui fait l'objet du plan d'alignement est consulté (art. 21 § 3. L. du 18 juillet 1837) ; le plan est soumis au conseil général des ponts et chaussées et approuvé sur le rapport du ministre des travaux publics, par décret rendu en conseil d'état.

Nous avons vu comment étaient préparés et opprouvés les plans d'alignement en matière de voirie vicinale.

479. — *Effets des plans d'alignement quant aux parcelles à ajouter ou à retrancher de la voie.* Le plan général d'alignement a pour effets : de servir de base aux alignements individuels : de soumettre immédiatement, sans expropriation, moyennant indemnité, les terrains non bâtis aux retranchements nécessaires pour donner à la route ou rue la largeur que lui assigne ce plan ; de frapper les mêmes terrains d'une servitude *non ædificandi* et de grever les terrains bâtis de la servitude de reculement.

Cette servitude emporte interdiction de faire aux constructions situées dans la partie retranchable tous travaux confortatifs ou réconfortatifs de nature à en prolonger la durée et permet à l'administration, le jour où elles viennent à être démolies ou à tomber de vétusté, de réunir à la voie publique le terrain sur lequel elles reposent, en ne payant que sa valeur.

Ainsi lorsque la maison ou le mur, dont la consolidation est interdite, vient à être démoli, soit par la libre volonté du propriétaire, soit pour cause de vétusté, en vertu d'un ordre donné par l'administration dans l'intérêt de la sûreté publique, le propriétaire n'a droit à indemnité que pour la valeur du terrain qu'il est obligé de délaisser par l'effet du reculement auquel l'alignement soumet la limite de sa propriété. (Art. 50. L. du 16 mai 1807). Le droit à indemnité résultant de cet article s'ouvre au moment de la prise de possession, qui devient possible par le seul fait de la démolition et du déblaiement, et qui peut être effectuée par l'administration sans qu'elle soit tenue de remplir envers le propriétaire les formalités prescrites par la loi du 3 mai 1841 (avis du conseil d'État, 7 juin 1843.) L'article 50 de la loi du 16 septembre 1807 constitue une exception au principe d'après lequel nul ne peut être privé de sa propriété dans l'intérêt public, sans une indemnité préalable.

L'hypothèse contraire peut se présenter. L'alignement, au lieu d'empiéter sur la propriété riveraine peut, au contraire, s'en éloigner de manière à donner au propriétaire la faculté de s'avancer sur la voie publique ; dans ce cas le terrain compris entre sa propriété et la nouvelle limite de la voie publique lui est cédé, et s'il accepte la cession de ce terrain, il est tenu d'en payer la valeur. (Art. 53. L. du 16 septembre 1807). La loi ajoute que les experts appelés à fixer cette valeur doivent avoir égard à ce que le plus ou le moins de profondeur du terrain cédé, la nature de la propriété, le reculement du reste du terrain bâti ou non bâti loin de la nouvelle voie, peuvent ajouter ou diminuer de valeur relative pour le propriétaire.

Cet article 53 ajoute : au cas où le propriétaire ne voudrait pas acquérir, l'administration publique est autorisée à le déposséder de l'ensemble de sa propriété, en lui payant la valeur telle qu'elle était avant l'entreprise des travaux.

D'après la loi de 1807, c'était des experts et les conseils de préfecture qui déterminaient les indemnités dues au cas d'application des servitudes d'alignement ; mais depuis l'institution du jury par les lois sur l'expropriation de 1833 et de 1841, ces lois doivent être combinées avec les dispositions de la loi de 1807. C'est ce que décide un avis du conseil d'état du 1er avril 1841, qui sert toujours de règle en cette matière, et qui est ainsi conçu :

« Toutes les fois qu'un alignement donné par l'autorité compétente sur la voie publique, autre qu'un chemin vicinal, force un propriétaire à reculer ses constructions ou à s'avancer sur la voie publique, l'indemnité qui lui est due dans le premier cas, et dont il est débiteur dans le second, doit être réglée, en cas de contestation, par le jury. » Avis conforme de la section d'administration 13 juin 1850 ; arrêt du conseil du 27 janvier 1853).

L'indemnité due au département par le propriétaire est déterminée aux termes de l'article 3 de la loi du 31 mai 1842 dans les formes de l'article 61 de la loi du 3 mai 1841, s'il n'y a pas d'accord amiable et que le département veuille aliéner.

JURISPRUDENCE

480. — *Effets des plans d'alignement.* Les plans d'alignement des villes et bourgs, arrêtés par le préfet ont pour effet légal, dès qu'ils ont reçu au moyen du dépôt à la mairie, la publicité de droit, et sans qu'il soit besoin d'une notification spéciale aux intéressés d'attribuer à la voie publique les terrains destinés à l'élargir, et de les soumettre *ipso facto*, spécialement quant à la prohibition d'y déposer des matériaux aux règlements de la petite voirie. (Cass. 5. nov. 1868. S. 69. 1. 448.)

De même, le propriétaire qui, en exécution d'un arrêté d'alignement, commence ses constructions en abandonnant la portion de terrain destinée à l'élargissement de la voie publique, est par là même, *ipso facto*, dessaisi de la propriété de ce terrain, qui est transféré au domaine public. (Riom. 20 nov. 1865. S. 67. 2. 13.)

Et cette transmission de propriété produit ses effets même à l'égard des tiers ; sans que la formalité de la transcription soit nécessaire conformément à la loi du (3 mai 1855 art. 1, 3), qui n'a pas dérogé à la loi du 3 mai 1841. En conséquence, aucune hypothèque ne peut plus être valablement consentie par le propriéiaire dessaisi sur le terrain ainsi incorporé à la voie publique. (Même arrêt.)

481. — *Modification des plans*. Bien que le plan des alignements d'une ville ait été régulièrement approuvé par l'autorité supérieure, les propriétaires intéressés n'ont aucun droit acquis au maintien desdits alignements. Le plan peut, en conséquence, être ultérieurement modifié par l'administration, à la charge par elle de se conformer soit aux règles auxquelles les plans de cette nature sont soumis, soit, au cas d'exécution de travaux par voie d'expropriation pour cause d'utilité publique, à celles qui sont tracées par la loi du 3 mai 1841, pour la déclaration de cette utilité. (C. d'Ét. 15 mai 1869. S. 70. 2. 196.)

482. — *Recul par suite d'incendie*. Le propriétaire qui, par suite d'alignement à lui donné, subit un reculement pour la construction de sa maison détruite par un incendie, n'a droit, aux termes de l'article 50 de la loi du 18 sept. 1807, qu'à une indemnité égale à la valeur du sol qu'il abandonne à la voie publique ; il ne peut, comme au cas d'expropriation pour cause d'utilité publique, prétendre à aucune indemnité, à raison de la dépréciation de la partie de terrain qui lui reste ; à cet égard, la loi du 16 sept. 1807 est toujours en vigueur, et n'a pas été abrogée par la loi du 3 mai 1841. (Cass. 4 déc. 1867. S. 67. 1. 455.)

483. — *Qui peut réclamer par suite de dépossession provenant d'alignement*. Au cas de dépossession par suite d'alignement, à la différence du cas de dépossessions par suite d'expropriation pour cause d'utilité publique, le propriétaire de l'immeuble a seul le droit de réclamer une indemnité, à raison du terrain retranché et réuni à la voie publique. Ce droit n'appartient pas à l'emphytéote ou à tout autre ayant droit secondaire, sauf leur recours, s'il y échet, contre le propriétaire, soit en dommages-intérêts, soit en diminution de prix de bail et de redevance. (Paris 31 mars 1863. S. 63. 2. 160).

484. — *Compensation de la valeur des parcelles.* Il n'appartient pas au maire d'établir une compensation entre les parcelles de terrain qui, par suite de l'alignement sont enlevées au propriétaire sur un point et celles qui lui sont abandonnées sur un autre point. Le jury d'expropriation a seul compétence pour procéder à une pareille opération. (C. d'Ét. 13 févr. 1869. S. 70. 2. 91.)

485. — *Les servitudes d'alignement ne frappent que les immeubles bordant des voies existantes.* Les servitudes d'alignement ne sont imposées qu'aux immeubles riverains des voies publiques existantes ; les terrains placés en dehors de ces voies, mais sur les limites d'une voie projetée d'après des plans approuvés, n'y sont pas soumis et cela alors même que le plan a reçu un commencement d'exécution. (Cass. 28 juin 1861. S. 61. 1. 928. 19 juillet 1861. S. 62. 1. 101. 11 mars 1865. S. 65. 1. 387.)

La cour de Dijon a jugé dans ce sens, le 24 mars 1880. (France judiciaire année 1880. 2e partie, page 78.) Quand il s'agit, non de l'élargissement d'une place publique ancienne, mais de rendre publique une place privée, il faut recourir aux formalités de l'expropriation pour cause d'utilité publique ; l'incorporation au domaine public municipal ne peut résulter, en ce cas, du plan d'alignement. L'arrêtiste ajoute les observations suivantes : Les plans d'alignement des villes et bourgs, quand ils sont réguliers et régulièrement approuvés, ont pour effet légal d'attribuer à la voie publique les terrains destinés à l'élargir ; ainsi l'ont jugé plusieurs arrêts de la cour de cassation ; telle est aussi l'opinion des meilleurs auteurs. (Cass. 19 juin 1857. S. 1863. 1. 871. Cass. 5 nov. 1868. S. 59. 1. 167.)

Cette règle suppose qu'il s'agit d'une voie publique ancienne et d'un simple élargissement. Au contraire à l'égard des redressements et des voies publiques nouvelles, il faut procéder par voie d'expropriation ; l'expropriation seule peut alors régulièrement incorporer au domaine public municipal les terrains privés englobés dans le redressement ou dans la voie nouvelle. (C. d'Ét. 22 janvier 1875. S. 76. 2, 278.) Par suite le préfet excéderait ses pouvoirs s'il approuvait un plan d'alignement relatif à des rues dont certains particuliers se seraient, dans l'enquête préalable, prétendu les propriétaires. (C. d'Ét. 5 déc. 1865. S. 167. 2. 304.)

Toutefois le propriétaire qui se trouve atteint par un plan d'alignement d'une voie qui n'est pas ouverte ne doit pas perdre de vue l'article 52 de la loi du 3 mai 1841, ainsi conçu.: Les constructions, plantations et améliorations ne peuvent donner lieu à aucune indemnité lorsque, à raison de l'époque où elles ont été faites ou de toutes autres circonstances, dont l'appréciation lui est abandonnée, le jury acquiert la conviction qu'elles ont été faites dans la vue d'obtenir une indemité.

486. — *Constructions en retraite de la voie.* D'après la jurisprudence du Conseil d'État, aucune autorisation ne serait nécessaire en principe, au propriétaire qui veut construire en retraite d'un alignement arrêté. (Arrêt du conseil 29 juin 1842.)

Mais contrairement à cette jurisprudence la cour de cassation juge : Que la nécessité d'obtenir un alignement avant d'entreprendre une construction ou réédification sur un terrain joignant la voie publique, est applicable même aux bâtiments élevés en retraite de la voie publique. (Cassation 11 avril 1862, Sirey. 64. 1. 100. Cass. 29 décembre 1866. id 67. 1. 306.)

Cette nécessité existe même dans les lieux où il n'y a pas de plan général d'alignement arrêté par l'autorité supérieure (Cass. 29 déc. 1866. précité.)

Et alors aussi que la construction serait établie sur d'anciennes fondations et même arrêt.

487. — *La défense de réparer ne s'étend pas aux toitures.* La défense faite par l'édit de 1607 de réparer les murs de face des bâtiments donnant sur la voie publique, sans en avoir préalablement obtenu la permission et l'alignement, ne s'applique pas aux toitures et couvertures des maisons et bâtiments.

488. — *L'interdiction de réparer s'étend elle aux murs intérieurs?* Lorsque l'alignement frappe de reculement non-seulement le mur de face d'une maison, mais une portion de la maison elle-même, en arrière de ce mur, l'interdiction de construire et de réparer sans autorisation, s'applique-t-elle seulement au mur de face?

Le Conseil d'État a admis que le propriétaire peut faire sans autorisation toutes les réparations intérieures qu'il juge nécessaires, pourvu qu'elles n'aient pas pour effet de consolider ce mur : le propriétaire agit dans ce cas, à ses risques et périls et sauf le droit de l'administration de vérifier en tout temps si les travaux faits par lui ne consolident pas le mur de face et, s'il en était ainsi d'en poursuivre la démolition. (Arr. du Cons. d'État. 18 avril 1845. Conseil d'État 24 janvier 1861. Sirey, 61. 2. 517.)

La jurisprudence du Conseil d'État admet même que lorsque la façade d'une maison, au lieu de joindre immédiatement la voie publique, en est séparée par un terrain clos de murs, le propriétaire peut faire à la façade de la maison intérieure tels travaux qu'il lui convient, pourvu que les travaux n'aient pas pour effet de réconforter directement ou indirectement le mur donnant sur la voie publique. Cette jurisprudence repose sur le motif qu'aucune loi ne défend aux propriétaires sujets à reculement d'exécuter des travaux à l'intérieur desdits immeubles, si ces travaux n'ont pas pour effet de consolider le mur de face. (Arrêts du conseil constants depuis 1831, et notamment 5 janvier 1860, 7 mars 1861.)

De même lorsque la reconstruction d'un mur mitoyen dépendant d'une maison sujette à reculement et située sur la partie retranchable, est devenue nécessaire par suite de la démolition et de la mise à l'alignement de la maison voisine, l'administration ne peut refuser au propriétaire l'autorisation de faire cette reconstruction, si elle ne doit pas avoir pour effet de réconforter le mur de face. (Conseil d'État 12 mai 1869. S. 70. 2. 195.)

Mais le mur mitoyen mis à découvert par la démolition de la maison qui y était adossée ne peut être réparé sans autorisation, si, devenu mur de face sur une rue, il se trouve, en vertu d'un plan d'alignement préexistant, sujet à reculement pour l'élargissement de cette voie. (Cass. 11 mai 1865. Sirey. 65. 1. 472.)

Titre II. — Alignements partiels ou individuels Saillies.

489. — *Alignements partiels en matière de voirie urbaine.* Dans les villes, bourgs et villages, l'alignement partiel ou individuel est donné par le maire, conformément au plan d'alignement s'il en existe un, sauf le recours hiérarchique au préfet et au ministre qui est toujours de droit en matière administrative et même au conseil d'État selon l'article 52 de la loi du 16 septembre 1807.

Ce recours est ouvert au cas où l'arrêté d'alignement ne serait pas conforme au plan approuvé.

S'il n'existe pas de plan d'alignement le maire, chargé de la police et de la voirie municipales, est également investi à ce titre du droit de délivrer des alignements aux particuliers lorsque ceux-ci veulent élever des constructions le long et joignant les rues et places des villes, bourgs ou villages.

JURISPRUDENCE

490. — *Alignements dans la traverse des villes.* C'est à l'autorité municipale, à l'exclusion du préfet qu'il appartient de délivrer alignement pour bâtir dans une ville ou un village sur un terrain situé en dehors des limites régulièrement assignées à la route impériale ou départementale qui traverse cette localité. (C. d'Ét. 28 nov. 1861. S. 62. 2. 240.)

Cependant lorsqu'une route impériale en traversant une ville, absorbe une rue dans toute sa longueur, si, par suite d'une légère rectification du tracé de la route, des maisons se trouvent en retraite sur le nouvel alignement, ces maisons ne doivent pas, par cela seul, être considérées comme étant en dehors de la route impériale, et, par suite, c'est au préfet, à l'exclusion de l'autorité municipale qu'il appartient de délivrer alignement, pour reconstruire les maisons dont s'agit. (C. d'Et. 27 mars 1862. S. 63. 2. 71.)

Nous nous sommes antérieurement occupé de ce qui concerne les chemins vicinaux.

491. — *Alignements partiels en matière de grande voirie.* Sur les dépendances de la grande voirie, le droit de donner des alignements individuels appartient aux préfets en tant que chargés de l'administration de la grande voirie par application des lois du 22 décembre 1789 et du 7 octobre 1790, comme successeurs des corps administratifs de cette époque qui, comme les anciens voyers, et trésoriers de France, avaient qualité pour donner les alignements au joignant des routes, soit dans les traverses des villes, bourgs ou villages, soit en rase campagne.

La loi du 4 mai 1864, art. 1er, a fait passer ce droit aux sous-préfets sur les routes impériales et départementales partout où il existe un plan d'alignement régulièrement approuvé, et à la condition de délivrer les alignements conformément à ce plan.

Nous devons remarquer toutefois que lorsque les rues sont seulement traversées par des routes qui n'occupent pas toute leur largeur, c'est aux maires et non aux préfets qu'il appartient de délivrer l'alignement.

Le préfet et l'administration des ponts et chaussées doivent se borner, dans ce cas, à déterminer les limites de la route, et à renvoyer à l'autorité municipale les demandes régulièrement formées par les propriétaires des maisons situées au delà de ces limites. (C. d'Ét. 26 août 1836. 28 sept. 1861. S. 62. 2. 40.)

Une avenue donnant accès à une gare de chemin de fer, doit être considérée, comme constituant une voie publique appartenant à la grande voirie, si cette avenue ouverte sur des terrains acquis par la compagnie du chemin de fer dans les termes de l'expropriation pour cause d'utilité publique, est une dépendance de la voie ferrée, et si, reliant entre elles les deux voies publiques, elle est, comme ces dernières, livrée à la circulation. Dès lors il appartient au préfet de donner un alignement pour construire le long d'une semblable avenue. (C. d'Ét. 1er juillet 1869. S. 69. 2. 339.)

492. — *Les alignements doivent être donnés conformes aux plans approuvés ou à la limite actuelle de la voie publique.* A défaut de plan général d'alignement, les préfets et les maires ne peuvent que maintenir à la voie publique les dimensions existantes et ils commettraient un excès de pouvoir si l'alignement avait pour effet de procurer l'élargissement ou le rétrécissement de la voie publique, en dehors d'un plan d'alignement régulièrement arrêté soit pour l'ensemble des rues et places de la commune, soit pour l'une ou plusieurs de ces rues.

JURISPRUDENCE

Quand le décret autorisant l'ouverture d'une rue dans une ville a fixé la largeur de cette rue en présence de la cession amiable consentie par le propriétaire du sol sur lequel elle devait être établie, le préfet ne peut, sans excès de pouvoirs, augmenter postérieurement cette largeur par voie de simple alignement. (C. d'Et. 15 décembre 1865. Sirey. 66. 2. 333.)

S'il appartient au préfet, en l'absence d'un plan général d'alignement d'une commune approuvé par l'autorité supérieure, de délivrer, dans cette commune, des alignements partiels pour les voies publiques soumises au régime de la grande voirie, ce fonctionnaire ne peut donner ces alignements que suivant la limite actuelle de la voie publique et sans qu'il en résulte aucun élargissement de cette voie aux dépens des propriétés riveraines. (C. d'Ét. 10 février 1865. Sirey. 65. 2. 354.)

Ainsi jugé à l'égard d'un alignement partiel pour un terrain bordant une route départementale en rase campagne. (C. d'Ét. 25 mars 1867. Si. 68. 2. 226.)

Lorsqu'il n'existe, dans une commune, aucun plan d'alignement régulièrement approuvé par l'autorité supérieure, le maire, auquel un particulier demande l'autorisation d'élever, le long d'une place publique, des constructions sur la limite qu'occupait précédemment un bâtiment qui vient d'être démoli, ne peut rejeter cette demande en se fondant sur ce que les constructions projetées auraient pour effet de détruire la symétrie résultant, pour la place de la suppression de l'ancien bâtiment. (C. d'Ét. 5 mai 1865. S. 66. 2. 69.)

L'élargissement et la régularisation de la place ne peuvent être obtenus, dans ce cas, que par la voie de l'expropriation pour cause d'utilité publique. (Même arrêté.)

C'est encore, en ce sens, qu'il a été décidé que les alignements individuels donnés par les maires, en l'absence de plans généraux ou partiels approuvés par l'autorité supérieure, pour construire le long des rues ou places de la commune, ne peuvent soumettre les propriétaires auxquels ils sont délivrés à l'obligation de reculement dans le but d'élargir la voie publique. Par suite, la démolition des constructions édifiées contrairement à un tel alignement ne saurait être ordonnée par l'autorité judiciaire. (Cass. 11 déc. 1869. Sir. 70. 1. 91.)

A l'inverse de tels alignements ne peuvent avoir pour effet de modifier la largeur de la voie publique, et, notamment, d'en opérer le rétrécissement. (C. d'Ét. 7 janv. 1869. S. 69. 2. 60.)

Alors surtout que le conseil municipal s'oppose à toute aliénation de terrain qu'une pareille mesure rendrait disponible. (C. d'Ét. 21 mai 1867. S. 68. 2. 127.)

Dès lors, l'arrêté municipal qui, sans qu'il existe de plan général, diminue, sous prétexte d'alignement, la largeur de la voie, est entaché d'excès de pouvoir ; et le riverain qui a bâti en conformité de cet arrêté est tenu de démolir ses constructions sans même pouvoir réclamer aucune indemnité préalable. (Cass. 14 mars 1870. S. 70. 1. 297.)

493. — *Nécessité pour l'autorité de répondre à une demande d'alignement.* Il y a obligation pour l'autorité de répondre dans tous les cas à une demande d'alignement et d'appliquer soit le plan existant, soit les limites actuelles de la voie publique.

JURISPRUDENCE.

En l'absence de décret autorisant une ville à acquérir un terrain à l'amiable ou par la voie de l'expropriation, la circonstance que ce terrain se trouve compris dans le périmètre d'un travail public projeté n'autorise pas le préfet soit à refuser de statuer sur la demande d'alignement formée par le propriétaire, soit à lui interdire d'élever des constructions sur ledit terrain. (C. d'Et. 11 janvier 1866. S. 66. 2. 335.)

Et le préfet commet un excès de pouvoirs, dans ce cas, en ne faisant aucune réponse à la demande d'alignement, son silence équivalant à un refus de le délivrer. (Même décret.)

Jugé, également, que ce fonctionnaire excède ses pouvoirs, s'il refuse l'alignement à un propriétaire par le motif que l'immeuble sur lequel ce dernier veut bâtir est compris dans le tracé d'une voie publique projetée, alors que l'ouverture de cette voie n'a pas encore été déclarée d'utilité publique. (C. d'Ét. 2 mai 1861. S. 61. 2. 368. C. d'Ét. 23 janv. 1868. S. 68. 2. 236.)

494. — *L'administration ne peut imposer des conditions arbitraires au propriétaire.* De même, l'administration ne peut refuser l'autorisation qui lui est demandée de construire selon l'alignement arrêté antérieurement par l'autorité compétente, et imposer au propriétaire l'obligation de modifier ses plans conformément aux prévisions de l'administration pour le prolongement d'une autre rue, alors que l'utilité publique de ce prolongement n'a pas encore été déclarée. (C. d'Ét. 31 août 1861. S. 62. 2. 496).

Pareillement encore, l'administration ne peut imposer au propriétaire qui veut reconstruire la façade de sa maison le long d'une route impériale, l'obligation de se conformer à l'alignement adopté pour le prolongement d'une rue projetée, alors que l'utilité publique de ce prolongement n'a pas encore été déclarée. (C. d'Ét. 20 mars 1862. S. 63. 2. 95.)

L'alignement doit être formel et explicite : il ne peut résulter d'inductions et de présomptions. (Cass. 29 déc. 1866. S. 67. 1. 306.)

Les alignements délivrés aux propriétaires pour bâtir ne peuvent contenir d'autres conditions que celles qui sont établies par la loi dans l'intérêt de la voirie. (Cons. d'État. 17 avril 1869. S. 69. 2. 219.)

En conséquence, est nulle la clause d'un arrêté d'alignement portant que, dans le cas où un cours d'eau non navigable avoisinant la maison à laquelle cet arrêté s'applique, viendrait à être couvert, le propriétaire et les locataires de la maison ne pourront réclamer d'indemnité pour privation de l'usage des eaux de ce cours d'eau. (Même décret.)

Il a été décidé, dans le même ordre d'idées, que l'administration ne peut insérer, dans la permission de bâtir, des réserves paraissant impliquer une renonciation anticipée par le propriétaire, à tout ou partie de l'indemnité qu'il pourra réclamer soit à raison de l'expropriation des nouvelles constructions, soit à raison des dommages que pourrait leur causer l'exécution d'un plan de nivellement. (C. d'Et. 23 janvier 1868. S. 68. 236. C. d'Ét. 23 juillet 1868. S. 69. 2. 224.)

Le préfet auquel une autorisation de construire est demandée par le propriétaire d'un terrain longeant la voie publique, ne peut subordonner cette autorisation à l'acquisition, par ce dernier, d'un terrain désigné comme retranché de la voie publique, s'il n'existe aucun plan régulièrement arrêté par suite duquel ce retranchement doive s'opérer. (C. d'Ét. 22. nov. 1866. S. 67. 2. 303.)

Pareillement, de ce que les arrêtés préfectoraux portant délivrance d'alignement ne doivent avoir pour but que d'assurer l'exécution des lois et règlements sur la voirie, ils ne peuvent contenir des dispositions réglant les rapports de voisinage entre les propriétaires. (C. d'Ét. 17 juillet 1869. S. 69. 2. 339.)

L'autorité administrative ne peut, en accordant l'alignement qui lui est demandé dans la limite des règlements, imposer au pétitionnaire des conditions à l'avantage de la commune. (Paris 5 mars 1869. S. 70. 1. 290.)

De même l'administration ne pourrait imposer au propriétaire l'obligation de bâtir sur l'alignement s'il veut construire en retraite, ni celle de ne construire qu'à une certaine distance de la voie publique, ni celle de se conformer à un plan de nivellement (sauf pour Paris et quelques grandes villes), ni celle enfin de bâtir la façade de la maison sur la rue en se conformant à un plan déterminé.

495. — *Clôture forcée au bord de la voie publique.* Dans l'intérêt de la propriété, de la sécurité et de la salubrité publique le propriétaire qui construirait en recul d'un alignement pourrait être obligé de se clore sur la limite de la voie publique. Le droit d'ordonner ainsi la clôture d'une propriété riveraine de la voie publique. appartient aux préfets en matière de grande voirie, d'après la loi du 22 décembre 1789, section 3 art. 2, et aux maires en matière de voirie vicinale ou urbaine, d'après les lois des 26, 24 août 1790 et 19, 22 juillet 1791.

S'il appartient au maire d'imposer au riverain d'une voie publique, dans l'intérêt de la sécurité et de la salubrité publiques, l'obligation de clore sa propriété, il ne peut cependant prescrire que cette clôture sera effectuée par un mur en maçonnerie. (C. d'Ét. 5 août 1868. S. 69. 2. 246.)

496. — *Demandes d'alignement.* Les demandes d'alignement en matière de grande voirie et notamment de routes départementales doivent être adressées aux sous-préfets dans les arrondissements et aux préfets dans les chefs-lieux.

Elles sont autorisées par les préfets ou par les sous-préfets quand il existe des plans d'alignement.

Les permissions de clore ou construire et les alignements doivent être délivrés par écrit, à peine d'être considérés comme non existants si la contravention est relevée.

Ils le sont dans la pratique sous forme d'arrêtés dont une expédition sur timbre est délivrée à la partie intéressée et à ses frais.

Les préfets ou sous-préfets ne les délivrent qu'après une information du service des ponts et chaussées ou du service de la voirie départementale selon les cas.

Ces permissions en matière de grande voierie ne sont valables que pour un an.(Lettres patentes du 22 octobre 1733).

Les arrêtés pris par le préfet soit sur une demande d'alignement à lui directement adressée, soit sur un recours d'arrêté pris par les maires, doivent être déférés au ministre de l'Intérieur en ce qui concerne les rues de Paris, les autres rues appartenant à la voirie urbaine ou vicinale, et aux ministres des travaux publics en matière de grande voirie, spécialement de routes.

Ils peuvent être aussi déférés au conseil d'État pour vices de forme ou excès de pouvoir.

497. — *Effets des arrêtés d'alignement.* Si l'exécution de l'arrêté n'est pas avancée, l'arrêté peut être rapporté et modifié ; mais si les travaux sont avancés, l'arrêté ne peut être changé ou dans tous les cas les travaux faits de bonne foi sur l'autorisation ne pourraient être démolis qu'à charge d'indemnité.

JURISPRUDENCE

Quand le maire a délivré à un particulier la permission de bâtir conformément à un alignement fixé par arrêté préfectoral et que cette permission a reçu un commencement d'exécution, le préfet ne peut sur la demande de la commune, enjoindre à ce propriétaire de démolir les constructions commencées et de se conformer à un nouvel alignement (C. d'Ét. 16 décembre 1864. S. 65. 2. 245.)

Si, dans ce cas, la commune veut obtenir l'élargissement immédiat de la voie publique où s'élèvent les constructions, elle doit procéder, vis-à-vis du propriétaire, par voie d'expropriation pour cause d'utilité publique. (même arrêt.)

Quand le propriétaire, auquel un alignement a été délivré par arrêté municipal, a exécuté cet alignement, le maire ne peut plus rapporter son arrêté et refuser de payer la valeur du terrain abandonné à la voie publique par suite de l'alignement. Il en est ainsi lors même que ce terrain n'aurait pas été réuni effectivement à la voie publique. (C. d'Ét. 13 février 1869. S. 70. 2. 91.)

Et si le maire juge à propos, dans ce cas, d'adopter un alignement nouveau, il ne peut le faire qu'en tenant compte des effets de celui qui avait été précédemment arrêté. (même arrêt.)

L'alignement donné par un maire à un particulier peut être considéré comme n'ayant jamais eu d'existence légale et comme ne devant exercer aucune influence sur la question de propriété du terrain qui en est l'objet et qui est revendiqué par la commune, alors qu'il a été presqu'immédiatement rétracté (quoique non dans les formes règlementaires) comme entaché d'erreur matérielle. En conséquence, si des constructions y ont été élevées, le tribunal civil qui reconnaît que ce terrain appartient à la commune peut, malgré l'arrêté d'alignement, non seulement en ordonner la restitution, mais aussi prescrire la démolition des constructions qui le couvrent (Cass. 31 mars 1868. S. 68. 1.62.)

Sauf, à allouer au propriétaire, s'il y conclut, une indemnité à raison du préjudice qu'aurait pu lui causer l'erreur ainsi commise par le maire. (même arrêt.)

498. — *Réserve du droit des tiers.* Toute autorisation de construire et d'alignement, doit réserver expressément les droits des tiers.

JURISPRUDENCE

L'autorité administrative qui donne alignement à un propriétaire riverain de la voie publique n'a pas compétence pour résoudre les questions de propriété ou de servitude relatives aux terrains compris dans l'alignement ; ici les tribunaux ordinaires sont seuls compétents. (Angers 27 février 1867. S. 67. 2. 251.)

En effet, les alignements concédés par l'autorité administrative pour les constructions à élever sur des terrains longeant la voie publique, sont donnés aux risques et périls de ceux qui les obtiennent, et sans qu'il en résulte aucun préjugé quant aux droits de propriété ou de servitude que les tiers prétendraient avoir sur ces terrains. (Cass. 23 novembre 1868. S. 69. 1. 175.)

En conséquence, un arrêté d'alignement émané du maire ou du préfet, ne fait pas obstacle à ce que l'autorité judiciaire statue sur ces questions de propriété et de servitude, et notamment sur l'action intentée par un tiers contre le propriétaire qui l'a obtenu, à fin de démolition des constructions élevées par celui-ci en violation des droits de ce tiers. (Cass. 23. novembre 1868. S. 69. 1. 175. Riom, 7 juillet 1869. S. 69. 2. 320.)

En pareil cas, les constructions élevées par ce propriétaire ne sauraient, bien qu'autorisées par l'administration, être considérées comme ayant le caractère de travaux publics ; ce sont des travaux purement privés, et, sous ce rapport encore, l'autorité judiciaire est compétente pour en ordonner, s'il y a lieu, la suppression. (Cass. 23 novembre 1868. S. 69. 1. 175.)

Jugé, toutefois, que les tribunaux ne peuvent ordonner la démolition des constructions nuisant à l'exercice de ces servitudes, qui ont été élevées, en vertu d'un arrêté d'alignement, sur les terrains retranchés de la voie publique et cédés par la commune. Ils ne peuvent, en pareil cas, que reconnaître en principe l'existence des servitudes, et renvoyer les réclamants à se pourvoir pour se faire indemniser par qui de droit.

Ils sont incompétents pour prononcer sur l'indemnité réclamée à raison de la suppression des servitudes grevant ces terrains ; c'est au conseil de préfecture seul qu'il appartient d'y statuer. (Limoges 9 janvier 1866. S. 66. 2. 307.)

Voici les motifs de la cour :

Attendu que le Sr Gazonneaux a construit conformément à l'arrêté d'alignement de M. le maire de Sénévent, et que le tribunal civil était incompétent pour ordonner la destruction des travaux régulièrement autorisés par l'administration ; qu'en jugeant le contraire, le tribunal a empiété sur les attributions administratives et commis un excès de pouvoir :

Attendu, en effet, que, dans l'espèce, par suite de l'application de l'article 53 de la loi du 16 septembre 1807 et de l'arrêté d'alignement obtenu par le S. Gazonneaux, les propriétaires riverains qui exerçaient des droits de servitude sur la place publique de Sénévent ont été expropriés de ces droits par l'effet même de la loi précitée ; que les servitudes ayant été effacées ou restreintes, ceux qui les avaient acquises n'ont droit qu'à une indemnité à raison des travaux effectués d'après l'alignement et octroyés par l'administration ; qu'en conséquence, le tribunal devait se borner à reconnaître en principe l'existence des servitudes, et renvoyer les intimés à se pourvoir pour se faire indemniser par qui de droit ; qu'il y a donc lieu de réformer sur ce point la décision des premiers juges :

499. — *Conséquences de l'annulation d'un arrêté d'alignement par l'autorité supérieure.* Si l'alignement par suite duquel la démolition des constructions a été ordonnée, vient à être annulé par l'autorité supérieure, le jugement du tribunal de police doit être cassé comme manquant de base légale, et l'affaire renvoyée à un autre juge, pour être statué à nouveau, notamment sur la question de démolition, après délivrance d'un nouvel alignement par l'autorité compétente. (Cass. 11 avril 1862. S. 64. 1. 100.)

Le jugement qui condamne un individu pour contravention à un arrêté d'alignement rendu par le maire doit être cassé, tant en ce qui concerne l'amende qu'à l'égard de l'injonction de démolir, si, à l'appui du pourvoi, il est justifié d'un arrêté du préfet qui, rendu postérieurement à ce jugement, annule l'arrêté d'alignement. En pareil cas, la cassation ne doit être suivie d'aucun renvoi. (Cass. 27 juillet 1864. S. 6. 1. 181.)

500. — *Constructions ou clôtures élevées sans demande*

préalable d'alignement et d'autorisation. La disposition de
l'arrêt du conseil du 27 février 1765 qui interdit d'élever
des constructions sans avoir obtenu l'alignement, ne
s'applique qu'aux constructions joignant la voie publique.

Dès lors un propriétaire ne commet aucune contravention
en construisant sur son terrain; en arrière de l'alignement,
sans en avoir obtenu l'autorisation.

Et il en est ainsi, alors même que ce terrain serait destiné,
d'après un nouveau plan, à faire ultérieurement partie de la
voie publique. (C. d'Ét. 17 février. 1859. S. 59. 2. 632.)

Jugé, dans le même sens, que les propriétaires de maisons,
sujettes à reculement peuvent élever des constructions dans
l'intérieur des cours de ces maisons, même sur la partie retranchable, pourvu que ces constructions n'aient pas pour
effet de réconforter directement ou indirectement le mur de
face, et sauf le droit qui appartient à l'administration, lorsque
ce mur vient à tomber de vétusté ou à être démoli, d'ordonner
la destruction de tous les ouvrages compris dans la partie
retranchable. (C. d'Et. 3 juin 1858. S. 59. 2. 261.)

De même, quand il n'existe aucun plan d'alignement pour
une voie publique dépendant de la grande voirie, il n'y a pas
lieu, par le conseil de préfecture, de prescrire la démolition
de travaux confortatifs exécutés par un des riverains à sa
maison, lors même que le préfet, se fondant sur l'existence d'un
projet d'alignement non encore approuvé par l'autorité supérieure, auraient refusé à ce riverain l'autorisation d'exécuter
ces travaux. (C. d'Ét. 10 février 1865. S. 65. 2. 354.)

Mais, dans ce cas, le propriétaire doit être condamné à
l'amende pour avoir exécuté lesdits travaux sans autorisation.
(même décret.)

Le propriétaire d'une maison sise sur une route départementale ne peut être condamné à supprimer des poteaux
placés par lui à l'intérieur de cette maison, qu'ils soient ou
non confortatifs du mur de face, qu'autant que l'administration justifie que ces poteaux ont été posés postérieurement
au décret portant alignement de la route et soumettant la
maison à la servitude de reculement. Il n'importerait que ladite route eût été classée avant l'époque où le propriétaire

déclare avoir exécuté le travail incriminé. (C. d'Et. 8 avril 1865. S. 66. 2. 206.)

Décide également que le propriétaire qui a fait sans autorisation des travaux de réparation à sa maison, sise sur la voie publique et sujette à reculement, doit être condamné de ce chef à l'amende, mais non à la démolition des travaux s'ils ne sont pas confortatifs. (C. d'Ét. 12 avril 1866. S. 67. 2. 166.)

NOTA. La jurisprudence du conseil d'état et celle de la cour de cassation sont d'accord pour reconnaître que l'autorité administrative a seule compétence pour établir, soit le caractère confortatif des travaux, soit l'alignement.

Le propriétaire riverain d'un chemin vicinal qui se borne à reconstruire sur ses anciennes fondations, ou en retraite de ces fondations, le mur de clôture de sa propriété, ne peut être considéré comme ayant commis une usurpation sur ce chemin, et par suite, être condamné à démolir son mur, sous prétexte que le préfet faisant postérieurement à cette reconstruction application d'un plan général d'alignement qui n'existe qu'à l'état de projet, aurait délivré audit propriétaire un alignement partiel sur lequel le mur reconstruit forme saillie. C. d'État. 31 mars 1865. S. 65. 2. 356.)

Il y a eu divergence sur ces questions entre le conseil d'état et la cour de cassation. Celle-ci s'est montrée pendant longtemps plus rigoureuse contre les particuliers mais actuellement l'harmonie s'établit entre les deux jurisprudences.

Il a été jugé :

La nécessité d'obtenir un alignement avant d'entreprendre une construction ou réédification sur ou joignant la voie publique est applicable même aux bâtiments élevés en retraite de la voie publique, quand, de fait, le terrain qu'ils longent est livré à la circulation publique. (Cass. 5 novembre 1853. S. 54. 1. 77.)

La cour, attendu qu'aux termes de l'article 4 de l'édit du mois de décembre 1607 et du n° 1 de l'article 3 titre 11 de la loi des 16. 24 août 1790, l'on ne doit entreprendre aucune construction ou réédification sur ou joignant la voie publique actuelle, sans avoir préalablement obtenu l'alignement que l'autorité municipale est chargée de fixer ; attendu que cette formalité s'applique même aux bâtiments élevés en retraite de ladite voie, quand le public est en jouissance du terrain qui les en sépare ; et attendu que le demandeur en cassation était prévenu d'avoir fait construire un bâtiment dans l'intérieur du village de Francheville sans s'être pourvu de l'alignement exigé par les lois précitées :

Qu'il est déclaré par le jugement attaqué que le terrain entre cette bâtisse et la route impériale traversant le village est, en fait, livré à la libre circulation du public, et que dès lors (sans examiner s'il appartient ou non au prévenu) il est assujetti aux lois et règlements concernant la petite voirie.

Qu'en condamnant ledit Goutaut à l'amende édictée par l'article 471 n° 4 code pénal, le jugement attaqué, régulier d'ailleurs en la forme, n'a fait par suite dans l'espèce que se conformer au principe d'ordre public qui régit la matière.

Jugé qu'au cas de travaux exécutés sans autorisation sur un terrain retranchable d'après un plan général d'alignement, le juge de police saisi de la contravention doit indépendamment de la condamnation à l'amende, ordonner la démolition de ces travaux, alors même qu'un arrêté préfectoral les aurait déclarés non confortatifs, (Cass. 20 juin 1864, S. 64. 1. 428.)

La jurisprudence de cet arrêt nous semble indiscutable car il s'agissait dans l'espèce d'un Giraud-Pinard, qui avait un mur de clôture en avancement de deux mètres sur l'alignement de la rue ; ce mur de clôture faisait suite à un mur du voisin également en avancement de deux mètres sur l'alignement. Le voisin ayant voulu reconstruire son mur pour le mettre à l'alignement ; ce retrait aurait fait une brèche de deux mètres à la clôture de Giraud-Pinard ; pour fermer cette brèche celui-ci bâtit un mur en retour d'équerre jusqu'à son mur de clôture, sans autorisation du maire, cette construction était évidemment faite en quelque sorte sur une dépendance de la rue et l'on comprend que la cour de cassation en ait ordonné la démolition.

Le conseil de préfecture, saisi d'une contravention de voirie résultant de ce qu'un propriétaire a construit, le long d'une route, une maison faisant saillie sur l'alignement qui lui avait été délivré ne peut se dispenser d'ordonner la démolition de la partie retranchable de cette maison, sous prétexte que la voie publique aurait conservé une largeur considérable. C. d'Et. 3 février 1867. S. 68. 2. 292.)

De même, le tribunal de police, saisi d'une poursuite contre un propriétaire prévenu d'avoir élevé une construction le long de la voie publique sans demande préalable d'alignement, ne peut, lorsque le procès-verbal constate que cette construction empiète sur la voie publique, se dispenser d'en ordonner la démolition en déniant vaguement le fait d'anticipation et sans que cette dénégation soit appuyée sur aucun document (Cass. 29 décembre 1866. S. 67. 1. 306.)

Pareillement, lorsqu'un mur mitoyen, mis à découvert par la démolition de la maison qui y était adossée, et devenu mur de face sur une rue, s'est trouvé, en vertu d'un plan d'alignement préexistant, sujet à reculement, le juge de police ne peut se dispenser d'ordonner la destruction des réparations faites sans autorisation à ce mur, sous prétexte que ce mur aurait été mis à jour et affaibli par la démolition de la maison. (Cass. 11 mai 1865. S. 65. 1. 472.)

La démolition des constructions élevées, sans demande préalable d'alignement, le long de la voie publique, ne doit être ordonnée qu'autant qu'il y a eu empiétement sur la largeur de cette voie. (Cass. 29 juillet 1864. S. 65. 1. 295.)

Décidé encore que la démolition des constructions élevées le long de la voie publique, sans obtention d'un alignement, ne doit être ordonnée qu'autant que, par suite de l'alignement postérieur que le juge de police est tenu d'exiger avant de statuer définitivement, le mur empiété sur la largeur nouvelle attribuée à la voie publique. (Cass. 11 avril 1862. S. 64. 1. 100.)

En résumé.

Si depuis l'arrêt de la chambre criminelle du 26 juin 1845. S. 46. 1. 66. l'interprétation absolue, d'après laquelle la démolition des travaux faits sans autorisation le long de la voie publique doit être ordonnée alors même que ces travaux ne seraient pas confortatifs, a été admise par divers arrêts postérieurs de la chambre criminelle : (19 septembre 1845. 3 et 17 décembre 1847. 4 mai 1848. 26 juin 1851. 6 et 14 août 1852. Si d'autres arrêts des 30 août 1855. S. 55. 1. 761. et 18 février 1860. S. 60. 1. 682.) ont même décidé, comme la cour de cassation l'avait fait antérieurement, que la démolition doit être ordonnée encore bien que les constructions auraient été élevées en retraite de l'alignement, cette cour a, au contraire, jugé, d'un autre côté, qu'il n'y a pas lieu d'ordonner la démolition des travaux, mais seulement de condamner à l'amende, lorsque ces travaux ont été exécutés dans l'alignement, qu'ils ne causent point de dommage à la voie publique en empié-

tant sur sa largeur (arrêts des 2 juin 1847. 8 décembre 1849
29 avril 1852. 24 décembre 1859. 11 avril 1862. S. 1847. 1.
349. 50. 1. 575. 53. 1. 237. 60. 1. 680. 64. 1. 100.)

Ou qu'il a été reconnu par l'administration qu'ils n'ont pas
un caractère confortatif. arrêts des 28 juillet 1854. S. 55. 1.
239 et 24 décembre 1869.)

La jurisprudence paraît maintenant fixée en ce sens que la
démolition des travaux exécutés le long de la voie publique,
sans autorisation préalable de l'administration, ou contrairement à l'autorisation accordée, ne doit être ordonnée par le
juge de police qu'autant que ces travaux sont en dehors de
l'alignement ou confortatifs.

Dans le cas où rien ne constate le caractère et les effets des
ouvrages élevés sans autorisation, le juge de police doit surseoir à en ordonner la démolition, jusqu'à ce que l'autorité
administrative compétente ait reconnu si les travaux sont ou
non en dehors de l'alignement et s'ils sont ou non d'une
nature confortative, en un mot s'il s'agit d'une besogne mal
plantée suivant les expressions de l'édit de décembre 1607.

501. — *Saillies*. Tout propriétaire riverain d'une
route départementale doit, avant de construire un ouvrage quelconque en saillie sur cette route, en avoir obtenu l'autorisation du préfet sous peine de contravention
punie d'une amende de 16 à 300 francs et prononcée
par le conseil de préfecture.

Voici les principales dispositions du modèle de règlement approuvé, en matière de saillies. Art. 19.

La nature et la dimension maximum des saillies per-
mises sont fixées ci-après, la mesure des saillies étant
toujours prise sur l'alignement de la façade, c'est-à-dire
à partir de l'un des murs au-dessus de la retraite du soubassement.

1° Soubassement 0 m. 05.

2° Colonnes en pierre, pilastres, ferrures de portes et
fenêtres, jalousies, persiennes, contrevents, appuis de
croisées, barres de support, 0 m. 10.

3° Tuyaux et cuvettes, ornements en bois de devan-

tures, grilles de boutiques et de fenêtres de rez-de-chaussée, enseignes, y compris toutes pièces accessoires,
0, m. 16.

4° Socles de devantures de boutiques, 0 m. 20.

5° Petits balcons de croisée, au-dessus du rez-de-chaussée, 0 m. 22.

6° Grands balcons, lanternes, transparents, attributs,
0 m.80.Ces ouvrages ne pourront être établis qu'à 4 m.30
au moins au-dessus du sol et seulement dans les rues dont
la largeur ne sera pas inférieure à 8 m. Toutefois, s'il y
a devant la façade un trottoir de 1 m. 30 de largeur au
moins, la hauteur de 4 m. 30 pourra être réduite jusqu'au minimum de 3 m. 50 pour les grands balcons
dans les rues ayant au moins 8 m. de largeur et au minimum de 3 mètres pour les lanternes, transparents et
attributs, quelle que soit la largeur de la rue.

Ces ouvrages devront d'ailleurs être supprimés sans
indemnités si l'administration, dans un intérêt public,
est conduite à exhausser ultérieurement le sol de la
route.

7° Auvents et marquises, 0 m. 80.

Ces ouvrages seront en bois ou en métal ; on ne les
autorisera que sur des façades devant lesquelles il existe
un trottoir de 1 m. 30 de largeur au moins et à 3 mètres
au moins au-dessus de ce trottoir.

8° Bannes 1 m. 50.

Elles ne pourront être posées que devant les façades
où il existe un trottoir, la dimension maximum fixée ci-
dessus sera réduite quand ce trottoir aura moins de deux
mètres, de manière que sa largeur excède toujours de
0,50 au moins la saillie des bannes.

Aucune partie des supports ne sera à moins de 2 m.50
au-dessus des trottoirs.

9° Corniches d'entablement.

Leur saillie n'excèdera pas 0 m. 16 quand elles seront
en plâtre, ou l'épaisseur du mur à son sommet quand
elles seront en pierre ou en bois.

Les dimensions fixées ci-dessus sont applicables seulement dans les portions de route ayant plus de 6 mètres de largeur effective. Lorsque cette largeur n'est pas atteinte, l'arrêté pris par le préfet statue, dans chaque cas particulier, sur les dimensions des saillies qu'il y a lieu d'autoriser.

Art. 21. Il est interdit d'établir, de remplacer ou de réparer des marches, bornes, entrées de cave ou tous ouvrages de maçonnerie en saillie sur les alignements et placés sur le sol de la voie publique. Néanmoins, il pourra être fait exception à cette règle pour ceux de ces ouvrages qui seraient la conséquence de changements apportés au niveau de la route ou lorsqu'il se présenterait des circonstances exceptionnelles.

Dans ce dernier cas, il devra en être référé à l'administration supérieure.

Art. 25. Partout où un trottoir sera construit, le riverain est tenu d'enlever les bornes qui se trouvent en saillie sur la façade des constructions.

Art. 22. Aucune porte ne pourra s'ouvrir en dehors, de manière à faire saillie sur la voie publique, les fenêtres et volets du rez-de-chaussée qui s'ouvriraient en dehors devront se rabattre dans le mur de face le long duquel ils seront fixés.

CHAPITRE XX

CONTRAVENTIONS

Titre Ier. — Législation.

502. — *Législation des contraventions de grande voirie et des juridictions répressives.* Les contraventions de grande voirie sont de deux sortes : les contraventions de grande voirie proprement dites et les contraventions à la police du roulage qui feront l'objet d'un chapitre spécial.

503. — *Loi du* 29 Fl. *an* X. Art. 1er. Les contraventions en matière de grande voirie, telles qu'anticipations, dépôts de fumiers ou d'autres objets, et toutes espèces de détérioration commise sur les grandes routes, sur les arbres qui les bordent, sur les fossés, ouvrages d'art et matériaux destinés à leur entretien, sur les canaux, fleuves et rivières navigables, leurs chemins de halage, francs bords, fossés et ouvrages d'art, seront constatées, réprimées et poursuivies par voie administrative.

Art. 2. Les contraventions seront constatées concurremment par les maires ou adjoints, les ingénieurs des ponts et chaussées, leurs conducteurs, les agents de la navigation, les commissaires de police, et par la gendarmerie ; à cet effet, ceux des fonctionnaires publics ci-dessus désignés qui n'ont pas prêté serment en justice le prêteront devant le préfet.

Art. 3. Les procès-verbaux sur les contraventions seront adressés au sous-préfet, qui ordonnera par prévision, et sauf le recours au préfet, ce que de droit pour faire cesser les dommages.

Art. 4. Il sera statué définitivement en conseil de préfecture : les arrêtés seront exécutés sans visa ni mandements des tribunaux, nonobstant et sauf tout recours ; et les individus condamnés seront contraints par l'envoi de garnisaires et saisie de meubles, en vertu desdits arrêtés, qui seront exécutoires et emporteront hypothèque.

504. — *Extrait du décret du* 16 *décembre* 1811, *titre* IX, *intitulé répression des délits de grande voirie.*

Art. 112. A dater de la publication du présent décret, les cantonniers, gendarmes, gardes-champêtres, conducteurs des ponts et chaussées et autres agents appelés à la surveillance de la police des routes, pourront affirmer leurs procès-verbaux de contraventions ou délits devant le maire ou l'adjoint du lieu.

Art. 113. Ces procès-verbaux seront adressés au sous-préfet, qui ordonnera sur le champ, aux termes des art. 3 et 4 de la loi du 29 flor. an X, la réparation des délits par les délinquants, ou à leur charge, s'il s'agit de dégradations, dépôts de fumiers, immondices ou autres substances, et en rendra compte au préfet en lui adressant les procès-verbaux.

Art. 114. Il sera statué sans délai par les conseils de préfecture, tant sur les oppositions qui auraient été formées par les délinquants, que sur les amendes encourues par eux, nonobstant la réparation du dommage.

Seront, en outre, renvoyés à la connaissance des tribunaux, les violences, vols de matériaux, voies de fait ou réparations de dommages réclamés par les particuliers.

505. — *Loi des* 17, 23 *juillet* 1856. Article unique. A l'avenir, les procès-verbaux dressés par les brigadiers de gendarmerie et les gendarmes ne seront, dans aucun cas, assujettis à la formalité de l'affirmation.

506. — *Pénalités.* La loi du 29 floréal an X ne prononce pas de peine pour la répression des contraventions de grande voirie, mais elle rend tout fait de dégradation passible de dommages-intérêts et répressible tout au moins par la condamnation aux dépens du procès-verbal.

On doit recourir aux anciens règlements pour faire l'application des amendes aux contraventions constatées.

Ces amendes étaient généralement très-sévères et les conseils de préfecture ne pouvaient pas les réduire au-dessous du taux minimum fixé par les règlements. Une loi du 23, 30 mars 1842 les a modérées en autorisant les conseils de préfecture à admettre des circonstances atténuantes.

507. — *Loi du* 30 *mars* 1842. Art. 1er. A dater de la promulgation de la présente loi, les amendes fixes établies par les règlements de grande voirie antérieurs à la loi des 19, 22 juillet 1791 pourront être modérés, eu égard au degré d'importance ou aux circonstances atténuantes des délits, jusqu'au vingtième desdites amendes, sans toutefois que ce minimum puisse descendre au-dessous de 16 francs.

A dater de la même époque, les amendes dont le taux, d'après ces règlements, était laissé à l'arbitraire du juge, pourront varier entre un minimum de 16 fr. et un maximum de 300 fr.

2. Les piqueurs des ponts et chaussées, et les cantonniers chefs commissaires et assermentés à cet effet, constateront tous les délits de grande voirie, concurremment avec les fonctionnaires et agents dénommés dans les lois et décrets antérieurs sur la matière.

508. — PROCÈS-VERBAUX. *Fonctionnaires et agents chargés de verbaliser.* Les crimes et délits de grande voirie sont constatés conformément aux articles 9, 22, 42, 48, 49, 50, 59. cod. Ins. Crim. Les contraventions peuvent être constatées par les maires ou adjoints, les commissaires de police (art. 9. Cod. Ins. Crim.) et, en outre, par les agents spéciaux suivants : Les ingénieurs, conducteurs des ponts et chaussées, gendarmes, (L. 29 flor. an x.) Les gardes-champêtres. (D. 16 décembre 1811.) Les préposés des droits réunis et des octrois. (D. 10 août 1810) les piqueurs ou agents secondaires et les cantonniers chefs des ponts et chaussées (L. 23 mars 1842.) Les agents voyers sont sans qualité pour verbaliser en matière de grande voirie. (Cass. 9 mars 1867. S. 67. 1. 340.) Cependant, si d'après la loi du 10 août 1871, le service des routes départementales a été confié à des agents voyers, ceux-ci auraient le droit de verbaliser sur ces routes.

En règle générale les agents qui ont une compétence territoriale ne doivent verbaliser que dans leur circonscription.

Cependant, un gendarme peut verbaliser sur tout le territoire français. (C. d'Et. 7 juin 1851. S. 51. 2. 668.)

L'article 2 de la loi du 29 flor, an x, d'après lequel les contraventions de grande voirie ne peuvent être constatées que par des fonctionnaires et agents ayant prêté serment en justice ou devant le préfet ne doit pas être entendu en ce sens que ces fonctionnaires ou agents soient obligés de prêter serment dans chacun des ressorts de justice ou de départements compris dans la circonscription où ils sont appelés à exercer leurs fonctions ; il suffit qu'ils aient prêté serment dans un seul de ces ressorts ou de ces départements. (C. d'Et. 11 fév. 1857. S. 58. 2. 64.)

Spécialement le garde chargé de la surveillance d'une rivière dans tout son parcours a qualité pour constater une contravention sur un point quelconque de ce parcours, bien qu'il n'ait prêté serment que devant le juge de paix d'un canton dépendant d'un autre département (même arrêt.)

509. — *Affirmation*. Tous les procès-verbaux dressés par des agents de l'administration, même par des ingénieurs, doivent être affirmés soit devant le juge de paix, soit devant le maire du domicile de l'agent ou du lieu de la contravention, à peine de nullité. Cette affirmation doit avoir lieu dans le délai de trois jours, à partir de la clôture du procès-verbal ; la nullité résultant du défaut d'affirmation devrait être relevée d'office par le conseil de préfecture.

Il n'est pas nécessaire que l'affirmation soit faite sous serment. (C. d'Ét. 30. nov. 1850.) Ni d'en donner lecture.

Il n'est pas nécessaire que l'affirmation d'un procès verbal soit signée par l'agent qui a verbalisé ; il suffit que l'officier public devant lequel l'affirmation a eu lieu constate l'accomplissement de cette formalité par une mention mise à la suite du procès-verbal et signée de lui. (C. d'Ét. 5 fév. 1867. S. 68. 2. 295.)

510. — *Délai de rédaction*. Aucune disposition de loi ou de règlement n'impartit aux agents chargés de constater les contraventions de grande voirie, pour la rédaction de leurs procès-verbaux, un délai déterminé à partir du jour, où ils ont reconnu le fait qui constitue la contravention, un procès-verbal est donc valablement rédigé quatre jours après la contravention qu'il relate. (C. d'Et. 21 avril 1864. S. 64. 2. 311. 13 mars 1867. S. 68. 2. 156. Cass. 27 mai 1861. S. 61. 1. 79. 23 nov. 1860. S. 61. 1. 300.)

511. — *Enregistrement*. Les procès-verbaux doivent être enregistrés dans les quatre jours et lorsque le délai expire un dimanche, ce jour ne compte pas.

L'enregistrement n'est pas exigé à peine de nullité. (C. d'Ét. 1er février 1851. 29 août 1867. S. 67. 2. 295.)

512. — *Énonciations essentielles des procès-verbaux.*

Les procès-verbaux ne sont assujettis à aucune forme spéciale, mais ils doivent, à peine de nullité, être rédigés en langue française. (D. 2 Therm. an. II. Cass. 15 janv. 1875.)

Ils doivent faire connaître la nature et les circonstances des contraventions, le temps et le lieu où elles ont été commises, les preuves ou indices à la charge de ceux qui en sont présumés les auteurs. (Cod. Ins. Crim. Art. 11.)

Il convient d'y joindre, en outre, le nom des témoins qui peuvent être appelés soit pour confirmer les allégations de l'agent qui a verbalisé, soit pour suppléer aux procès-verbaux eux-mêmes dans le cas où la nullité en serait prononcée.

Lorsqu'une contravention donne lieu à la confiscation de certains objets qui ont été saisis, le procès-verbal doit contenir la désignation de ces objets.

La mention, dans un procés-verbal de la nature et des circonstances de la contravention, du temps et du lieu où elle a été commise, n'est pas prescrite à peine de nullité. (Cass. 24 juin 1861. S. 61. 1. 1005.)

513. — *Suites des procès-verbaux.* Les cantonniers adressent leurs procès-verbaux aux conducteurs et ceux-ci aux ingénieurs qui les transmettent au sous-préfet dans les arrondissements et aux préfets dans les chefs-lieux. L'ingénieur joint un rapport au procès-verbal, et en fait dresser autant de copies qu'il y a de juridictions distinctes pour statuer sur les suites du procès-verbal. En cas urgent les préfets et sous-préfets ont le droit de prendre les mesures nécessaires pour la liberté ou la sécurité de la voie.

Le sous-préfet fait notifier au contrevenant, dans les cinq jours de l'affirmation, copie du procès-verbal affirmé, avec citation devant le conseil de préfecture et le conseil est saisi de la contravention par la transmission du dossier du cabinet du préfet au greffe du conseil de préfecture.

514. — *Défense.* Le délai accordé au prévenu pour produire ses moyens de défense est de quinze jours. Il peut présenter oralement ses moyens de défense à l'audience. Le prévenu et l'ingénieur sont avisés du jour de l'audience par le secrétaire greffier.

515. — *Droit de poursuite. Parties civiles.*

Il n'appartient qu'à l'administration et non à ses entrepreneurs ou concessionnaires de poursuivre la répression des contraventions de grande voirie, même la réparation des dommages, les concessionnaires n'ayant aucun droit d'intervention dans une instance engagée.

En cette matière il n'y a pas de partie civile.

Les concessionnaires de chemins de fer, ponts ou canaux, sont sans qualité pour poursuivre devant le conseil de préfecture la réparation d'un dommage à eux causé par une contravention de grande voirie ; ce droit appartient exclusivement à l'administration. (C. d'Et. 14 mars 1863. S. 63. 2. 216.)

Le conseil de préfecture auquel une contravention de grande voirie commise par un particulier n'a pas été déférée par l'autorité compétente, commet un excès de pouvoirs s'il statue sur cette contravention, soit en prononçant une peine contre son auteur, soit en condamnant ce dernier à des dommages-intérêts envers un tiers. (C. d'Et. 25 janv. 1866. S. 66. 2. 374.)

Les particuliers, même lésés par une contravention soit de grande voirie, soit de la police du roulage, ou par une usurpation commise sur le sol d'une voie vicinale, n'ont pas qualité pour poursuivre devant les conseils de préfecture la répression d'une semblable contravention. Ils ne pourraient que former une demande en dommages-intérêts devant les tribunaux judiciaires, en vertu des articles 1382 et 1383. Cod. civil. Les seules réparations civiles sur lesquelles les conseils de préfecture, doivent prononcer, en pareille matière, sont celles dues à l'État, aux départements ou aux communes à raison de préjudices causés à la voie publique.

516. — *Foi due aux procès-verbaux.* Les procès-verbaux ne font foi que jusqu'à preuve du contraire. (Ins. Crim. Art. 154.)

Dès lors l'inscription de faux n'est pas admissible pour combattre les procès-verbaux qui ne font foi que jusqu'à preuve

contraire, tels que les procès-verbaux des gendarmes. (Cass.
18 juillet 1861. S. 61. 1. 919.)

Cette preuve ne peut être faite que par la déclaration contraire de témoins ayant prêté serment.

Le juge de police saisi en vertu d'un procès-verbal régulier
ne peut relaxer le prévenu sous prétexte d'une preuve contraire formée par ce dernier, qu'à la condition d'articuler nettement dans son jugement en quoi cette preuve lui parait
ébranler la foi due au procès-verbal, ou enlever au fait le
caractère de contravention. (Cass. 26 mars 1858. S. 58. 1.
625.)

La déposition d'un seul témoin peut suffire pour détruire la
foi due à un procès-verbal constatant une contravention (Cass.
11 décembre. 1851. S. 52. 1. 371.)

Si le dommage constaté avait pour cause la situation du terrain, ou s'il nécessitait une évaluation nouvelle, le conseil
pourrait ordonner une expertise.

Les procès-verbaux des officiers de police judiciaire ne font
foi jusqu'à preuve contraire que dans le cas où leurs rédac-
teurs ont vu commettre personnellement les faits matériels
qui y sont spécifiés. Dans le cas contraire, et lorsque les agents
qui ont rédigé le procès-verbal n'ont été témoins de rien et
n'ont fait qu'y consigner les renseignements par eux recueillis,
les procès-verbaux ne sont plus que de simples rapport dont
l'appréciation reste abandonnée à la conscience des juges.
(Cass. 13 avril 1861. S. 62. 1. 334.)

Cependant, la répression des contraventions n'est pas subordonnée à la validité des procès-verbaux qui les constatent ; et, par suite, les prévenus ne peuvent être renvoyés de
la poursuite exercée contre eux, sur l'unique motif de la nullité ou de l'irrégularité des procès-verbaux rapportés à leur
charge, quand l'existence de la contravention est d'ailleurs
établie, notamment par leur aveu. (Cass. 18 mars 1854. S. 54
1. 499. C. d'Ét. 7. décembre. 1859. S. 60. 2. 399. 7 décembre
1859. S. 60. 2. 399.)

Les frais d'un procès-verbal radicalement nul à défaut d'affirmation régulière, ne sauraient entrer en taxe ni faire partie des dépens, mis à la charge du prévenu. (Cass. 11 juillet
1867. S. 68. 1. 231.)

Décisions. Toutes les décisions des conseils de préfecture en matière de contravention doivent viser les lois pénales et être motivées, à peine de nullité. (Cod. Ins. Crim. 163.)

Lorsqu'une contravention est établie, les conseils de préfecture appliquent les amendes et n'ont pas le pouvoir de condamner à la prison. Ils doivent ordonner le renvoi sur ce chef devant les tribunaux répressifs des délits de droit commun. (L. 29 fl. an X. C. d'Et. 23 avril 1807. 2 fév. 1808. 14 septembre 1814. 27 mai 1857. 29 févr. 1860.)

Ils prononcent aussi sur les indemnités, restitutions et réparations auxquelles les contraventions peuvent donner lieu envers l'administration, ainsi que sur les frais de procédure.

En règle générale le conseil de préfecture a le droit de vérifier les limites des routes ou chemins vicinaux sur lesquels l'administration prétend que la contravention s'est accomplie.

Conséquemment, ils peuvent à défaut d'arrêté de délimitation, appliquer la règle que, pour les routes, leurs limites sont fixées par l'arête extérieure des fossés, le pied des talus en remblai ou la crête des talus en déblai. (avis. C. d'Et. 2 juin 1866. 17 janv. 1867.)

Cependant les conseils de préfecture ne peuvent interpréter les règlements administratifs; ni il ne leur appartient de rechercher les limites des routes ou chemins et s'il y avait doute sérieux sur ces points, ils devraient ordonner le renvoi devant les administrations compétentes de surseoir à statuer au fond.

Il n'est pas permis non plus au conseil de préfecture d'accorder un délai de faveur pour l'exécution de ses jugements; ce sursis ne pourrait être accordé que par l'administration toujours juge de l'opportunité de l'application des règlements confiés à sa vigilance.

517. — *Questions préjudicielles.* Le conseil de préfecture ne doit pas s'arrêter à une question de propriété qui serait alléguée par le prévenu en matière d'alignement ou d'usurpation. Il doit vérifier si les documents administratifs et plans produits constatent sans aucun doute qu'il y a eu empiètement sur la voie publique. Si oui, il doit prononcer l'amende et la réparation civile. S'il y a doute, il doit renvoyer le dossier à l'administration pour éclaircir le point obscur.

Rien n'empêche du reste le prévenu, s'il prétend que l'arrêté d'alignement a empiété sur son domaine, de faire juger la question de propriété pour faire reconnaître son droit à une indemnité.

Décidé sur conflits, qu'en cas de question de propriété engagée devant les tribunaux civils, il doit être sursis au jugement pour que l'administration détermine les limites actuelles et anciennes du domaine public. (3 juin 1830. C. d'Et. 3 juillet 1852. 21 novembre 1861.)

L'autorisation de bâtir intervenue pendant l'instance, permet de maintenir les travaux qui en font l'objet ; mais elle ne dispense pas de l'amende. (C. d'Et. 5 décembre 1839. 18 janv. 1845. 4 mars 1858.)

518. — *Pénalités.* La loi du 19, 22 juillet 1791 a confirmé les anciens règlements et la loi du 23 mars 1842 en a atténué les peines.

Cette confirmation dispense de vérifier s'ils ont ou non été enregistrés par les parlements.

Parmi ces règlements il s'en trouve qui ne peuvent être appliqués que dans la circonscription assignée aux anciennes autorités qu'ils concernent, notamment ceux des bureaux de finances des anciennes généralités, ceux des parlements.

Ces règlements généraux ou restreints tiennent lieu de loi spéciale dans leurs dispositions qui n'ont pas été abrogées ou modifiées, soit par d'autres règlements anciens confirmés par la loi de 1791, soit expressément par des lois postérieures à 1791.

Les règlements du gouvernement, des préfets ou des maires, pris dans la limite de leurs attributions ou des pouvoirs explicites qui leur ont été conférés par les lois trouvent leur sanction dans les lois spéciales et les règlements anciens, ou à défaut, dans les lois générales. Mais lorsque la législation sur la grande voirie ne fixe aucune peine pour certaines contraventions, les règlements départementaux tombent sous l'application de l'article 471 du code pénal et des articles 137 et 138 du code d'instruction criminelle, dans ce cas, les conseils de préfecture statuent sur les restitutions, dommages et frais, en vertu de la loi du 29 floréal an X, et le juge de police est ensuite saisi du procès-verbal sur le renvoi qui lui en est fait par le conseil de préfecture.

Les amendes fixes peuvent être réduites, en raison des circonstances, jusqu'au 20me sans descendre au-dessous de 16 fr. Les amendes arbitraires, dont le taux, d'après les anciens règlements, est laissé à l'appréciation du juge, varient entre un maximum de 300 fr. et un minimum de 16 fr.

Parmi les pénalités conciliables avec les pouvoirs des conseils de préfecture se trouve celle de la confiscation, mais le minimum des amendes est assez élevé pour que cette pénalité ne soit pas prononcée.

Les conseils de préfecture ne peuvent sans excès de pouvoir réduire les amendes qu'ils prononcent pour contraventions de grande voirie, au-dessous du minimum de la loi du 23 mars 1842 ; quand une telle réduction a été prononcée, le conseil d'état annule d'office la décision du conseil de préfecture sur ce point. (C. d'Ét. 21 mai 1852. S. 52. 2. 556.)

En matière de crimes et de délits, le cumul des peines est interdit. (C. Int. crim. Art. 365.)

Mais il n'en est pas de même en matière de contravention. Il faut appliquer autant d'amendes qu'il y a de contraventions distinctes ou qu'une contravention est de fois répétée.(Cass. 7 juin 1842. C. d'Ét. 2 août 1860.)

Il n'y aurait lieu qu'à une amende pour une contravention constatée plusieurs fois. (C. d'Ét. 10 juin 1835.

Il n'y aurait pas d'amende à prononcer si le contrevenant était décédé dans le cours de l'instruction. (C. d'Ét. 30 novembre 1850.)

Si la contravention dont la répression est poursuivie devant un conseil de préfecture a été déjà réprimée par le juge de paix, le conseil ne peut prononcer d'amende. (C. d'Ét. 19 mars 1864.)

Pareillement on ne peut remettre en question au civil les faits définitivement jugés par un conseil de préfecture sur une action publique. (Angers 26 mars 1864. D. 64. 2. 129.)

L'état, la commune du lieu de la contravention, et l'agent verbalisateur partagent par tiers les amendes de grande voirie. (D. 16 décembre. 1811. Art. 115.)

519. — *Arrêtés par défauts*. Les arrêtés par défaut peuvent être attaqués par la voie de l'opposition devant les conseils de préfecture jusqu'au moment de leur exécution. (C. d'Ét. 13 avril 1842. 13 mars 1867. 29 décembre 1870.)

Par exception à cette règle, l'opposition n'est recevable, en matière de contraventions à la police du roulage, que dans le délai de quarante jours à compter de la date de la notification. (L. 30 mai 1851. art. 24.)

520. — *Notifications des arrêtés*. La notification faite à la requête de l'administration a lieu par un agent administratif dont le procès-verbal fait foi. Elle fait courir les délais de pourvoi.

L'administration est donc dispensée d'employer un huissier pour faire signifier, en vue du délai de recours, même en matière de grande voirie.

Cependant s'il y avait lieu à l'exécution par la voie judiciaire on devrait recourir à la signification par huissier.

Le préfet fait transmettre aux administrations les expéditions, dont l'exécution rentre dans leurs attributions, et dont elles ont besoin pour faire leurs notifications et pour mettre la décision à exécution.

Des recépisés joints aux dossiers constatent la réception de ces expéditions. (L. 12 juillet 1855, art. 15.)

Si le dispositif d'un arrêté s'écarte des conclusions de l'ingénieur en chef, ce fonctionnaire reçoit, dans la huitaine, une expédition de la décision qu'il renvoie, dans les dix jours, avec son rapport sur la question de pourvoi. Dans la pratique il reçoit aussi copie de la décision conforme à ses conclusions pour qu'il en puisse surveiller l'exécution.

Exécution.

Les décisions doivent d'abord être notifiées et les premières expéditions signifiées sont délivrées gratuitement (L. 7 Thermidor, an II. Art. C. d'État. 18 août 1807.)

521. — *Recouvrement des amendes.* Les amendes sont recouvrées par l'administration des contributions directes. (L. 29 décembre 1873.)

A cet effet une ampliation est délivrée aux trésoriers payeurs généraux pour titre de recouvrement et cette expédition est transmise au comptable par le chef de service.

Aux termes de l'article 4 de la loi du 29 floréal an X, les personnes condamnées à l'amende en matière de grande voirie pouvaient être contraintes au paiement par l'envoi de garnisaires et par la saisie des meubles. Cette disposition a été abrogée par le décret du 29 août 1813.

522. — *Exécution des arrêtés.* L'exécution des réparations civiles est poursuivie par les soins des préfets en matière de grande voirie et des maires en matière de petite voirie.

La démolition est exécutée d'office, après les délais impartis, par les soins des préfets, sous-préfets, maires ou agents désignés, si la partie s'y refuse après sommation préalable.

Le fonctionnaire requiert des ouvriers, par application de la loi du 22 germinal an IV pour procéder à la démolition.

Les frais sont recouvrés dans les mêmes formes que les amendes. Le préfet délivre une contrainte ou manda-

tement exécutoire et les percepteurs en opèrent le recouvrement.

Les ingénieurs ne s'occupent de l'exécution des arrêtés du conseil de préfecture qu'en.vertu d'une délégation
de ce conseil.

L'opposition du mandatement des frais peut être portée devant le conseil de préfecture.

Lorsque l'exécution d'une condamnation du conseil
de préfecture entraîne des frais ou des travaux à payer à
des tiers (démolitions-expertises) l'état des frais ou travaux est adressé en double sur papier timbré à la préfecture et l'état timbré suivi de la liquidation et du mandatement exécutoire du préfet est envoyé, par l'intermédiaire du receveur des finances, au percepteur du domicile du redevable, afin qu'il en opère le recouvrement
comme en matière de contributions directes. En cas de
réclamation en décharge ou réduction de frais, il est statué par le conseil de préfecture.

523. — *Pourvois.* Les arrêtés contradictoires ou par
défaut devenus définitifs peuvent être déférés au conseil
d'état. Ce recours peut avoir lieu par simple mémoire timbré, déposé au secrétariat général de la préfecture ou à la
sous-préfecture et sans l'intervention d'un avocat au conseil d'État. Il est donné récépissé au déposant de son mémoire. Ce mémoire est transmis sans délai, par le préfet,
au secrétariat général du conseil d'État.

Le recours de l'administration doit être formé dans
les trois mois de la date de l'arrêté, soit en matière de
roulage, soit en matière de grande voirie.

Celui des particuliers doit être formé dans les trois
mois de la notification de l'arrêté, si l'arrêté est contradictoire. Le recours n'est pas suspensif et l'arrêté est
provisoirement exécutoire.

524. — *Prescription.* L'action publique en répression et l'action civile en réparation d'un crime ou d'un

délit en matière de grande voirie se prescrivent, par dix ans les crimes, et trois ans les délits, conformément aux règles ordinaires du droit commun. (art. 637 et 638. cod. ins. crim.)

S'il a été fait des actes d'instruction ou de poursuite non suivis de jugement, la prescription ne court, à l'égard même des personnes qui n'ont pas été comprises dans les poursuites, qu'à compter du dernier acte.

L'action publique et l'action civile résultant d'une contravention en général et spécialement de voirie sont prescrites, s'il n'est intervenu de condamnation, dans l'année, à compter du jour où la contravention a été commise. (Art. 640. cod. ins. crim.)

S'il y a eu un jugement définitif frappé d'appel les actions se prescrivent après une année révolue à compter de la notification de l'appel interjeté.

La prescription est suspendue pendant tout le temps que l'action publique est interrompue par le jugement d'une question préjudicielle renvoyée devant une autre juridiction. (Cass. 27 mai 1843. 29 août 1846. 7 mai 1851.)

Elle ne serait pas suspendue par le recours du contrevenant contre l'arrêté administratif sur lequel les poursuites sont fondées. (Cass. 1er juillet 1837.)

En matière de grande voirie, quand les contraventions ont un caractère occulte comme la réconfortation d'un mur à l'intérieur, d'un bâtiment sujet à reculement, la prescription est suspendue jusqu'au moment où la contravention est venue à la connaissance des agents de la voirie.

Du reste en matière de grande voirie, de la compétence des conseils de préfecture, la prescription s'applique à la peine seulement, attendu que les infractions permanentes portant dommage à la route doivent toujours être réprimées dans l'intérêt toujours subsistant de la viabilité.

Il y a sur ce point une différence entre les contraventions qui relèvent des juges de paix et celles des conseils de préfecture.

Les juges de paix n'étant juges que de la contravention et ne pouvant accorder des réparations civiles qu'accessoirement à la peine se trouvent dessaisis de tout, du moment qu'ils ne peuvent plus appliquer de peine.

Les conseils de préfecture sont, au contraire, des juges du pétitoire, en quelque sorte, pour la conservation des routes et des chemins vicinaux, en conséquence, ils peuvent en tout temps :

1° Ordonner la suppression des constructions élevées illégalement sur la voie publique. (C. d'Et. 8 décembre 1857.)

2° La démolition des travaux confortatifs exécutés au mur de face d'un bâtiment sujet à reculement (C. d'Ét. 28 juillet 1849.)

La réparation des dégradations faites à une voie de communication. (C. d'Et. 5 mai 1851. 13 novembre 1871.)

De même, en matière d'usurpation sur les chemins vicinaux, l'action peut être prescrite, de sorte que le juge de paix soit incompétent pour appliquer l'amende, mais le conseil de préfecture peut tôujours réprimer les empiétements et rétablir les lieux dans leur état primitif. (C. d'Ét. 28 février 1828. 28 novembre 1856.)

L'art 640. Cod. Ins. Crim. aux termes duquel la prescription de l'action publique et de l'action civile pour contraventions de police, est acquise s'il n'est pas intervenu de condamnation dans l'année, ne distingue pas entre la condamnation contradictoire et la condamnation par défaut.

En conséquence, si une condamnation par défaut a été prononcée moins d'une année après la contravention, la prescription, interrompue par le jugement de condamnation, ne commence plus à courir que du jour de l'opposition qui y a été formée et dès lors, il doit, sur cette opposition, être statué sur la poursuite, bien que la contravention remonte alors à plus d'une année. (C. d'Ét. 8 fév. 1865. S. 65. 2. 315.)

La prescription d'un an établie par l'art 640, (Cod. Ins. Crim.) est sans doute applicable aux contraventions de grande voirie, en ce qui touche les peines encourues, mais la réparation matérielle des dégradations qui résultent du fait de la contravention peut être poursuivie à quelque époque que ce soit. (C. d'Et. 3 mai 1851. S. 51. 2. 589.)

A la vérité l'arrêté du conseil de préfecture qui a condamné le contrevenant à l'amende et à la démolition est frappé de prescription quand, pendant 30 ans, il est resté sans exécution. Mais si, dans ce cas, la prescription s'oppose à ce que l'amende soit de nouveau prononcée, elle ne fait pas obstacle à ce qu'il soit introduit des poursuites nouvelles tendant à faire prescrire la démolition. (C. d'Ét. 13 fév. 1842. S. 42. 2. 529. 51. 2. 589.)

La cour de cassation adopte, en cette matière, des principes analogues. Cette cour admet que l'action publique est prescriptible quant à l'amende et quant à la démolition, en ce sens que les juges saisis au criminel ne peuvent ordonner la démolition si la contravention est prescrite. (C. 2 juin 1865. S. 65. 1. 431.)

Mais elle a décidé par plusieurs arrêts que la démolition peut alors être poursuivie, soit par voie administrative, soit par voie d'action civile. (Cass. 1er août 1856. S. 58. 1. 151. 14 août 1864. S. 64. 1. 430.)

525. — *Prescription des condamnations.* En matière de contraventions les peines sont prescrites après deux années révolues savoir : les peines prononcées par arrêt ou jugement en dernier ressort, à compter du jour du jugement ; les peines prononcées en première instance à partir du jour où la décision ne peut plus être attaquée par la voie de l'appel. (Art 639. cod. ins. crim.)

Les condamnations ou réparations civiles ne se prescrivent que par trente ans.

Ainsi l'arrêté portant condamnation à démolir n'est prescrit que par trente ans, sur le chef de la démolition. (C. d'Et. 31 mars 1864.)

526. — *Grâce. Amnistie.* Le droit de faire grâce appartient au président de la république.

L'amnistie ne peut être accordée que par une loi. En matière de voirie ou de police du roulage, les décisions du président de la république portant grâce ou remise des peines prononcées par les tribunaux judiciaires sont rendues sur le rapport du ministre de la justice ;

Les décisions faisant remise des amendes prononcées par les conseils de préfecture ou par le conseil d'Etat sont rendues sur le rapport soit du ministre des travaux publics, soit du ministre de l'intérieur ; elles ne sont rendues sur le rapport du ministre de l'Intérieur, que dans les cas où les amendes ont été prononcées pour contravention de grande voirie commises dans les rues de Paris, ou pour contravention à la police du roulage commises sur les chemins vicinaux de grande communication.

L'amnistie éteint l'amende et les frais, mais n'empêche pas la démolition des constructions ou de la besogne mal plantée.

La grâce n'empêche pas l'exécution du jugement en ce qui concerne les frais et les réparations civiles.

Titre III. — Contraventions.

527. — *Législation.* Les contraventions de grande voirie sont définies dans des monuments de l'ancienne monarchie française, maintenus par les lois nouvelles, et dont les principaux sont :

1° L'édit de décembre 1607.

2° L'arrêt du conseil du 17 juin 1721.

3° L'ordonnance royale du 4 août 1731.

4° L'ordonnance du bureau des finances du 29 mars 1754.

5° L'arrêt du conseil d'État du 16 décembre 1759.

Extrait de l'édit de décembre 1607 sur les attributions du grand-voyer, la juridiction en matière de voirie et la police des rues et chemins. — Encombrements. Dépôts.

Art. 3. Voulons aussi et nous plaît que, lorsque les rues et chemins seront encombrés ou incommodés, notre dict grand voyer ou ses commis enjoignent aux particuliers de faire oster lesdits empêchements, et sur l'opposition ou différents qui en pouvaient résulter, faire condamner lesdits particuliers qui n'auront obéi à ses ordonnances, trois jours après la signification qui leur en sera faite, jusqu'à la somme de dix livres et au-dessous pour lesdites entreprises par eux faites, et pour cet effet les faire assigner à sa requête pardevant ledit prévôt de Paris, auquel nous donnons aussi tout pouvoir et juridiction.

528. — *Saillies, alignements, élargissements*. Art. 4. Deffendons à nostre dict grand voyer ou ses commis de permettre qu'il soit fait aucunes saillies, avances et pans de bois ou bâtiments neufs, et même à ceux ou il y en a à présent, de contraindre les réédifier, ni faire ouvrages qui les puissent conforter, conserver et soutenir, n'y faire aucun encabellement en avance pour porter aucun mur, pans de bois ou autres choses en saillie, et porter à faux sur lesdites rues, ainsi faire le tout continuer à plomb, depuis le rez-de-chaussée tout contrement, et pourvoir à ce que les rues s'embellissent et élargissent au mieux que faire se pourra, et en baillant pas luy les alignements redressera les murs où il y aura ply ou coude, et de tout sera tenu de donner par écrit son procès-verbal de luy signé ou de son greffier, portant l'alignements desdits édifices de deux toises, à ce qu'il n'y soit contrevenu : pour lesquels alignements nous lui avons ordonné soixante sols parisi par maison, payables par les particuliers qui feront faire lesdites édifications sur ladite voirie, encore qu'il y eut plusieurs alignements en icelle, n'estant compté que pour un seul.

529. — *Autorisations de bâtir récolements*. Art. 5 Comme aussi nous deffendons à tous nosdits sujets de ladite ville, faubourgs, prévôté et vicomté de Paris, et autres villes de ce royaume, faire aucun édifice, pans de mur, jambes, estriers , encoignures, caves n'y caval, forme ronde en saillie, siéges, barrières, contrefenêtre, huis de cave, bornes, pas, marches, sièges montoirs à cheval, auvens, enseignes, establies, cages de menuiserie, châssis à verre et autres avances sur ladite voirie sans le congé et alignement de nostre dict grand voyer ou desdits commis. Pour quoy faire nous lui avons attribué et attribuerons la somme de soixante sols tournois, et après la perfection d'iceux, seront tenus lesdits particuliers d'en avertir ledit grand voyer ou son commis, afin qu'il récolle lesdits alignements, et reconnaisse si lesdits ouvriers auront travaillé suivant iceux, sans toutefois payer aucune chose pour ledit recolement et confrontation, et où il se trouverait qu'ils auraient contrevenu auxdits alignements, seront lesdits particuliers assignés par devant le prévôt de Paris ou son lieutenant, pour voir ordonner que la besogne mal plantée sera abattue, et condamnés à telle amende que de raison, applicable comme dessus.

530. — *Treillis aux fenêtres.* 6. Défendons aux commis de nostre dit grand voyer, de prendre aucuns droits pour mettre les treillis aux fenêtres sur rues, pourvu qu'ils n'excédent les corps des murs qui seront tirés à plomb, et pour ceux qui sortiront hors des murs, paieront la somme de trente sols tournois.

531. — *Caves, marches, étals, auvents, enseignes.* 7. Faisons aussi défenses à toutes personnes de faire et creuser aucunes caves sous les rues, et pour le regard de ceux qui voudront faire degrés pour monter à leurs maisons, par le moyen desquels les rues estrécissent, faires siéges esdites rue, estail ou auvents, clore ou fermer aucunes rues, faire planter bornes ou coin d'icelle, es entrées des maisons, poser enseignes nouvelles ou faire le tout réparer, prennent congé dudit grand voyer ou commis. Pour lesquelles choses faites de neuf, et pour la permission première, nous lui avons attribué et attribuons la somme de trente sols tournois pour la visitation d'icelles, et pour celles qu'il conviendra seulement réparer et refaire, la somme de quinze sols tournois ; et ou aucuns voudraient faire telles entreprises sans lesdites permissions, les pourra faire condamner en ladite amende de dix livres, payables comme dessus, où plus grande somme, si le cas y échet, et faire abattre lesdites entreprises ; le tout au cas que lesdites entreprises incommodent le public, et pour cet effet, sera tenu le commis dudit grand voyer se transporter sur les lieux auparavant que donner la permission ou congé de faire lesdites entreprises.

532. — *Jets d'immondices, préaux et jardins en saillies aux fenêtres ; embarras des rues.* 8. Pareillement, avons deffendu et deffendons à tous nosdits sujets de jeter dans les rues eaux, n'y ordures par les fenêtres, de jour n'y de nuit, faire préaux ni aucun jardins en saillies aux hautes fenêtres, ni pareillement tenir fieus, terreaux, bois ni autres choses dans les rues et voyes publiques, plus de vingt-quatre heures, et encore sans incommoder les passants ; autrement lui avons permis et permettons de les faire condamner en amende comme dessus, auquel voyer ou commis nous enjoignons se transporter par toutes les rues, même par les maistresses, de quinze jours en quinze jours, afin de commander qu'elles soient délivrées et nettoyées et que les passants ne puissent recevoir aucunes incommodités.

533. — *Éviers.* 9. Deffendons aussi à toutes personnes de faire des éviers plus haut que rez-de-chaussée, s'ils ne sont couverts jusqu'audit rez-de-chaussée, et mesme sans la permission de nostre dit grand voyer, ses lieutenants ou commis, pour laquelle permission luy sera payé trente sols indistinctement, tant pour ceux qui sont au rez-de-chaussée que pour ceux qui ne se trouveront audit rez-de-chaussée.

534. — *Nettoyage des rues.* 10. Ordonnons à nostre dict grand voyer ou commis de faire crier aux quatre fêtes annuelles de l'an, de par nous et de par luy, à ce que les rues soient nettoyées, et outre qu'il ait à ordonner aux charretiers conduisant terreaux et gravois et autres immondices, de les porter aux champs, aux lieux destinés aux voiries ordinaires, et au défaut de lui obéir saisira les chevaux et harnais de contrevenants, pour en faire son rapport, sans qu'il puisse donner main levée qu'il n'en soit ordonné.

535. — *Industriels encombrant les rues.* 11. Enjoindra aux sculpteurs, charrons, marchands de bois et tous autres, de retirer et mettre à couvert, soit dans leurs maisons ou ailleurs, ce qu'ils tiennent d'ordinaire dans les rues, comme pierres, coches, charrettes, chariots, troncs, pièces de bois et autres choses qui peuvent empêcher ou incommoder ledit libre passage desdites rues, comme aussi aux teinturiers, foulons, frippiers et tous autres, de ne mettre sécher sur perches de bois, soit es fenêtres de leurs greniers ou autrement sur rues et voyes aucuns draps, toiles et autres choses qui peuvent incommoder ou offusquer que la vue desdites rues, sur les peines que dessus ; et sur les contraventions qui se feront, lesdites deffenses estant faites par ledit sieur grand voyer ou ses commis, seront les contravenants condamnés en l'amende comme dessus.

536. — *Pavements et entretiens des rues et chemins.* 12. Voulons et nous plaît que ledit grand voyer et ses commis ayant l'œil et connaissance du pavement desdites rues, voies, quais et chemins, et où il se trouvera quelques pavés cassés, rompus ou enlevés, qu'ils les fassent refaire et rétablir promptement, mesme faire l'ouverture des maisons des refusants d'icelles, aux dépens des détenteurs desdites maisons, injonction préalablement faite auxdits détenteurs, et prendra garde que le pavé de neuf soit bien fait et qu'il ne se trouve plus haut élevé que celui de son voisin.

537. *Marches dans les rues.* 13. Deffendons au commis de nostre dit grand voyer de donner aucune permission de faire des marches dans les rues, mais seulement continuer les anciennes ès lieux où elles n'empêchent le passage.

538. — *Auvents et enseignes.* 14. Ne pourra aussi nostre dit voyer ou commis, donner permission d'auvent plus bas que de dix pieds, à prendre du rez de chaussée en amont, et pour ceux qu'il donnera ensemble pour les enseignes, luy appartiendra, pour les permissions nouvelles, trente sols tournois ; et pour le changement des enseignes, réfection et changement d'auvent, n'en prendra que quinze sols tournois.

539. — *Extrait de l'arrêt du conseil d'État concernant les alignements des grands chemins et la police pour leur conservation et liberté du 17 juin 1721. — Troubles aux travaux, fouilles, distances.* Fait sa majesté défense à tout particulier, même à tous seigneurs, sous prétexte du droit de justice ou de voirie, de troubler les entrepreneurs dans leurs travaux, combler lesdits fossés, et de labourer et faire labourer en dedans de la largeur bornée par lesdits fossés, d'y mettre aucun fumier, décombres et autres immondices, soit en pleine campagne ou dans les villes, bourgs et villages où passent lesdites chaussées, d'y faire aucunes fouilles, ni de planter des arbres ou haies vives, sinon à six pieds de distance des fossés séparant les chemins de leurs héritages, et à cinq toises du pavé où il ne se trouvera pas encore de fossés de faits, le tout à peine d'amende contre les contrevenants, même des confiscations des fumiers, chevaux et équipages.

540. — *Extrait de l'ordonnance du roi qui défend d'enlever les pavés et autres matériaux des routes, et de dégrader les chemins publics, du 4 août 1731.* Sa majesté a ordonné et ordonne que les réglements et arrêts de son conseil concernant les chaussées, grands chemins et voies publiques, seront exécutés suivant leur forme et teneur; en conséquence, défend à tous particuliers de dépaver les rues de Paris, de même que les chaussées des faubourgs, banlieue et chemins publics, d'enlever aucun pavé desdites rues, chaussées ou ateliers, non plus que les fers, bois, pierres et autres matériaux destinés aux ouvrages publics ou mis en œuvre, à peine, contre les contrevenants, d'être pour la première fois, attachés au carcan avec écriteaux sur lesquels sera écrit : voleurs de pavés, ou de telle autre matière qu'ils auront prise, et d'être en cas de récidive, condamnés aux galères ; à l'effet de quoi leur procès leur sera fait et parfait par tel juge qu'il appartiendra ;

Défend à toutes personnes, de quelle qualité et condition qu'elles puissent être, de recevoir et receler dans leurs maisons, même d'acheter aucun desdits pavés ou autres matériaux volés, à peine, contre chacun des contrevenants, de 1000 livres de dommages et intérêts, applicables, un tiers à l'hôtel-Dieu, si le délit est commis dans la ville de Paris, et à l'hôpital le plus prochain du lieu, quand le vol aura été fait sur des chemins publics ; un tiers au dénonciateur, et l'autre tiers à l'entrepreneur de l'entretien desdites rues et chaussées ; permet auxdits entrepreneurs, sur l'avis qu'ils auront des recelés desdits pavés et autres matériaux, de les faire saisir dans les lieux où il pourront être, et à cet effet de faire transporter le premier des commissaires du Chatelet, sur ce requis, ou le plus prochain juge des autres lieux, pour du tout être dressé procès-verbal, sans qu'il soit besoin de permission particulière d'aucuns juges, et lesdits procès-verbaux vus et rapportés au sieur directeur général des ponts et chaussées dans la ville et généralité de Paris, et aux sieurs commissaires départis dans les provinces, être, sur leur avis, ordonné par sa majesté ce qu'il appartiendra. Fait sa Majesté itérative défense à tous gravatiers, laboureurs, vignerons, jardiniers et autres de combler les fossés et d'abattre les berges qui bornent la largeur des grands chemins, et d'anticiper sur cette largeur par leurs labours ou autrement, de quelque manière que ce soit ; de planter aucuns arbres à une moindre distance que celle de *six pieds* du bord extérieur desdits fossés ou berges, de décharger aucuns gravois, fumiers, immondices et autres empéchements au passage public, tant sur les chaussées de pavés et les chemins de terre que sur les ponts et dans les rues des bourgs et villages, d'abattre aucunes bornes mises pour empêcher le passage des voitures sur les accotements des chaussées, celles qui défendent les murs de soutènement et les parapets des ponts, non plus que lesdits parapets ; le tout à peine de confiscation des chevaux, voitures et équipages, et de 500 livres de dommages et intérêts contre chacun des contrevenants, applicables comme dessus, et en outre de prison pour ceux qui seraient pris sur le fait ; de toutes lesquelles condamnations lesdits maîtres desdites voitures demeurant civilement garants et responsables, de même que les syndics des paroisses, si la contravention est commise dans le bourg ou village de leur domicile, et qu'ils n'aient dûment averti les contrevenants.

541. — *Extrait de l'ordonnance du bureau des finances de la généralité de Paris concernant l'application des précédents règlements sur la police des routes et chemins, du 29 mars 1754. Entreprises sur les chemins.* Art. 3. Les propriétaires, fermiers ou locataires riverains des chemins soit dans les faubourgs ou banlieue de Paris, soit dans les villes, bourgs et autres lieux de cette généralité, ne feront aucune entreprise sur iceux. A cet effet, défenses leur sont faites de combler les fossés, d'abattre les berges qui bordent la largeur desdits chemins, ou d'anticiper sur cette largeur par leurs labours ou autrement.

Défendons expressément à toutes personnes, même à tous seigneurs, sous prétexte du droit de justice ou de voirie, de faire aucune translation de chemin, sinon en vertu de nos ordonnances rendues sur procès-verbaux qui constatent l'utilité ou les inconvénients desdites translations ; le tout sous peine de réparations des dommages causés, et de cinquante livres d'amende, suivant les règlements des 26 mai 1705, 17 juin 1721, 4 août 1731.

Alignements, saillies. 4. Faisons défenses à tous habitants, propriétaires, locataires, ou autres ayant maisons ou héritages le long des rues, grandes routes et autres grands chemins, de construire ou reconstruire soit en entier, soit en partie, aucun bâtiment, sans en avoir pris alignement, ni de poser échoppes ou choses saillantes, sans en avoir obtenu la permission ; lesquels alignements et permissions seront donnés, tant dans les parties de la banlieue de Paris qui sont hors les limites fixées par les articles 6 et 4 des déclarations des 17 juillet 1724 et 29 janvier 1726, que dans les autres chemins de la généralité, par ceux de nous, commissaires du pavé de Paris et des ponts et chaussées, chacun en leur département, ou en leur absence, par un autre de nous, conformément aux plans levés et arrêtés, et déposés au greffe du bureau, ou qui le seront dans la suite ; et lesdits alignements seront donnés sans frais, ainsi qu'il s'est toujours pratiqué, à peine contre les particuliers contrevenants, de trois cents livres d'amende, de démolition des ouvrages faits et de confiscation de matériaux ; et contre les maçons, charpentiers et ouvriers, de pareille amende, et même de plus grande peine en cas de récidive. Défenses expresses sont faites à tous officiers de justice et aux prétendus voyers, si aucun il y a, de donner aucuns desdits alignements ; le tout conformément aux règlements précédents, et notamment aux ordonnances et arrêts du conseil Confirmatifs des 12 et 17 mars 1739 ; et seront toutes les ordonnances qui auront été données par lesdits sieurs commissaires, déposées au greffe du bureau.

(Cette ordonnance a été étendue à tout le royaume.)

542. — *Écoulement des eaux.* 6. Faisons défenses à tous propriétaires dont les héritages sont plus bas que le chemin et en reçoivent les eaux, d'en interrompre le cours, soit par l'exhaussement, soit par la clôture de leur terrain ; leur enjoignons de rendre libre le passage des eaux qu'ils auront intercepté, si mieux n'aiment construire et entretenir à leurs dépens les aqueducs, gargouilles et fossés nécessaires à cet usage ; le tout sous peine de 50 livres d'amende et d'y être mis des ouvriers à leur frais et dépens, suivant les ordonnances des 3 février 1741 et 22 juin 1751.

543. — *Embarras, dépôts.* 7. Faisons défenses à tous gravatiers, laboureurs, vignerons, jardiniers, charrons et autres, de décharger aucuns gravois, terres, fumiers, immondices, pierres, bois ou autres empêchements au passage public, tant sur les chaussées du pavé, accotements et chemins de terre, que sur les ponts, aux avenues des ports et dans les rues des faubourgs et banlieue de cette capitale, villes, bourgs et villages de cette généralité, d'y laisser séjourner aucune voitures, charrettes, bois de charronnage, meules de foin ou paille, ou autres choses généralement quelconques qui puissent embarrasser la voie publique.

544. — *Trous, fouilles, sables et matériaux.* Défendons à toutes personnes de faire aucuns trous et fouilles sur et à côté des chaussées ou accotements, ni sur les glacis, sous quelque prétexte que ce soit, même d'y prendre du sable, de la pierre ou autres matériaux.

545. — *Dommages aux arbres, pâturage des bestiaux.*
Faisons pareilles défenses à tous bergers, conducteurs de
bœufs, vaches, moutons, chèvres et autres animaux, et
à toutes autres personnes, d'arracher ou endommager
aucuns arbres le long desdits chemins ; le tout sous
peine de cinquante livres d'amende, de confiscation des
bestiaux, et de demeurer responsables du tort qui en
pourra résulter aux arbres et plantations, suivant les
règles des 28 mai 1714, 4 août 1731, 17 mars 1739 et 23
août 1743.

546. — *Pavés, bornes.* 9. Défendons à toutes personnes de troubler les paveurs dans leurs ateliers, d'arracher les pieux mis pour la sûreté de leurs ouvrages,
les bornes placées pour empêcher le passage des voitures
sur les accotements de chaussées, celles qui défendent
les parapets des ponts, non plus que les parapets et anneaux de fer attachés audit pont, sous peine de trois
cents livres d'amende :

D'enlever aucuns pavés des rues, chaussées ou ateliers,
ou les fers, bois, pierres et autres matériaux destinés
aux ouvrages publics ou mis en œuvre, à peine contre
les contrevenants d'être, pour la première fois, attachés
au carcan, et, en cas de récidive, condamnés aux galères.
Faisons défenses à toutes personnes, de quelque qualité
et conditions qu'elles puissent être, de recevoir ou receler
en leurs maisons, même d'acheter aucun desdits pavés
ou autres matériaux volés, à peine de 1000 livres ;
le tout ainsi qu'il est ordonné par le réglement du 4
août 1731.

547. — *Distance des carrières.* 10. Les carrières de
pierre de taille, moëllons, glaises, marnes et autres, ne
pourront être ouvertes qu'à trente toises de distance du
pied des arbres plantés le long des routes et grands chemins, et à trente-deux toises du bord ou extrémité de la
largeur des chemins non plantés d'arbres, conformément

au réglement du 14 mars 1741. Défendons expressément
d'en ouvrir à moindre distance, sans une permission expresse et par écrit desdits sieurs commissaires du pavé
de Paris ou des ponts et chaussées, chacun dans leur département, dans le cas où il sera constaté n'en pouvoir
résulter aucun inconvénient. Ne pourront les rameaux
ou rues de toutes carrières être poussées du côté des chemins, le tout sous peine de 300 livres d'amende et confiscation des matériaux, outils et équipages. Et pour assurer l'exécution dudit règlement du 14 mars 1741, sera
fait un état de toutes les carrières actuellement existantes
et contraires à ces dispositions, pour, sur ledit état rapporté et communiqué au procureur du roi, être statué
tout ce qu'il appartiendra.

*Extrait de l'arrêt du Conseil d'Etat, qui défend à tous
pâtres et conducteurs de bestiaux de les conduire en pâturage ou de les laisser répandre sur le bord des grands chemins plantés d'arbres, du 16 déc. 1759.*

Le roi étant informé que quelque attention que l'on
apporte à l'entretien des haies d'épines et autres, plantées
en haut des remblais formés pour l'adoucissement des
montagnes, dans les grands chemins, ces plantations ont
rarement le succès que l'on doit en attendre, parce
qu'elles sont abroutées et détruites par le pâturage des
bestiaux ; que cet abus a lieu principalement dans les
parties des grands chemins qui se trouvent dans l'intérieur des forêts ; les bergers et pâtres, n'osant introduire
leurs bestiaux dans les massifs des bois, les conduisent
au pâturage le long de ces routes, ce qui occasionne la
destruction des plantations qui y ont été formées ; et sa
Majesté voulant prévenir de semblables dégradations, elle
a résolu de faire connaître sur ce ses intentions ;
Le roi, étant en Conseil, a ordonné et ordonne que les
réglements faits pour la plantation des grands chemins,
seront exécutées selon leur forme et teneur ; en consé-

quence fait sa M. très expresses inhibitions et défenses à tous pâtres et autres gardes et conducteurs de bestiaux de les conduire en pâturage ou de les laisser répandre sur les bords des grands chemins plantés soit d'arbres, soit de haies d'épines ou autres, à peine de confiscation des bestiaux et de 300 livres d'amende, de laquelle amende les maîtres, pères, chefs de famille et propriétaires de bestiaux seront et demeureront responsables.

548. — *Confirmation des anciens réglements*. Le décret relatif à l'organisation d'une police municipale et correctionnelle des 19, 22 juillet 1791, a dans son article 29, une disposition confirmative des anciens règlements sur la voierie :

Art. 29. Sont également confirmés provisoirement les règlements qui subsistent touchant la voirie, ainsi que ceux actuellement existants à l'égard de la construction des bâtiments et relatifs à leur solidité et sûreté, sans que de la présente disposition il puisse résulter la conservation des attributions ci-devant faites sur cet objet à des tribunaux particuliers.

549. — *Arbres. Extrait du décret du 16 déc. 1811.* Art. 29. Les arbres plantés sur le terrain de la route et appartenant à l'État, ceux plantés sur les terres riveraines, soit par les communes, soit par les particuliers, en exécution du présent décret ou antérieurement, ne pourront être coupés et arrachés qu'avec l'autorisation du directeur général des ponts et chaussées, accordée sur la demande du préfet, laquelle sera formée seulement lorsque le dépérissement des arbres aura été constaté par les ingénieurs, et toujours à la charge du remplacement immédiat.

101. Tout propriétaire qui sera reconnu avoir coupé sans autorisation, arraché ou fait périr les arbres plantés sur son terrain, sera condamné à une amende égale à la triple valeur de l'arbre détruit.

105. Les particuliers ne pourront procéder à l'élagage des arbres qui leur appartiendraient sur les grandes routes, qu'aux époques et suivant les indications contenues dans l'arrêté du préfet, et toujours sur la surveillance des agents des ponts et chaussées, sous peine de poursuites comme coupables de dommages causés aux plantations des routes.

108. Toutes condamnations, aux termes des articles 101 et 105 du présent, seront poursuivies et prononcées, et les amendes recouvrées comme en matière de grande voirie.

550. — *Répression des contraventions. Loi du* 29 *floréal an X.* — Art. 1. Les contraventions en matière de grande voirie, telles qu'anticipations, etc. seront constatées, réprimées et poursuivies par voie administrative.

Art. 4. Il sera statué définitivement en conseil de préfecture.

Décret du 16 déc. 1811 sur la répression des délits de grande voirie :

Art. 114. Il sera statué sans délai par les conseils de préfecture, tant sur les oppositions qui auraient été formées par les délinquants, que sur les amendes encourues par eux, nonobstant la réparation du dommage.

Seront en outre renvoyés à la connaissance des tribunaux, les violences, vols de matériaux, voies de fait ou réparations de dommages réclamés par des particuliers.

JURISPRUDENCE

551. — *Compétence des conseils de préfecture. Traverse des villes.* C'est devant le conseil de préfecture et non devant le tribunal de simple police que doit être poursuivi le fait d'avoir, sans autorisation, élevé un mur de clôture au devant d'une maison située dans le faubourg d'une ville, le long d'une rue formant prolongation d'une route départementale. (Cass. 18 août 1864. S. 65. 1. 471.)

'La cour :

Attendu que la loi des 16, 24 août 1790 a rangé dans les attributions de l'autorité municipale tout ce qui intéresse la sûreté et la commodité du passage dans les rues, quais, places et voies publiques ; que, comme substituée au grand voyer, la même autorité, aux termes de l'édit de 1607, doit pareillement veiller à ce qui concerne l'alignement dans l'intérieur des villes, bourgs et villages ; que les arrêtés pris par, les maires sur ce double objet sont réguliers ; qu'ils ont pour sanction l'article 471 n° 5 code pénal, et constituent des règlements de petite voirie proprement dite ; mais attendu que la loi du 29 floréal an X a réunis à l'autorité administrative la répression des contraventions de grande voirie ; que cette loi a eu essentiellement pour objet de transférer aux conseils de préfecture la police de conservation des grandes routes ; que voulant en protéger le sol contre toute usurpation, elle place au nombre de ces contraventions toute anticipation ou détérioration de nature à leur nuire ; attendu en fait, qu'il était constaté, par le rapport, base des poursuites et par l'aveu des parties, que le sieur Chartier avait récemment élevé sans autorisation, au devant de sa maison, située faubourg de Riom et contiguë à la route départementale n° 7, un mur de clôture ; qu'une telle œuvre pouvait avoir évidemment pour résultat d'anticiper sur la largeur de la route et d'en compromettre le sol ; qu'elle constituait ainsi une contravention de grande voirie, rentrant dans la juridiction du conseil de préfecture ; que c'est à bon droit, dès lors, que le jugement attaqué a déclaré le juge de simple police incompétent, et a annulé les poursuites.

552. — *Compétence en matière de chemins vicinaux.* Arrêt du 29 juillet 1864. Sirey. 65. 1. 295.

Attendu que Philippe Siouret a été traduit devant le tribunal de simple police du canton de Couches, comme prévenu d'avoir contrevenu à l'arrêté du préfet de l'Eure, du 27 sept. 1854, en élevant, sans avoir au préalable demandé l'alignement, une clôture au long du chemin de grande communication n° 66, allant de Lyre à Neubourg ;

Que le jugement attaqué, en lui faisant application des dispositions de l'article 471 n° 15. Cod. Pénal, a ordonné la suppression de ladite clôture dans un délai qu'il a déterminé ;

que cette suppression ne pouvait être ordonnée qu'à titre de dommages-intérêts et pour la réparation du préjudice causé ;

Que Siouret n'était pas poursuivi pour usurpation de la voie publique ;

Que ni le procès-verbal ni le jugement attaqué ne constatent que la haie plantée au long du chemin ait fait empiètement sur la largeur ;

Attendu, d'ailleurs, qu'aux termes de la loi du 29 floréal an X, la réparation des dommages occasionnés sur les chemins de grande communication est dans les attributions du conseil de préfecture ; que le juge de police ne pouvait donc, sans outrepasser ses pouvoirs, ordonner l'enlèvement de la clôture dont s'agit ;

Par ces motifs, casse et annule le jugement du tribunal de simple police du canton de Couches, du 10 juin 1864, mais seulement dans la disposition qui ordonne la démolition de la haie plantée sans autorisation.

Titre IV. — Tableau des pénalités [1].

553. — *Anticipations, usurpations*, amende de 25 francs à 500 fr. et confiscation, anciens règlements.

Les accessoires des routes, comme accotements, revers, fossés et talus en font partie intégrante et peuvent y être annexés par arrêtés de délimitation.

Le préfet a qualité pour rechercher les limites des routes et les fixer comme chargé de mesures de conservation du domaine public.

Si les limites sont douteuses, les tribunaux doivent surseoir jusqu'à ce que le préfet les ait marquées. Si l'arrêté annexe à la voie publique une parcelle de terrain privé, le propriétaire peut faire reconnaitre son droit à une indemnité devant les tribunaux.

Le fait par un riverain de s'être emparé d'un terrain dépendant d'une portion de route départementale qui, par suite d'un changement de tracé, a été déclassée et a cessé d'être

[1] Nous avons suivi dans ce tableau l'analyse des tables de Noyer.

affectée à la circulation, ne constitue pas une contravention de grande voirie. Il peut seulement résulter de ce fait une action en revendication sur laquelle il appartient à l'autorité judiciaire de statuer. (C. d'Et. 26 fév. 1863. S. 64. 2. 175.)

Mais le décret autorisant la rectification d'une route départementale et les travaux qui en sont la suite, n'ont pas pour effet de soustraire immédiatement au régime de la grande voirie les parties de cette route qui sont situées sur l'ancienne direction. Pour que ces parties cessent d'être soumises au régime de la grande voirie, il faut que le déclassement en soit prononcé par l'administration. (C. d'Et. 19 nov. 1852. S. 53. 2. 360).

La contravention résultant du fait d'avoir usurpé sur la largeur d'un chemin public par l'établissement de chasse-roues au-devant d'une construction ne peut être excusée sous le prétexte que les chasse-roues sont d'usage, et qu'ils ne rétrécissent par la voie, mais guident les roues à l'effet d'éviter le choc des moyeux : l'administration étant seule juge de ce qui peut être utile ou nuisible à la viabilité des chemins publics. (Cass. 17 août 1865. S. 66. 1. 183.)

Nota. Ne pas perdre de vue que les conseils de préfecture sont compétents pour faire restituer à la voie publique toute anticipation et usurpation sur chemins vicinaux de toute catégorie, mais que le juge de paix seul est compétent pour appliquer les amendes. Les chemins vicinaux d'une catégorie quelconque n'étant pas rattachés à la législation des contraventions de grande voirie. Sauf l'exception des chemins vicinaux de grande communication en matière de police du roulage.

L'anticipation ou usurpation commise par un particulier sur le sol d'une grande route constitue une contravention permanente, dont la répression peut être poursuivie à toute époque. En conséquence, le conseil de préfecture, saisi d'un procès-verbal de contravention dressé contre un particulier pour avoir élevé une construction anticipant sur le sol d'une grande route, ne peut refuser d'ordonner la démolition de cette construction, sous prétexte qu'il a déjà statué sur le même fait par un précédent arrêté qui se trouve prescrit. (L. 29. fl. an X. art. 1 et 4. C. d'Et. 13 avril 1870. S. 72. 2. 118).

Suivant la jurisprudence du conseil d'état la contravention résultant de ce qu'une construction a été édifiée, en tout ou en partie, sur le sol de la voie publique est continue et successive, se renouvelant indéfiniment, et elle peut dès lors être toujours réprimée.

L'arrêté par lequel le conseil de préfecture a condamné un particulier pour contravention de grande voirie ne peut avoir l'autorité de la chose jugée quant aux poursuites exercés postérieurement contre lui à raison d'une autre contravention résultant de faits nouveaux de même nature. (C. d'Et. 16 mai 1882. S. 74. 2. 95).

En conséquence, le particulier, condamné à délaisser un terrain qu'il avait usurpé sur le domaine public, est recevable à soutenir devant le conseil de préfecture à l'occasion du procès-verbal nouveau, que ce terrain ne fait pas partie du domaine public.

Le fait par un particulier, d'avoir établi, sans se conformer aux prescriptions d'un arrêté préfectoral, des bornes à la devanture d'une boutique en saillie sur l'alignement d'une grande route, ne constitue par une contravention de grande voirie, et le conseil de préfecture est, dès lors, incompétent pour en connaître. (C. d'Ét. 4 mai 1870. S. 72. 2. 118.)

Il en est de même du fait, par le riverain d'une route départementale, d'avoir, contrairement à la défense à lui faite par un arrêté préfectoral, placé au rez-de-chaussée de sa maison des volets s'ouvrant extérieurement sur la voie publique. (C. d'Et. 22 déc. 1852. S. 53. 2. 130.

De pareilles infractions constituent des contraventions de petite voirie, comme toutes celles qui, ne supposant aucun empiètement sur le sol de la voie publique, n'intéressent que la sûreté ou la commodité de la circulation. (C. d'Et. 23 janv. 1864. S. 64. 2. 240. 31 déc. 1869. S. 71. 2. 79.)

554. — *Fossés, comblement, dégradations*, amende de 25 à 500 f. et frais de réparations. Le barrage des fossés est considéré soit comme une entreprise sur le domaine public, soit comme un travail effectué sans autorisation. (C. d'Et. 26 août 1844. 10 juin 1835. Noyer table de législation.)

Le rejet dans les fossés des terres et sables provenant de leur curage, que les riverains sont tenus de recevoir sur leur propriété, en vertu de l'arrêt du conseil du 3 mai 1720. est puni de la même amende. (C. d'Ét. 2 avril 1720. Noyer.)

555. — *Enlèvement de matériaux*. Pas d'amende, paiement des dommages et des frais. Lorsque le fait peut être considéré comme vol, le conseil de préfecture peut renvoyer le procès-verbal aux tribunaux, après avoir statué sur le dommage.

Les anciens règlements prononcent. Le vol de matériaux destinés à la construction ou à l'entretien des routes est un délit qui doit être poursuivi, aux termes de l'article 114 du décret du 16 décembre 1811, devant les tribunaux correctionnels.

La revente de pavés destinés aux routes est punie d'une amende de 16 f. à 50 f. et confiscation des chevaux, (ord. gen. Paris 2 août 1774.)

La dispersion des matériaux approvisionnés constitue la même contravention.

Bien qu'une contravention de voirie dont le conseil de préfecture est saisi ne soit punissable d'aucune peine, le conseil doit condamner le contrevenant aux frais du procès-verbal. (C. d'Ét. 29 juin 1869. S. 70. 2. 252.)

556. — *Entraves à l'exécution des travaux*. Ce fait peut constituer le délit prévu par l'article 438. cod. p. ainsi conçu : quiconque, par voie de fait, se sera opposé à la confection de travaux autorisés par le Gouvernement, sera puni d'un emprisonnement de trois mois à deux ans, et d'une amende qui ne pourra excéder le quart des dommages-intérêts, ni être au-dessous de 16 f. Les moteurs subiront le maximum de la peine. Les dispositions de l'article 438 sont générales et absolues, elles embrassent toutes les voies de fait exercées pour s'opposer à l'exécution de travaux ordonnés ou autorisés par le gouvernement ou par ses agents dans les départements et spécialement par les préfets. Elles sont applicables notamment au propriétaire qui s'est opposé à la réédification d'un mur opérée par le gouvernement pour servir d'indemnité à ce propriétaire (Cass. 21 novembre 1862.)

Elles répriment l'opposition violente à tous travaux autorisés, comme les extractions de matériaux et les occupations temporaires nécessaires à l'entretien d'un chemin vicinal. (Cass. 4 avril 1867.)

Le conseil de préfecture devrait renvoyer devant les tribunaux correctionnels pour l'application de ces peines.

557. — *Dommages, dégradations, détériorations.* Amende de 25 f. à 500 f. et paiement du dommage. Cette contravention s'applique aux dégradations causées par les charrues.

Aux revers et accotements des routes et aux trottoirs dans la traverse des villes qui font partie de la grande voirie. (C. d'Ét. 25 janvier 1881.)

L'enlèvement des feuilles de mûriers sur les arbres plantés sur l'accotement des routes ne constitue pas une contravention. C. d'Ét. arrêt 17 février 1855.)

La destruction ou endommagement des bornes est punie d'une amende de 28 à 500 f. ord. 4 août 1731.

Un voiturier, qui, pour équilibrer son chargement, à la descente d'une rampe, aurait enlevé d'un tas de matériaux approvisionnés le long de la route et pour son entretien, des pierres qu'il a placées sur le talon de la charrette et qu'il a ensuite rejetées éparses-sur la route au bas de la rampe, n'encourt aucune amende bien qu'il y ait contravention de grande voirie ; mais le conseil de préfecture doit condamner le contrevenant à la réparation du dommage qui a pu être occasionné à l'état. Il doit aussi être condamné aux dépens. (C. d'Et. 13 janvier 1853.)

558. — *Obstacles à l'écoulement des eaux. Pas d'amende, frais de rétablissément des lieux.* L. 29. fl. an XI. Aux termes de l'ordonnance du bureau des finances de la généralité de Paris, du 17 juillet 1881, sur la police des chemins dans cette généralité, il est interdit aux propriétaires d'interrompre le cours des eaux soit par l'exhaussement soit par la clôture de leur terrain ; il leur est enjoint de rendre libre le passage qu'ils auraient intercepté, si mieux ils n'aiment construire et entretenir, à leurs frais, les aqueducs, fossés et gargouilles nécessaires à cet usage, le tout sous peine de 50 livres d'amende.

Lorsqu'un particulier, en cessant de tenir en bon état d'entretien des ouvrages exécutés par ses auteurs, dans le but de faire déverser sur sa propriété les eaux d'une route nationale, a occasionné la stagnation des eaux sur la route, et par suite l'interruption de la circulation, il commet une contravention, et l'administration est en droit, sur son refus, de faire exécuter d'office, et à ses frais, les travaux nécessaires pour rendre aux eaux leur libre écoulement. (C. d'Et. 6 janvier 1853.)

Le propriétaire qui fait boucher une barbacane établie depuis longtemps par l'administration pour procurer l'écoulement sur sa propriété des eaux d'une route impériale, commet une contravention de grande voirie prévue par l'ordonnance du 17 juillet 1784, et par la loi du 29 fl. an X.

Et cette contravention doit être réprimée encore bien que le propriétaire prétende n'être pas tenu de recevoir sur son fonds les eaux de la route ; il n'y a donc pas lieu par le conseil de préfecture à surseoir en ce cas jusqu'à ce qu'il ait été prononcé sur la question de servitude. (C. d'Ét. 9 juillet 1861. S. 62. 2. 240.)

Le fait, par un propriétaire, d'avoir au moyen de travaux exécutés sur son terrain, intercepté l'écoulement, sur ce terrain, des eaux d'une route, ne constitue pas une contravention de grande voirie, si le terrain, dont s'agit, est séparé de la route par des immeubles appartenant à d'autres propriétaires, sauf aux tribunaux ordinaires à décider si le même terrain est grevé, au profit de la route, d'une servitude d'écoulement des eaux. (C. d'Ét. 29 août 1867. S. 68. 2. 264.)

Le fait par un particulier, d'avoir comblé une rigole établie aux frais de l'état pour l'écoulement des eaux d'une route, ne constitue pas une contravention de grande voirie, si cette rigole était placée en dehors des limites de la route. (C. d'Ét. 7 septembre 1869. S. 70. 2.304.)

Le propriétaire qui supprime un aqueduc établi depuis longtemps par l'administration, sans opposition de sa part, dans le mur de clôture de sa propriété, pour y faire écouler les eaux d'une route, commet la contravention de grande voirie prévue par l'article 6 de l'ordonnance du 30 avril 1772. (C. d'Ét. 7 avril 1859. S. 60. 2. 112.)

Mais la condamnation prononcée contre lui à ce sujet ne fait pas obstacle à ce qu'il se pourvoie, s'il s'y croit fondé, devant qui de droit, pour faire statuer sur la question de servitude d'écoulement des eaux de la route, dans sa propriété et sur l'indemnité à laquelle il prétend droit. (Même arrêt.)

559. — *Encombrement. Dépôts de pierres, terres, bois, fumiers, immondices et autres empêchements au passage public* amende de 25 f. à 500 f. confiscation et frais d'enlèvement. La nécessité du dépôt n'efface pas la contravenion. L'article du code pénal est ici inapplicable. (C. d'Ét. 25 février 1839.

Le défaut d'éclairage des matériaux formant encombremeni sur une route constitue une contravention de simple police et non une contravention de grande voirie. (C. d'Ét. 28 juin 1865.)

Quant au stationnement des voitures le conseil de préfecture serait compétent si le stationnement n'était pas un fait de roulage.

Il y a occupation d'une partie du sol de la voie publique, et, par suite contravention de grande voirie, mais non simple contravention à la police du roulage, dans le fait d'un serrurier qui laisse habituellement en dépôt sur le sol d'une grande route, au devant de sa boutique, les voitures en réparation. Dès lors, c'est au conseil de préfecture, et non aux tribunaux ordinaires, qu'il appartient d'en connaître. (C. d'Ét. 19 décembre 1855. S. 56. 2. 446.)

Le fait d'avoir établi, sans autorisation, un dépôt de bois et autres matériaux sur le trottoir et sur la chaussée d'une route impériale, constitue une contravention de grande voirie punissable d'amende, lors même que ce dépôt n'aurait existé que pendant le temps nécessaire pour décharger et rentrer ces matériaux. (C. d'Ét. 13 décembre 1866. S. 67. 2. 363.)

560. — *Saillies mobiles ou fixes, portes, volets, ouvrant sur les routes, auvents, échoppes, amende, 16 f. à 300 f. démolition et confiscation.* Le fait par un particulier d'avoir, même contrairement aux défenses d'un arrêté préfectoral, fait placer au rez-de-chaussée de sa maison des volets qui s'ouvrent extérieurement sur une route départementale, ne constitue une contravention de grande voirie, qu'autant que ces volets feraient saillie sur la voie publique. (C.d'Ét. 22 décembre 1852. S. 53. 2. 430.)

Jugé qu'il y a lieu à amende et démolition pour le fait d'avoir établi, sans autorisation, des auvents et tablettes mobiles. (C. d'Et. 16 janvier 1846.)

L'interdiction de toute construction en pans de bois sur la voie publique n'est pas applicable aux étages en pans de bois élevés sur une maison, lorsque ces étages supérieurs sont établis derrière l'ancien comble qui continue de subsister, et ne se trouve pas dès lors en façade sur la voie publique.

Mais cette interdiction s'applique aux étages élevés en

retraite du mur de face. (C. d'Et. 16 août 1860. S. 61.2.
431.)

561. — *Travaux confortatifs aux constructions frappées
d'alignement*, amende 16 f. à 300 f. démolition et confiscation.
Les réparations faites sans autorisation à des constructions
sujettes à reculement, n'ont pas pour conséquence nécessaire
la démolition des travaux ou de ces constructions ; il y a lieu
d'examiner préalablement si les réparations dont il s'agit
constituent ou non un travail confortatif c'est-à-dire, de nature à consolider le mur de face, sujet à reculement ; cette
distinction est consacrée par la jurisprudence du conseil
d'état, qui, dans le cas où les réparations sont confortatives,
prononce à la fois l'amende et la démolition ; tandis que,
dans le cas contraire, il se borne à condamner à l'amende.
(avril. C. 19 novembre 1852. 3 novembre 1853.)
Tout en rappelant qu'en ces matières les circonstances
spéciales de chaque affaire ont et doivent avoir une grande
influence sur, la solution, nous citerons quelques exemples,
dit le dictionnaire d'administration, au mot voirie, pour indiquer les caractères généraux auxquels on peut reconnaître si
des travaux de réparation sont ou non confortatifs du bâtiment auquel ils ont été faits. Ainsi il a été jugé qu'un
propriétaire pouvait faire aux étages supérieurs de sa maison
toutes les constructions et réparations qu'il jugeait nécessaires,
sans qu'on pût les regarder comme confortatives, les peintu-
res, les badigeons quelquefois les plâtrages et recrépissages,
l'application de certains revêtements extérieurs, les perce-
ments de jours, la surélévation des murs et étages supérieurs,
les réparations intérieures qui ne sont pas de nature à consolider le mur de face, ont été considérés comme des travaux
non confortatifs. En sens inverse, les travaux, même intérieurs, de nature à consolider le mur de face, la pose de poteaux ou de colonnes pouvant avoir pour effet de mieux sou-
lever le mur, les réparations faites à la maçonnerie du rez-de-
chaussée ont été, au contraire, reconnus confortatifs.

Jugé :
Les constructions faites en arrière de l'alignement ne constituent pas une contravention d'après les termes de l'ordonnance de 1765, sauf aux maires à prendre des mesures de

police. (C. d'Et. 11 mai 1854. 6 décembre 1844. 29 juin 1845.)

Toutefois les constructions faites dans ces conditions, sans autorisation doivent donner lieu à l'application d'une amende. (C. d'Et. 9 mars 1854. 3 mars 1853.)

Les excédants de largeur des routes sont soumis aux règles de la grande voirie tant qu'ils ne sont pas déclassés.

Mais il faut en excepter les excédants qui sont en dehors du classement.

Il est permis de faire, sans autorisation, des travaux intérieurs sur la partie retranchable, pourvu que les travaux n'aient pas pour effet de réconforter directement ou indirectement le mur de face. (C. d'Et. 24 janvier 1861. 5 janvier 1860. 3 juin 1858. 22 février 1850.)

Mais les agents ont toujours le droit de vérifier les travaux intérieurs.

En cas de résistance à cette visite domiciliaire il faut l'injonction du maire et l'assistance du commissaire de police.

Il y a lieu d'appliquer la contravention à des réparations faites sans autorisation, aux constructions en pans de bois joignant la voie publique.

Il n'y a pas lieu à démolition, mais il y a lieu à amende, pour défaut d'autorisation, lorsque la construction est en arrière de l'alignement. (C.d'Et. 31 mai 1866. 17 février 1859. 29 décembre 1858.)

Le conseil de préfecture ne peut tolérer des travaux prohibés. L'administration, au contraire, peut à raison des circonstances, laisser exécuter des ouvrages qui réconfortent le mur de face ou ne pas poursuivre la démolition immédiate de semblables ouvrages, mais elle a toujours le droit de les faire enlever. La contravention qui en résulte n'est susceptible de prescription que relativement à l'amende. Cette prescription n'empêche pas d'exiger la suppression des ouvrages dans l'intérêt toujours subsistant de la viabilité. Le conseil de préfecture peut toujours l'ordonner.

L'interdiction d'exécuter des travaux confortatifs ne saurait s'appliquer aux travaux que les propriétaires se proposent d'exécuter aux bâtiments, aux maisons, aux constructions quelconques qui se trouvent en retraite de la limite légale de la voie publique. Lorsque des constructions sont dans cette situation, l'administration ne peut se prévaloir légalement de l'intérêt de la viabilité ou de la circulation pour s'opposer à leur conservation.

Il n'y a pas lieu non plus de ranger dans la catégorie des travaux confortatifs : Les travaux de réparations, de reconstructions ou d'exhaussement exécutés aux murs de face au-dessus du rez-de-chaussée, c'est-à-dire à partir du premier étage inclusivement. (C. d'Et. 22 juin 1811. 15 juillet 1829. 22 février 1838. 17 juin 1848.)

562. — *Travaux faits sans autorisation ou contre l'autorisa tion.* Amende 16 f. à 300 f. confiscation et démolition. Nul n'a le droit d'élever une construction ou d'établir une clôture, soit provisoire, soit définitive le long des routes sans en avoir demandé et obtenu la permission et l'alignement.

De même nul ne peut exécuter à la limite des routes des ouvrages ayant pour objet l'exhaussement des bâtiments, l'ouverture de portes, de fenêtres, etc.

La contravention existe sans qu'il y ait à distinguer : s'il existe ou non un plan d'alignement.

Si les travaux s'exécutent en planches ou en maçonnerie, si l'édifice auquel les travaux doivent être exécutés est public ou privé, s'il appartient à la commune, au département, à l'état ou à un particulier.

La prohibition ne peut être invoquée en ce qui concerne les travaux exécutés aux toitures ou couvertures des maisons ou bâtiments, lorsque d'ailleurs ils se trouvent dans l'alignement. (Cass. 15 octobre 1853. S. 54. 1. 77.)

Si les réparations à la couverture d'une maison située sur la voie publique peuvent en général, être faites sans autorisation préalable de l'autorité municipale, il n'en est pas de même des réparations de gouttière, rattachées au mur de face qu'elle a pour objet de garantir des infiltrations et de l'humidité provenant des eaux pluviales qui découlent de la couverture ; alors du moins qu'un arrêté municipal défend à tout propriétaire de réparer les murs joignant la voie publique. (Cass. 2 janvier 1859. S. 70. 1. 43.)

La démolition des travaux non autorisés ne peut être ordonnée lorsque les travaux sont faits à une propriété située sur l'alignement de la route, ou lorsque les travaux ne sont pas confortatifs ; mais il y a lieu à amende. (C. d'Et. 20 janvier 1853.)

Les travaux à exécuter aux constructions qui se trouvent sur des terrains contigus à la voie publique, mais qui sont élevés en arrière soit de la limite assignée à la voie publique, par un plan d'alignement régulièrement approuvée, soit de la limite actuelle de cette voie, en l'absence d'un plan d'alignement, sont régulièrement exécutés sans autorisation ni alignement. (C. d'Et. avis de principe du 21 août 1839, arrêt 21 juin 1844. 6 décembre 1844. 14 mars 1854. 11 mai 1854.)

La cour de Cassation s'est prononcée en sens contraire en matière de voirie urbaine par plusieurs arrêts.

L'autorisation préalable n'est pas non plus nécessaire lorsque les constructions auxquelles les travaux doivent être exécutés se trouvent au delà de la limite assignée à la voie publique par un plan d'alignement approuvé mais en arrière du mur de face sujet à reculement.

Le conseil d'état reconnaît aux propriétaires riverains le droit d'exécuter, sans autorisation préalable sur la partie retranchable de leurs immeubles, des réparations ou constructions en arrière du mur de face, pourvu que ce mur ne soit pas directement ou indirectement réconforté. Mais il appartient toujours à l'administration de vérifier si les travaux ont eu un pareil résultat et d'en poursuivre la suppression dans le cas de l'affirmative. D'un autre côté, lorsque le mur de face vient à tomber de vétusté ou à être démoli, elle peut prescrire la suppression de tous les ouvrages compris dans la partie retranchable. (C. d'Él. 1 septembre 1832. 12 décembre 1834. 25 mai 1835. 7 février 1845. 26 avril 1847. 17 janvier 1849. 22 février 1850. 2 février 1854. 3 juin 1858. 21 septembre 1859.)

La cour de cassation s'est prononcée dans le sens opposé par de nombreux arrêts en matière de voirie urbaine.

563. — *Alignements, dérogation aux arrêtés.* Amende 16 f. à 300 f. confiscation et démolition. Le préfet délivre les alignements aux routes même à défaut de plan.

Les sous-préfets sont autorisés à délivrer les alignements partout où il existe un plan régulièrement approuvé.

L. 4 mai 1864.

A défaut de plan ils ne peuvent suivre que la limite actuelle de la voie publique.

L'alignement ne peut être refusé qu'exceptionnellement dans des cas admis par la loi tels que ceux où les matériaux que l'on veut employer sont légalement prohibés ; où les ouvrages sont de nature soit à compromettre la sûreté publique, soit à consolider le mur de face d'une construction sujette à reculement d'après le plan d'alignement.

Le propriétaire qui construit en se conformant à un arrêté du préfet ne peut être soumis à la démolition lorsque cet arrêté a été ultérieurement rectifié et quoique le premier alignement ait pour effet de retrancher une parcelle de largeur de la route. (C. d'Ét. 20 avril 1854.)

Le propriétaire riverain d'une route départementale qui ayant obtenu l'autorisation de reconstruire la façade de sa maison dans l'alignement de la route, s'est borné à reconstruire la partie inférieure de cette façade en laissant subsister la partie supérieure sortant de l'alignement, doit être condamné non seulement à l'amende pour ne s'être conformé à l'autorisation qui lui avait été accordée, mais encore à démolir toute la partie de sa maison formant saillie sur l'alignement. (Cons. d'Ét. 11 nov. 1852. S. 53. 2. 361.)

·JURISPRUDENCE

Lorsque, dans le but de vérifier l'état de la façade d'une maison bordant une voie dépendant de la grande voirie, l'administration a fait enlever partie des plâtres qui la recouvraient et qu'à la suite d'une expertise contradictoire, il a été reconnu que cette maison ne présentait aucun danger pour la sécurité publique, l'administration ne peut, sous prétexte que l'immeuble doit être l'objet d'une surveillance spéciale, refuser aù propriétaire l'autorisation de réparer les dégradations que la vérification a nécessitées. (C. d'Et. 1er fév. 1866. S. 67. 2. 63.)

564. — *Plantations, pâturage de bestiaux sur les routes plantées d'arbres.* Amende 16 à 300 fr. confiscation et paiement du dommage. Le fait de pacage et d'abandon de bestiaux sur les routes non plantées ne peut donner lieu à aucune amende ; mais le paiement du dommage constaté doit être évalué et le délinquant condamné aux frais du procès-verbal. (C. d'Et. 28 mai 1852. 14 déc. 1853. — (C. d'Et.17 janv.1873. S. 74. 2. 327. 1er juin 1864. S. 65. 2.24.)

Le séchages de linges ou d'étoffes sur les haies ou arbres des routes est puni de 16 à 300 fr. d'amende par l'édit de 1607.)

Le propriétaire d'un troupeau est directement responsable de la contravention de pâturage. (C. d'Et. 17 janvier 1873. S. 74. 2. 327.)

565. — *Arbres.* — *Destruction ou détérioration des arbres plantés sur les routes ou sur les terrains riverains.* Amende égale à la triple valeur des arbres ; plus la valeur même des arbres de l'état à titre de réparation.

La question de propriété n'arrête pas la répression, mais s'il y a des dommages-intérêts à prononcer, le conseil doit surseoir à statuer sur ce point jusqu'au jugement des tribunaux (C. d'Et. 24 juin 1858.)

S'il est douteux que la destruction des taillis existant sur le talus des routes puisse tomber sous l'application du décret du 16 déc. 1811 relatif à la destruction des arbres, du moins ce fait est-il formellement contraire à l'arrêté du 4 août 1734 qui réprime toute espèce d'occupation et de détérioration sur le sol des routes.

Il n'y a pas à distinguer, pour la destruction ou la détérioration des arbres entre les routes départementales et les routes impériales. (C. d'Ét. 27 mai 1857. — 28 mai 1835 ;

Les termes de la loi du 23 mars 1842, s'opposent à la réduction par le conseil de préfecture de l'amende fixée par la loi de 1791 et le décret de 1811.

Le fait par une compagnie d'éclairage au gaz d'avoir par suite du mauvais état de conduite du gaz, infecté la terre qui entoure des plantations bordant la voie publique, ne constitue pas une contravention de grande voirie ; ce fait ne peut donner lieu qu'à une action en dommages-intérêts par la ville contre la compagnie. (C. d'Et. 25 février 1864. S. 64. 2. 280.)

En matière de détérioration d'arbres, le conseil de préfecture peut renvoyer le délinquant, s'il y a lieu, devant les tribunaux correctionnels pour l'application des articles 444.445.446.

code pénal qui punissent la destruction ou la détérioration d'arbres appartenant à autrui.

566. — *Elagage des arbres en dehors des époques fixées par le règlement.* Les règlements préfectoraux sur cette matière trouvent leur sanction sous l'article 471 code pénal. 137 et 138 code Inst. crim. qui soumettent ces sortes de contraventions aux tribunaux de simple police ; dans ce cas les conseils de préfecture statuent sur les restitutions, dommages et frais, en vertu de la loi du 29 floréal an X et le juge de paix est ensuite saisi du procès-verbal sur le renvoi qui lui en est fait par le conseil de préfecture, pour l'application de l'amende.

Le conseil de préfecture est incompétent lorsque les plantations riveraines n'ont pas été ordonnées par l'administration (C. d'Ét. 6 août 1861. 22 avril 1857.29 juin 1859.)

Mais il est toujours compétent lorsque les arbres sont plantés sur le sol d'une route ou sur ses dépendances. En cas de question de propriété, le conseil prononce l'amende et surseoit à statuer sur le dommage, pendant un délai déterminé pour le jugement de cette question par les tribunaux.(C. d'Et. 24 juin 1858. 29 fév. 1860.)

567. — *Inobservation des règlements touchant les soins à donner aux arbres.* Pas d'amende, paiement des frais d'entretien.

Les soins à donner par l'administration aux arbres plantés sur le sol des routes font l'objet de la circul. m. trav. publics du 9 août 1852.

568. — *Refus d'effectuer les plantations ordonnées et de remplacer les arbres morts ou manquants.* Am. 1 fr. par pied d'arbre et frais de replantation.

Sur le nouveau mode de plantation sur les routes, voir circul. m. trav. publics. 9 août 1850 et 17 juin 1851 au bulletin min. de l'Inter.

569. — *Distances, plantations d'arbres ou de haies exécutées volontairement, sans autorisation, ou contrairement à l'au-*

torisation, dans la Zône de servitude. Am. 25 à 500 fr. et confiscation.

Cette matière est aussi réglée par règlement préfectoral.

La distance des plantations riveraines au bord extérieur des
fossés de route est de six mètres ; avec autorisation elle peut
n'être que de 1 mètre, selon l'essence des arbres. L. 9 vent.
an XII D. 16 déc. 1811. (90.)

Avis du conseil général des ponts et chaussées 26 avril
1836.

Les arbres plantés sur un chemin public sont susceptibles
d'une appropriation particulière et séparée de la propriété du
sol auquel ils sont attachés. (Cass. 1er déc. 1874. S. 75. 1.
167.)

Arbres, mutilation.

La mutilation d'arbres, lorsqu'elle n'est pas de nature à les
faire périr, reste punie par l'art. 14 du titre 2 de la loi du 28
sept. 1791, qui est encore en vigueur. (Aix. 1er août 1874. S.
76. 2. 12 et 80.)

Abattage d'arbre, amende.

Le particulier qui, sans autorisation, a abattu des arbres sur
une propriété riveraine d'une route départementale, est passible de l'amende prévue par les actes 99 et 201, décret du 16
déc. 1811, s'il s'agit d'un département dont les routes ont été
rangées par le décret du 7 janv. 1813, parmi celles qui devaient être plantées. (C. d'Et. 31 mars 1874. S. 76. 2.
25.)

Si la route n'est pas classée dans cette catégorie il n'y a
pas de contravention (C. d'Et. 14 janv. 1869. 5. 70. 2.
94.)

Les préfets peuvent, par des arrêtés réglementaires, prescrire l'exécution dans un délai déterminé, des lois et règlements concernant les plantations le long des grandes routes ;
exemple l'élagage des arbres. Mais, en cas d'inexécution
de leurs arrêtés, leur droit se borne, sauf le cas de péril imminent pour la sûreté publique, à faire constater les contraventions et à en déférer le jugement au conseil de préfecture.
Ils ne peuvent, sans excès de pouvoir, ordonner l'exécution
d'office des mesures par eux prescrites, aux frais des particuliers. (C. d'Et. 5 juillet 1850. S. 50. 2. 808.)

L'amende prononcée par l'art. 43 de la loi des 28 sept. 6 oct.

1791, et par l'article 101,du décret du 16 déc.1811 contre ceux qui coupent des arbres sans autorisation,soit sur une route impériale ou départementale, soit sur des terrains contigus à cette route, est applicable même au cas, où les arbres appartiendraient aux contrevenants. Dès lors, l'exception de propriété soulevée par celui-ci ne peut faire obstacle à ce que le conseil de préfecture statue immédiatement sur la contravention. (C. d'Et. 27 mai 1857. S. 58. 2. 295.)

Les conseils de préfecture, compétents pour statuer sur les infractions commises aux arrêtés pris par les préfets,en exécution des articles 102 et 103 du décret du 16 déc. 1811, à l'effet de régler l'élagage des plantations qui sont considérées comme une œuvre des routes, sont incompétents pour connaître des contraventions aux arrêtés pris par les préfets, en vertu de l'article 3, titre II, de la loi des 16. 24 août 1790, pour régler l'élagage des arbres,des bois courants et des haies qui ont été plantés par les propriétaires riverains des routes et chemins pour le seul aménagement de leurs propriétés. (C. d'Et. 22 avril 1857. S. 58. 2. 136.)

Ainsi, le fait par le riverain d'une route départementale d'élaguer, sans autorisation de l'administration, des arbres plantés sur le sol de cette route, constitue une contravention de grande voirie punissable de l'amende prononcée par l'article 43 de la loi des 28 sept. 6 oct. 1791, alors même que les arbres seraient la propriété du riverain et n'auraient pas été plantés dans l'intérêt de la route. Par suite il appartient aux conseils de préfecture de connaître de cette contravention. (C. d'Et. 29 fév. 1860. S. 60. 2. 631.)

C'est aux conseils de préfecture seuls, et non aux tribunaux de police, qu'il appartient de connaître des contraventions aux arrêtés préfectoraux relatifs à l'élagage des arbres et haies le long des routes, alors même que ces arbres et haies ont été plantés par les propriétaires riverains pour le seul aménagement de leurs propriétés. (Cass. 25 juin 1859. S. 62. 1. 905.)

Mais les conseils de préfecture, compétents pour statuer sur ces infractions commises aux arrêtés pris par les préfets en exécution des art. 102 et 103 du décret du 16 déc. 1811, à l'effet de régler l'élagage des plantations qui sont considérées comme une annexe des routes, sont incompétents pour connaître des contraventions aux arrêtés pris par les préfets en vertu de l'art. 2. section 3. de la loi des 22 déc. 1789. janv. 1790. à l'effet de régler l'élagage des arbres des bois courants et des haies plantées par les propriétaires riverains des routes et chemins pour le seul aménagement de leurs propriétés. (C. d'Et. 6 août 1861. S. 62. 2. 246.)

La plantation faite, sans autorisation, en deça de la distance légale, ne peut, quelqu'ancienne qu'elle soit et quoique l'amende soit prescriptible, être détruite tant que l'administration n'a pas autorisé le maintien des arbres ou constaté que la plantation cause un dommage à la route (C. d'Et. 1er août 1834. 4 janv. 1866.

La distance d'un arbre à l'autre peut, comme sur le sol de la route, être de 10 mètres. (C. d'Et. 3 mai 1720.)

Quant aux arbres à planter par l'administration sur le sol de la route, la distance à observer ne concerne plus les riverains, cette distance est réglée en raison de la largeur de la route et se mesure de l'axe de la route à la plantation et de la plantation aux fonds riverains. (Circul. min. Tr. pub. 17 juin 1851.)

Le fait par un particulier, d'avoir planté sans autorisation des arbres à une distance de moins de six mètres d'une route impériale, constitue une contravention de grande voirie. (C. d'Ét. 4 janv. 1866. S. 67. 2. 31.)

Néanmoins, si la plantation est distante de plus d'un mètre du bord extérieur des fossés de la route, il n'y a pas lieu, par le conseil d'état, d'en ordonner la destruction, alors qu'elle n'est pas de nature à causer à la route un dommage (même décret.)

La contravention résultant de plantations d'arbres faites sans autorisation à une distance moindre de six mètres d'une route impériale, ne peut être punie d'une amende, lorsque cette plantation est antérieure de plus d'une année au jour où le conseil de préfecture a statué. (Cons. d'Et. 4 janv. 1866 S. 67. 2. 31.)

570. — *Moulins à vent établis ou réparés dans la distance de la prohibition.* Dans les départements où il n'existe pas de règlement sur l'établissement de ces moulins, le conseil ne peut prononcer aucune condamnation. L'ordonnance du 27 fév. 1765 est inapplicable. (C. d'Et. 7 avril 1819. 9 mai 1866 ; circ. min. 28 févr. 1867.)

Il y avait des règlements de prohibition dans l'Artois et la généralite de Lille. L'amende était de 16 à 200 fr.avec démolition.

L'arrêté préfectoral et la décision ministérielle qui, dans un intérêt de sûreté publique et en vertu d'anciens règlements locaux, refusent l'autorisation de réparer les ailes d'un moulin à vent situé à proximité d'un chemin public, ne peuvent donner lieu ni à une indemnité contre l'état, ni à un recours au conseil d'état par la voie contentieuse.(C. d'Ét.14août 1852. S. 53. 2. 175.)

571. — *Excavations, caves, passages, conduits d'eau ou de gaz sous les routes, tranchées ou fouilles quelconques.* Amende 16 à 300 fr., et frais de réparation.

Une ordonnance générale de Paris art. 9, 17 juillet 1781 et deux áutres des 2 août 1774. (7) 4 sep!. 1778, prononçaient une amende de 16 à 300 fr. tant contre les propriétaires que contre les entrepreneurs ou ouvriers et confiscation.

Les riverains étaient responsables des contrevenants inconnus.

572. — *Carrières ouvertes à moins de 30 toises* (58^m 47) à partir des arbres des routes ; à défaut d'arbres 32 toises, (62^m 37) à partir de l'extrémité de la largeur des routes, sans jamais pouvoir pousser les rançeaux ou rues des carrières du côté des routes. Am. 16 à 300 fr. confiscation et frais.

Les décrets réglementaires pris pour chaque département sur l'exploitation et la police des carrières n'infirment pas les anciens règlements de grande voirie.

L'établissement de pasages, sans autorisation par les carriers ou leurs voituriers dans les berges,fossés et accottements des routes est puni de 25 à 500 fr. d'amende, confiscation et dommages par arrêt du conseil du 5 avril 1772.

Il y a solidarité entre les contrevenants et les propriétaires et entrepreneurs.

Le règlement spécial du 21 mars 1813, sur la police des carrières dans le département de la Seine, réduit à 10 mètres la distance interdite pour les exploitations. Ce règlement a été pris par suite de la loi du 21 avril 1810. Il convient de se reporter aux règlements départementaux pour la distance.

573. — *Bêtes mortes.* Le transport et le dépôt des bêtes mortes sur les routes ou à moins de 100 toises n'étant prohibé que par des règlements locaux postérieurs à 1791, le conseil de préfecture est incompétent pour en connaître, si ce n'est dans le ressort de l'ancienne généralité de Paris.

La contravention de grande voirie résultant de ce qu'un particulier a pratiqué dans le lit d'une rivière non navigable, le long d'un pont dépendant d'une route impériale, des travaux qui ont compromis la sécurité de ce pont, n'est punie d'aucune peine. Dès lors, le contrevenant doit seulement être condamné, dans ce cas, à rétablir les lieux dans leur état primitif. (Cons. d'Et. 10 mai 1860. S. 61. 2. 173.)

CHAPITRE XXI

POLICE DU ROULAGE

Titre Ier. — Législation.

574. — *Indications générales.* Les anciens règlements et les anciennes lois sur la circulation et le poids
des voitures ont été abrogés par la loi de 1851, qui règle
la liberté de circulation des voitures sur les routes et chemins vicinaux de grande communication.

C'est dans cette loi, dans un règlement d'administration publique du 10 août 1852 fait en vertu d'une délégation législative contenue dans l'article 2 de la loi du 30 mai
1851, dans des décrets subséquents du 24 février 1858 et
du 26 août 1863, dans un arrêté du ministre des travaux
publics en date du 20 avril 1866 ; dans une loi du 14
juillet 1879, qu'il faut chercher les règles actuellement
applicables ; elles ont été développées par des circulaires du ministre des travaux publics en date du 25
août 1852, 9 mars 1858, 15 septembre 1863, 7 mai 1870,
20 mars 1877. etc, etc.

LOI SUR LA POLICE DU ROULAGE ET DES VOITURES DE MESSAGERIES DES 12. 30 AVRIL ET 30 MAI 1851

575. — *Des conditions de la circulation des voitures.*
Art. 1. Les voitures suspendues ou non suspendues, servant au transport des personnes et des marchandises, peuvent circuler sur les routes nationales, départementales et chemins vicinaux de grande communication, sans aucune condition de réglementation de poids ou de largeur de joutes.

Art 2. Des règlements d'administration publique détermineront :

§ Ier. — *Pour toutes les voitures :*

1° La forme des moyeux, le maximum de la longueur des essieux, et le maximum de la saillie au-delà des moyeux ;

2° La forme des bandes des roues ;

3° La forme des clous des bandes ;

4° Les conditions à observer pour l'emplacement et les dimensions de la plaque prescrite par l'article 3 ;

5° Le maximum du nombre des chevaux de l'attelage que peut comporter la police ou la libre circulation des routes ;

6° Les mesures à prendre pour réglementer momentanément la circulation pendant les jours de dégel, et les précautions à prendre pour la protection des ponts suspendus.

§ II. — *Pour les vottnres ne servant pas au transport des personnes :*

1° La largeur du chargement.
2° La saillie des colliers des chevaux.
3° Les modes d'enrayage.

4° Le nombres des voitures qui peuvent être réunies en un même convoi, l'intervalle qui doit rester libre d'un convoi à un autre et le nombre de conducteurs exigé pour la conduite de chaque convoi ;

5° Les autres mesures de police à observer par les conducteurs, notamment en ce qui concerne le stationnement sur les routes, et les règles à suivre pour éviter ou dépasser d'autres voitures.

Sont affranchies de toute réglementation de la largeur de chargement, les voitures de l'agriculture servant au transport des récoltes de la ferme aux champs et des champs à la ferme ou au marché.

§ III. — *Pour les voitures de messageries :*

1° Les conditions relatives à la solidité et à la stabilité des voitures ;

2° Le mode de chargement, de conduite et d'enrayage des voitures ;

3° Le nombre des voyageurs qu'elles peuvent porter ;

4° La police des relais ;

5° Les autres mesures de police à observer par les conducteurs, cochers ou postillons, notamment pour éviter ou dépasser d'autres voitures.

Art. 3. Toute voiture circulant sur les routes nationales, départementales et chemins vicinaux de grande communication, doit être munie d'une plaque conforme au modèle prescrit par le règlement. d'administration publique rendu en vertu du numéro 4 du premier paragraphe de l'article 2.

Sont exceptés de cette disposition :

1° Les voitures particulières destinées au transport des personnes, mais étrangères à un service public des messageries ;

2° Les malles-postes et autres voitures appartenant à l'administration des postes ;

3° Les voitures d'artillerie, chariots et fourgons appartenant au département de la guerre ou de la marine.

Des décrets du président de la république déterminent les marques distinctives que doivent porter les voitures désignées aux paragraphes 2 et 3, et les titres dont leurs conducteurs doivent être munis.

4° Les voitures employées à la culture des terres, au transport des récoltes, à l'exploitation des fermes, qui se rendent de la ferme aux champs, ou des champs à la ferme, ou qui servent au transport des objets récoltés du lieu où ils ont été recueillis jusqu'à celui où, pour les conserver ou les manipuler, le cultivateur les dépose ou les rassemble.

Titre II.

576. — *De la pénalité*. Art. 4. Toute contravention aux règlements rendus en exécution des dispositions des numéros 1,2,3,5 et 6 du premier paragraphe de l'article 2, et des numéros 1, 2 et 3 du deuxième paragraphe du même article, est puni d'une amende de 5 à 30 francs.

Art. 5. Toute contravention aux règlements rendus en exécution des dispositions des numéros 4 et 5 du deuxième paragraphe de l'article 2 est punie d'une amende de 6 à 10 francs, et d'un emprisonnement de un à trois jours. En cas de récidive, l'amende pourra être portée à 15 francs, et l'emprisonnement à cinq jours.

Art. 6. Toute contravention aux règlements rendus en vertu du troisième paragraphe de l'article 2 est puni d'une amende de 16 à 200 francs, et d'un emprisonnement de six à dix jours.

Art. 7. Tout propriétaire d'une voiture circulant sur des voies publiques sans qu'elle soit munie de la plaque prescrite par l'article 3 et par les règlements rendus en exécution du numéro 4 du premier paragraphe de l'article 2, sera puni d'une amende de 6 à

15 francs, et le conducteur d'une amende de 1 à 5 francs.

Art. 8. Tout propriétaire ou conducteur de voiture qui aura fait usage d'une plaque portant un nom ou domicile faux ou supposé sera puni d'une amende de 50 à deux cents francs, et d'un emprisonnement de six jours au moins et de six mois au plus.

La même peine sera applicable à celui qui, conduisant une voiture dépourvue de plaque, aura déclaré un nom ou domicile autre que le sien ou que celui du propriétaire pour le compte duquel la voiture est conduite·

Art. 9. Lorsque, par la faute, la négligence ou l'imprudence du conducteur, une voiture aura causé un dommage quelconque à une route ou à ses dépendances, le conducteur sera condamné à une amende de 3 à 50 francs. Il sera de plus condamné aux frais de la réparation.

Art. 10. Sera puni d'une amende de 16 à 100 francs, indépendamment de celle qu'il pourrait avoir encourue pour toute autre cause, tout voiturier ou conducteur qui, sommé de s'arrêter par l'un des fonctionnaires ou agents chargés de constater les contraventions, refuserait d'obtempérer à cette sommation et de se soumettre aux vérifications prescrites.

Art. 11. Les dispositions du livre III, titre 1er, chapitre III, section 4, paragraphe 2 du code pénal, sont applicables en cas d'outrages ou de violences envers les fonctionnaires ou agents chargés de constater les délits et contraventions prévus par la présente loi.

Art. 12. Lorsqu'une même contravention ou un même délit prévu aux articles 4, 7 et 8, a été constaté à plusieurs reprises pendant le parcours d'un même relais, il n'est prononcé qu'une seule condamnation.

Sauf les exceptions mentionnées au présent article, lorsqu'il aura été fait plusieurs procès-verbaux de contravention, il sera prononcé autant de condamnations qu'il y aura eu de contraventions constatées.

Art. 13. Tout propriétaire de voiture est responsable des amendes des dommages-intérêts et des frais de réparations prononcés, en vertu des articles du présent titre, contre toute personne préposée par lui à la conduite de sa voiture.

Si la voiture n'a pas été conduite par ordre et pour le compte du propriétaire, la responsabilité est encourue par celui qui a préposé le conducteur.

Art. 14. Les dispositions de l'art. 463 du code pénal sont applicables dans tous les cas où les tribunaux correctionnels ou de simple police prononcent en vertu de la présente loi.

Titre III.

577. — *De la procédure.* Art. 15. Sont spécialement chargés de constater les contraventions et délits prévus par la présente loi, les conducteurs agents voyers, cantonniers chefs et autres employés du service des ponts et chaussées ou des chemins vicinaux de grande communication, commissionnés à cet effet, les gendarmes, les gardes champêtres, les employés des contributions indirectes, agents forestiers ou des douanes, et employés des poids et mesures ayant droit de verbaliser, et les employés des octrois ayant le même droit.

Peuvent également constater les contraventions et les délits prévus par la présente loi, les maires et adjoints, les commissaires et agents assermentés de la police, les ingénieurs des ponts et chaussées, les officiers et sous-officiers de gendarmerie, et toute personne commissionnée, par l'autorité départementale, pour la surveillance de l'entretien des voies de communication.

Les dommages prévus à l'art. 9 sont constatés, pour les routes nationales et départementales, par les ingénieurs, conducteurs et autres employés des ponts et chaussées commissionnés à cet effet, et pour les chemins vicinaux de grande communication,par les agents voyers sans préjudice du droit réservé à tous les fonctionnaires et agents mentionnés au présent article de dresser procès-verbal du fait de dégradations qui aurait lieu en leur présence.

Les procès-verbaux dressés en vertu du présent article font foi, jusqu'à preuve contraire.

Art. 16. Les contraventions prévues par les articles 4 et 6 ne peuvent, en ce qui concerne les voitures publiques allant au trot, être constatées qu'au lieu de départ, d'arrivée, de relais et de station desdites voitures, ou aux barrières d'octroi, sauf toutefois celles qui concernent le nombre des voyageurs, le mode de conduite des voitures, la police des conducteurs, cochers ou postillons, et les modes d'enrayage.

Art. 17. Les contraventions prévues par les articles 4 et 9 sont jugées par le conseil de préfecture du département où le procès-verbal a été dressé.

Tous les autres délits et contraventions prévus par la présente loi sont de la compétence des tribunaux.

Art. 18. Les procès-verbaux rédigés par les agents mentionnés au paragraphe 1er de l'article 15 ci-dessus doivent être affirmés dans les trois jours,à peine de nullité devant le juge de paix du canton ou devant le maire de la commune soit du domicile de l'agent qui a verbalisé, soit du lieu où la contravention a été constatée.

Art. 19. Les procès-verbaux doivent être enregistrés en débet dans les trois jours de leur date ou de leur affirmation, à peine de nullité.

Art. 20. Toutes les fois que le contrevenant n'est pas domicilié en France, la voiture est provisoirement retenue, et le procès-verbal est immédiatement porté à la connaissance du maire de la commune où il a été dressé ou de la commune la plus proche sur la route qui suit le prévenu.

Le maire arbitre provisoirement le montant de l'amende, et, s'il y a lieu, des frais de réparation, et il en ordonne la consignation immédiate, à moins qu'il ne lui soit présenté une caution solvable.

A défaut de consignation ou de caution, la voiture est retenue jusqu'à ce qu'il ait été statué sur le procès-verbal.

Les frais qui en résultent sont à la charge du propriétaire.

Le contrevenant est tenu d'élire domicile dans le département du lieu où la contravention a été constatée ; à défaut d'élection de domicile, toute notification lui sera valablement faite au secrétariat de la commune dont le maire aura arbitré l'amende ou les frais de réparation.

Art. 21. Lorsqu'une voiture est dépourvue de plaque, et que le propriétaire n'est pas connu, il est procédé conformément aux trois premiers paragraphes de l'article précédent.

Il en est de même dans le cas de procès-verbal dressé à raison de l'un des délits prévus à l'article 8.

Il sera procédé de la même manière à l'égard de tout conducteur de voiture de roulage ou de messageries inconnu dans le lieu ou il serait pris en contravention, et qui ne serait pas régulièrement muni d'un passe-port, d'un livret ou d'une feuille de route, à moins qu'il ne justifie que la voiture appartient à une entreprise de roulage ou de messageries, ou qu'il ne résulte des lettres de voiture ou des autres papiers qu'il aurait en sa possession que la voiture appartient à celui dont le domicile serait indiqué sur la plaque.

Art. 22. Le procès-verbal est adressé, dans les deux jours de l'enregistrement, au sous-préfet de l'arrondissement.

Le sous-préfet le transmet dans les deux jours de réception, au préfet, s'il s'agit d'une contravention de la compétence des conseils de préfecture, ou au procureur de la république, s'il s'agit d'une contravention de la compétence des tribunaux.

Art. 23. S'il s'agit d'une contravention de la compétence du conseil de préfecture, copie du procès-verbal, ainsi que de l'affirmation, quand elle est prescrite, est notifiée avec citation, par la voie administrative, au domicile du propriétaire, tel qu'il est indiqué sur la plaque, ou tel qu'il a été déclaré par le contrevenant, et, quand il y a lieu, à celui du conducteur.

Cette notification a lieu dans le mois de l'enregistrement, à peine de déchéance.

Le délai est étendu à deux mois, lorsque le contrevenant n'est pas domicilié dans le département où la contravention a été constatée ; il est étendu à un an, lorsque le domicile du contrevenant n'a pas pu être constaté au moment du procès-verbal.

Si le domicile du conducteur est resté inconnu, toute notification qui lui est faite au domicile du propriétaire est valable.

Art. 24. Le prévenu est tenu de produire, dans le délai de trente jours, ses moyens de défense devant le conseil de préfecture.

Ce délai court à compter de la date de la notification du procès-verbal ; mention en est faite dans ladite notification.

A l'expiration du délai fixé, le conseil de préfecture prononce, lors même que les moyens de défense n'auraient pas été produits.

Son arrêté est notifié au contrevenant, dans la forme administrative, dix jours au moins avant toute exécution. Si la condamnation a été prononcée par défaut, la notification faite au domicile énoncé sur la plaque est valable.

L'opposition à l'arrêté rendu par défaut devra être formée dans le délai de quarante jours, à compter de la date de la notification.

Art. 25. Le recours au conseil d'état contre l'arrêté du conseil de préfecture peut avoir lieu par simple mémoire déposé au secrétariat général de la préfecture, ou à la sous-préfecture, et sans l'intervention d'un avocat au conseil d'état.

Il sera délivré au déposant récépissé du mémoire, qui devra être immédiatement transmis par le préfet.

Si le recours est formé au nom de l'administration, il devra l'être dans les trois mois de la date de l'arrêté.

Art. 26. L'instance à raison des contraventions de la compétence des conseils de préfecture est périmée par six mois à compter de la date du dernier acte des poursuites et l'action publique est éteinte, à moins de fausses indications sur la plaque, ou de fausses déclarations, en cas d'absence de plaque.

Art. 27. Les amendes se prescrivent par une année, à compter de la date de l'arrêté du conseil de préfecture, ou à compter de la décision du conseil d'état, si le pourvoi à eu lieu.

En cas de fausses indications sur la plaque, ou fausse déclaration de nom ou de domicile, la prescription n'est acquise qu'après cinq années.

Art. 28. Lorsque le procès-verbal constatant le délit ou la contravention a été dressé par l'un des agents désignés au paragraphe 1er de l'article 15, le tiers de l'amende prononcée appartient audit agent à moins qu'il ne s'agisse d'une contravention ou d'un délit prévu aux articles 10 et 11.

Les deux autres tiers sont attribués soit au trésor public, soit au département, soit aux communes intéressées, selon que la contravention ou le dommage concerne une route nationale, une route départementale ou un chemin vicinal de grande communication. Il en est de même du total de l'amende, lorsqu'il n'y a pas lieu d'appliquer les dispositions du paragraphe premier du présent article.

· Titre IV.

Art.29. Sont et demeurent abrogés, à dater de la promulgation de la présente loi ; la loi du 29 floréal an X. (19 mai 1802) relative à la police du roulage ;

La loi du 7 ventôse an XII (27 février 1804.) ;

Le décret du 23 juin 1806 ;

Ainsi que toutes les autres dispositions contraires à celles de la présente loi.

(RÈGLEMENT D'ADMINISTRATION PUBLIQUE, EN EXÉCUTION DE LA LOI DU 30 MAI 1851 SUR LA POLICE DU ROULAGE ET DES MESSAGERIES PUBLIQUES, DU 10 AOUT 1851.)

Titre Ier.

578. — *Dispositions applicables à toutes les voitures.* Art. 1er Les essieux de voiture ne pourront avoir plus de deux mètres 50 centimètres de longueur, ni dépasser à leurs extrémités le moyeu de plus de 6 centimètres.

La saillie des moyeux, y compris celle de l'essieu, n'excèdera pas de plus de douze centimètres le plan passant par le bord extérieur des bandes. Il est accordé une tolérance de deux centimètres sur cette saillie, pour les roues qui ont déjà fait un certain service.

2. Il est expressément défendu d'employer des clous à tête de diamant. Tout clou de bande sera rivé à plat et ne pourra, lorsqu'il sera posé à neuf, former une saillie de plus de cinq millimètres.

3. Il ne peut être attelé :

1° Aux voitures servant au transport des marchandises, plus de cinq chevaux, si elles sont à deux roues ; plus de huit, si elles sont à quatre roues, sans qu'il puisse y avoir plus de cinq chevaux de file.

2° Aux voitures servant au transport des personnes, plus de 3 chevaux, si elles sont à deux roues ; plus de six, si elles sont à quatre roues.

Art. 4. Lorsqu'il y aura lieu de transporter des blocs de pierre, des locomotives ou d'autres objets d'un poids considérable, l'emploi d'un attelage exceptionnel pourra être autorisé, sur l'avis des ingénieurs ou des agents voyers, par les préfets des départements traversés.

Art. 5. Les prescriptions de l'article 3 ne sont pas applicables sur les parties de routes ou de chemins vicinaux de grande communication affectées de rampes ou d'une déclivité ou d'une longeur exceptionnelle.

Les limites de cette partie de routes ou de chemins sur lesquelles l'emploi des chevaux de renfort est autorisé sont déterminées par un arrêté du préfet, sur la proposition de l'ingénieur en chef ou de l'agent voyer en chef du département, et indiquées sur place par des poteaux portant cettte inscription chevaux de renfort.

Pour les voitures marchant avec relais régulier et servant au transport des personnes ou des marchandises, la faculté d'atteler des chevaux de renfort s'étend à toute la longueur des relais dans lesquels sont placés les poteaux.

L'emploi des chevaux de renfort peut être autorisé temporairement sur les parties de routes ou de chemins de grande communication, lorsque, par suite de travaux de réparations ou d'autres circonstances accidentelles, cette mesure sera nécessaire. Dans ce cas, le préfet fera placer des poteaux provisoires.

6. En temps de neige ou de verglas, les prescriptions relatives à la limitation du nombre des chevaux demeurent suspendues.

Décret du 29 *août* 1863. L'article 7 a été abrogé et remplacé par le décret suivant du 29 août 1863.

Napoléon. etc.

Sur le rapport de notre ministre secrétaire d'État au

département de l'agriculture, du commerce et des travaux publics ;

Vu la loi du 30 mai 1851 sur la police du roulage et des messageries publiques ;

Vu les décrets des 10 août 1852 et 24 février 1858 rendus en exécution de l'article 2 de la loi précitée. Notre conseil d'État entendu, avons décrété et décrétons ce qui suit :

Art. 1er. Le ministre des travaux publics détermine les départements dans lesquels il pourra être établi, sur les routes impériales et départementales, des barrières pour restreindre la circulation pendant le dégel.

Les préfets, dans chaque département, déterminent les routes impériales et départementales, ainsi que les chemins de grande communication, sur lesquels ces barrières pourront être établies.

Ils prennent, sur l'avis des ingénieurs des ponts et chaussées ou des agents voyers, les mesures que la fermeture ou l'ouverture des barrières rendent nécessaires.

Peuvent seuls circuler pendant la fermeture des barrières de dégel :

1° Les courriers de la malle :

2° Les voitures de voyage suspendues étrangères à toute entreprise publique de messagerie :

3° Les voitures non chargées :

4° Les voitures chargées, montées sur roues à jantes d'au moins onze centimètres de largeur, et dont l'attelage n'excédera pas le nombre de chevaux qui sera fixé par le préfet, à raison du climat, du mode de construction et de l'état des chaussées, de la nature du sol, du nombre des roues de la voiture et des autres circonstances locales.

Toute voiture prise en contravention aux dispositions du présent article sera arrêtée, et les chevaux seront mis en fourrière dans l'auberge la plus rapprochée, le tout sans préjudice de l'amende stipulée à l'article 4, titre

11, de la loi du 30 mai 1851, et des frais de réparation mentionnés dans l'article 9 de ladite loi.

Les préfets rendront compte immédiatement à notre ministre de l'agriculture, du commerce et des travaux publics, des mesures qu'ils auront arrêtées en vertu du présent décret.

Sont et demeurent rapportés l'article 7 de notre décret du 10 août 1852 et l'article 1er de notre décret du 24 février 1858.

Art. 8. Pendant la traversée des ponts suspendus, les chevaux seront mis au pas ; les voituriers ou rouliers tiendront les guides ou le cordeau ; les conducteurs et postillons resteront sur leurs siéges.

Défense est faite aux rouliers et autres voituriers de dételer aucun de leurs chevaux pour le passage du pont.

Toute voiture attelée de plus de cinq chevaux ne doit pas s'engager sur le tablier d'une travée, quand il y a déjà sur cette travée une voiture d'un attelage supérieur à ce nombre de chevaux.

Pour les ponts suspendus qui n'offriraient pas toutes les garanties nécessaires pour le passage des voitures lourdement chargées, il pourra être adopté par le ministre des travaux publics ou par le ministre de l'intérieur, chacun en ce qui le concerne, telles autres dispositions qui seront jugées nécessaires. Dans des circonstances urgentes, les préfets et les maires pourront prendre telles mesures que leur paraîtra commander la sûreté publique, sauf à en rendre compte à l'autorité supérieure.

Les mesures prescrites pour la protection des ponts suspendus seront, dans tous les cas, placardées à l'entrée et à la sortie de ces ponts.

Nota. Une circulaire du 7 mai 1870 a transmis aux préfets un modèle d'arrêté qui ajoute, en ce qui concerne le passage sur les ponts suspendus, des prescriptions spéciales.

Art. 9. Tout roulier ou conducteur de voiture doit se

ranger à sa droite à l'approche de toute autre voiture, de manière à lui laisser libre au moins la moitié de la chaussée.

Art. 10. Il est interdit de laisser stationner sans nécessité sur la voie publique aucune voiture, attelée ou non attelée.

Titre II.

579. — *Dispositions applicables aux voitures ne servant pas au transport des personnes.* Art. 11. La largeur du changement des voitures qui ne servent pas au transport des personnes ne peut excéder 2 mètres 50 centimètres. Toutefois les préfets des départements traversés peuvent délivrer des permis de circulation pour les objets d'un grand volume qui ne seraient pas susceptibles d'être chargés dans ces conditions.

Sont affranchies. Conformément à la loi du 30 mai 1051, de toute réglementation de largeur de chargement, les voitures d'agriculture, lorsqu'elle sont employées aux transports des récoltes de la ferme aux champs et des champs à la ferme ou au marché.

Art. 12. La largeur des colliers des chevaux ou autres bêtes de trait ne peut dépasser 90 centimètres mesurés entre les points les plus saillants des pattes des attelles.

13. Lorsque plusieurs voitures marchent à la suite les unes des autres, elles doivent être distibuées en convois de quatre voitures au plus, si elles sont à quatre roues et attelées d'un seul cheval ; de trois voitures au plus, si elles sont à deux roues et attelées d'un seul cheval, et de deux voitures au plus, si l'une d'elles est attelée de plus d'un cheval.

L'intervalle d'un convoi à l'autre ne peut être moindre de 50 mètres.

Cet article a besoin d'être complété par l'article 3 du décret du 24 février 1858 ainsi conçu :

Les préfets pourront restreindre, lorsque la dimension

des objets transportés donnera au convoi une largeur nuisible à la liberté ou à la sûreté de la circulation, le nombre de voitures dont l'article 13 du décret du 10 août 1852 permet la réunion en convoi. Leurs arrêtés seront affichés sur les parties de routes auxquelles ils s'appliqueront.

Art. 14. Tout voiturier ou conducteur doit se tenir à portée de ses chevaux ou bêtes de trait, et en position de les guider.

Il est interdit de faire conduire par un seul conducteur plus de quatre voitures à un cheval, si elles sont à quatre roues, et plus de trois voitures à un cheval si elles sont à deux roues.

Chaque voiture attelée de plus d'un cheval doit avoir un conducteur. Toutefois une voiture dont le cheval est attaché derrière une voiture attelée de quatre chevaux au plus n'a pas besoin d'un conducteur particulier.

Les règlements de police municipale détermineront, en ce qui concerne la traverse des villes, bourgs et villages, les restrictions qui peuvent être apportées aux dispositions du présent article et de celui qui précède.

Art. 15. Aucune voiture marchant isolément ou en tête d'un convoi ne pourra circuler pendant la nuit sans être pourvue d'un falot ou d'une lanterne allumée.

Cette disposition pourra être appliquée aux voitures d'agriculture par des arrêtés des préfets ou des maires.

Cet article doit être complété par l'article 2 du décret du 24 février 1858, ainsi conçu :

Les préfets pourront appliquer, par des arrêtés spéciaux, aux voitures particulières, servant au transport des personnes, les dispositions du premier paragraphe de l'article 15 du décret du 20 août 1852, relatives à l'éclairage des voitures.

Art. 16. Tout propriétaire de voiture ne servant pas au transport des personnes est tenu de faire placer, en avant des roues et au côté gauche de sa voiture, une plaque métallique portant, en caractères apparents et lisibles, ayant au moins cinq millimètres de hauteur, ses nom, prénoms et profession, le nom de la commune du canton et du département de son domicile.

Sont exceptés de cette disposition, conformément à la loi du 30 mai 1851 :

1° Les voitures particulières destinées au transport des personnes, mais étrangères à un service public de messageries ;

2° Les malles-postes et autres voitures appartenant à l'administration des postes ;

3° Les voitures d'artillerie, chariots et fourgons appartenant aux départements de la guerre et de la marine.

Des décrets du président de la république déterminent les marques distinctives que doivent porter les voitures désignées aux paragraphes 2 et 3, et les titres dont leurs conducteurs doivent être munis.

4° Les voitures employées à la culture des terres, au transport des récoltes, à l'exploitation des fermes, qui se rendent de la ferme aux champs ou des champs à la ferme, ou qui servent au transport des objets récoltés du lieu où ils ont été recueillis jusqu'à celui où, pour les conserver ou les manipuler, le cultivateur les dépose ou les rassemble.

Titre III.

580. — *Dispositions applicables aux voitures de messageries.* 17. Les entrepreneurs de voitures publiques allant à destination fixe déclareront le siége principal de leur établissement, le nombre de leurs voitures, celui des plans qu'elles contiennent, le lieu de destination, les jours et heures de départ et d'arrivée. Cette déclaration sera faite, dans le département de la Seine, au préfet de police, et, dans les autres départements, aux préfets ou sous-préfets.

Ces formalités ne seront obligatoires pour les entrepreneurs actuels qu'au renouvellement de leurs voitures, ou lorsqu'ils en modifieront la forme ou la contenance.

Tout changement aux dispositions arrêtées par suite du premier paragraphe du présent article donnera lieu à une déclaration nouvelle.

18. Aussitôt après les déclarations faites en vertu des paragraphes 1 et 2 de l'article précédent, le préfet ou le sous-préfet ordonne la visite des voitures, afin de constater si elles sont entièrement conformes à ce qui est prescrit par les articles ci-après, de 19 à 29 inclusivement, et si elles ne présentent aucun vice de construction qui puisse occasionner des accidents. Cette visite, qui pourra être renouvelée toutes les fois que l'autorité le jugera nécessaire, sera faite, en présence du commissaire de police, par un expert nommé par le préfet ou le sous-préfet.

L'entrepreneur a la faculté de nommer, de son côté, un expert pour opérer contradictoirement avec celui de l'administration.

La visite des voitures ne peut être faite qu'à l'un des principaux établissements de l'entreprise ; les frais sont à la charge de l'entrepreneur.

Le préfet prononce sur le vu du procès-verbal d'expertise et du rapport du commissaire de police.

Aucune voiture ne peut être mise en circulation avant la délivrance de l'autorisation du préfet.

19. Le préfet transmet au directeur des contributions indirectes copie par extrait des autorisations par lui accordées en vertu de l'article précédent.

L'estampille, prescrite par l'article 117 de la loi du du 25 mars 1817, n'est délivrée que sur le vu de cette autorisation, qui doit être inscrite au registre spécial.

20. La largeur de la voie pour les voitures publiques

est fixée au minimum à un mètre quatre-vingt-cinq centimètres entre le milieu des jantes, de la partie des roues reposant sur le sol.

Toutefois, si les voitures sont à quatre roues, la voie de devant pourra être réduite à un mètre cinquante-cinq centimètres.

En pays de montagnes, les entrepreneurs peuvent être autorisés par les préfets, sur l'avis des ingénieurs et des agents-voyers, à employer des largeurs de voies moindres que celles réglées par les paragraphes précédents, mais à la condition que les voies seront au moins égales à la voie la plus large des voitures en usage dans la contrée.

21. La distance entre les axes des deux essieux, dans les voitures publiques à quatre roues, sera égale au moins à la moitié de la longueur des caisses mesurées à la hauteur de leur ceinture, sans pouvoir néanmoins descendre au-dessous de un mètre cinquante-cinq centimètres.

22. Le maximum de la hauteur des voitures publiques, depuis le sol jusqu'à la partie la plus élevée du chargement, est fixée à 3 mètres pour les voitures à quatre roues, et à 2 mètres 60 centimètres pour les voitures à deux roues.

Il est accordé, pour les voitures à quatre roues, une augmentation de 10 centimètres, si elles sont pourvues à l'avant train de sassoires et contre-sassoires formant chacune au moins un demi-cercle de 1 mètre 15 centimètres de diamètre, ayant la cheville ouvrière pour centre.

Lorsque, par application du troisième paragraphe de l'article 20, on autorisera une réduction dans la largeur de la voie, le rapport de la hauteur de la voiture avec la largeur de la voie sera au maximum d'un trente-quatrième.

Dans tous les cas, la hauteur est réglée par une traverse en fer placée au milieu de la longueur affectée au chargement, et dont les montants, au moment de la visite prescrite par l'article 17, sont marqués d'une estampille constatant qu'ils ne dépassent pas la hauteur voulue ; ils doivent, ainsi que la traverse, être constamment apparents.

La bâche qui recouvre le chargement ne peut déborder ces montants ni la hauteur de la traverse.

Il est défendu d'attacher aucun objet en dehors de la bâche.

23. Les compartiments des voitures publiques seront disposés de manière à satisfaire aux conditions suivantes :

Largeur moyenne des places, 48 centimètres ;

Largeur des banquettes, 45 centimètres ;

Distance entre deux banquettes, 45 centimètres ; .

Distance entre la banquette du coupé et le devant de la voiture, 35 centimètres ;

Hauteur du pavillon au-dessus de la voiture, 1 mètre 40 centimètres.

Hauteur des banquettes, y compris le coussin, 40 centimètres.

Pour les voitures parcourant moins de 20 kilomètres et pour les banquettes à plus de trois places, la largeur moyenne des places pourra être réduite à 40 centimètres.

24. Il peut être placé sur l'impériale une banquette destinée au conducteur et à deux voyageurs, ou à trois voyageurs, lorsque le conducteur se placera sur le même siége que le cocher.

Cette banquette, dont la hauteur, y compris le coussin, ne dépassera pas 30 centimètres, ne peut être recouverte que d'une capote flexible.

Aucun paquet ne peut être chargé sur cette banquette.

25. Le coupé et l'intérieur auront une portière de chaque côté. La caisse ou la rotonde peut n'avoir qu'une portière ouverte à l'arrière.

Chaque portière sera garnie d'un marchepied.

26. Les essieux seront en fer corroyé, de bonne qualité, et arrêtés à chaque extrémité soit par un écrou assujetti au moyen d'une clavette, soit par une boîte à huile fixée par quatre boulons traversant la longueur du moyeu, soit par tout autre système qui serait approuvé par le ministre des travaux publics.

27. Toute voiture publique doit être munie d'une machine à enrayer agissant sur les roues de derrière et disposée de manière à pouvoir être manœuvrée de la place assignée au conducteur.

Les voitures doivent être, en outre, pourvues d'un sabot et d'une chaîne d'enrayage, que le conducteur placera à chaque descente rapide.

Les préfets peuvent dispenser de l'emploi de ces appareils les voitures qui parcourent uniquement les pays de plaine.

28. Pendant la nuit, les voitures publiques seront éclairées par une lanterne à réflecteur placée à droite et à l'avant de la voiture.

29. Chaque voiture porte à l'extérieur, dans un endroit apparent, indépendammeut de l'estampille délivrée par l'administration des contributions indirectes, le nom et le domicile de l'entrepreneur, et l'indication du nombre des places de chaque compartiment.

30. Elle porte à l'intérieur des compartiments :

1° Le nombre de chaque place ;

2° Le prix de la place depuis le lieu de départ jusqu'à celui de l'arrivée.

L'entrepreneur ne peut admettre dans les compartiments de ses voitures un plus grand nombre de voyageurs que celui indiqué sur les panneaux, conformément à l'article 29.

31. Chaque entrepreneur inscrit, sur un registre coté et paraphé chez le maire, le nom des voyageurs qu'il transporte ; il y inscrit également les ballots et paquets dont le transport lui est confié.

Il remet au conducteur, pour lui servir de feuille de route, une copie de cet enregistrement, et à chaque voyageur un extrait, en ce qui le concerne, avec le numéro de sa place.

32. Les conducteurs ne peuvent prendre en route aucun voyageur ni recevoir aucun paquet sans en faire mention sur les feuilles de route qui leur ont été remises au point de départ.

33. Toute voiture publique dont l'attelage ne présentera de front que deux rangs de chevaux pourra être conduite par un seul postillon ou un seul cocher.

Elle devra être conduite par deux postillons ou par un cocher et un postillon, lorsque l'attelage comportera plus de deux rangs de chevaux.

34. Les postillons ou cochers ne pourront, sous aucun prétexte, descendre de leurs chevaux ou de leurs siéges.

Il est enjoint d'observer, dans la traversée des villes et des villages, les règlements de police concernant la circulation dans les rues.

Dans les haltes, le conducteur et le postillon ne peuvent quitter en même temps la voiture, tant qu'elle reste attelée.

Avant de remonter sur son siége, le conducteur doit s'assurer que les portières sont exactement fermées.

35. Lorsque, contrairement à l'article 9 du présent décret, un roulier ou conducteur de voiture n'aura pas cédé la moitié de la chaussée à une voiture publique, le conducteur ou le postillon qui aura à se plaindre de cette contravention devra en faire la déclaration à l'officier de police du lieu le plus rapproché, en faisant connaître le nom du voiturier d'après la plaque de sa voiture.

Les procès-verbaux de contravention seront sur le champs transmis au procureur de la république, qui fera poursuivre les délinquants.

36. Les entrepreneurs de voitures publiques autres

que celles conduites par les maîtres de postes, feront, à Paris, à la préfecture de police, et, dans les départements, à la préfecture où sous-préfecture du lieu où sont établis leurs relais, la déclaration des lieux où ces relais sont situés et du nom des relayeurs.

Une déclaration semblable sera faite chaque fois que les entrepreneurs traiteront avec un nouveau relayeur.

37. Les relayeurs ou leurs préposés seront présents à l'arrivée et au départ de chaque voiture, et s'assureront par eux-mêmes, et sous leur responsabilité, que les postillons ne sont pas en état d'ivresse.

La tenue des relais, en tout ce qui intéresse la sûreté des voyageurs, est surveillée, à Paris, par le préfet de police, et, dans les départements, par les maires des communes où les relais se trouvent établis.

38. Nul ne peut être admis comme postillon ou cocher, s'il n'est âgé de seize ans au moins et porteur d'un livret délivré par le maire de la commune de son domicile, attestant ses bonnes vie et mœurs et son aptitude pour le métier qu'il veut exercer.

39. A chaque bureau de départ et d'arrivée et à chaque relais, il y a un registre coté et paraphé par le maire, pour l'inscription des plaintes que les voyageurs peuvent avoir à former contre les conducteurs, postillons ou cochers. Ce registre est présenté aux voyageurs, à toute réquisition, par le chef du bureau ou par le relayeur.

Les maîtres de poste qui conduisent des voitures publiques présentent aux voyageurs qui le requièrent, le registre qu'ils sont obligés de tenir d'après le règlement des postes.

40. Les dispositions qui précèdent ne sont pas applicables aux malles-postes destinées au transport de la correspondance du gouvernement et du public, la forme, les dimensions, le chargement, le mode de conduite de ces voitures étant déterminés par des règlements particuliers.

Les voitures des entrepreneurs qui transportent les dépêches ne sont pas considérées comme malles-postes.

41. Les voitures publiques qui desservent les routes des pays voisins, et qui partent des villes frontières, ou qui y arrivent, ne sont pas soumises aux règles ci-dessus prescrites. Elles doivent toutefois être solidement construites.

42. Les articles ci-dessus, de 16 à 38, seront constamment placardés à la diligence des entrepreneurs des voitures publiques dans le lieu le plus apparent des bureaux et des relais.

Les articles de 28 à 38 inclusivement seront imprimés à part et affichés dans l'intérieur de chacun des compartiments des voitures.

Titre IV.

581. — *Dispositions transitoires*. 43. Il est accordé un délai de deux ans, à partir de la promulgation du présent décret, pour l'exécution de l'article 12, relatif à la saillie des colliers.

44. Les contraventions au présent règlement seront constatées, poursuivies et réprimées conformément aux titres 21 et 111 de la loi du 30 mai 1851, sans préjudice des mesures spéciales prescrites par les règlement locaux.

45. Les ordonnances des 23 décembre 1816 et 16 juillet 1828 sont et demeurent rapportées.

46. Les ministres des travaux publics, de l'intérieur et des finances sont chargés, chacun en ce qui le concerne, de l'exécution du présent décret, qui sera inséré au bulletin des lois.

Un arrêté du ministre des travaux publics en date du 20 avril 1866, rendu en complément, du règlement du 10 août 1852 et en exécution des dispositions d'un article du décret du 12 décembre 1865, relatif aux machines à vapeur, a déterminé les conditions relatives à la circulation des locomotives sur les routes ordinaires. Aux termes de cet arrêté, l'autorisation du préfet ou du ministre des *travaux publics* est nécessaire suivant que la circulation doit s'opérer dans un ou plusieurs départements. Le maximum de la charge est de 8000 kilos, le maximum de la vitesse 20 kilomètres à l'heure. Voir loi du 10 juin 1880. N°s 644 et 667.

CIRCULAIRE DU MINISTRE DE L'INTÉRIEUR, PORTANT INSTRUCTION POUR L'EXÉCUTION DU RÈGLEMENT D'ADMINISTRATION PUBLIQUE SUR LA POLICE DU ROULAGE ET DES MESSAGERIES PUBLIQUES, DU 25 AOUT 1852.

Titre Ier.

582. — *Longueur et saillie des essieux.* 2. La longueur des essieux et leur saillie sur le moyeu restent telles qu'elles étaient fixées par l'article 16 du décret du 23 juin 1806. Bien qu'en général la longueur de 2 m. 50 accordée pour l'essieu excède les besoins de l'industrie, on n'a pas cru devoir la réduire, parce qu'elle est à peine suffisante pour certains transports, qui exigent une largeur de voie considérable. C'est un maximum qu'on ne peut pas dépasser, mais au-dessous duquel on peut se tenir.

583. — *Art.* 1er. § 2. *Saillie des moyeux.* Le règlement reproduit également la disposition de l'ordonnance du 20 octobre 1828, qui a limité à 0 m. 12 centimètres la saillie du moyeu sur un plan passant par le bord extérieur des bandes ; mais il accorde une tolérance de 92 cent. pour les roues qui ont déjà fait un certain service. Cette tolérance est nécessaire, parce que souvent les moyeux, établis d'abord dans les conditions voulues, présentent, après un laps de temps plus ou moins long, et par suite du redressement des rais, une saillie qui excède d'un ou de deux centimètres la saillie réglemen-

taire, on ne s'est pas dissimulé ce qu'il y a de vague
dans les expressions qui ont déjà fait un certain service. Ici, monsieur le préfet, l'interprétation laissera
beaucoup à faire à la sagacité des agents chargés de
constater les contraventions ; ils auront à apprécier le
plus ou moins long service des roues. Je sais que le degré d'usure des bandes leur sera d'un grand secours pour
cette appréciation ; cependant, comme les agents pourront rarement acquérir la certitude que les rais ne se
sont pas redressés, ils ne devront pas hésiter à accorder
la tolérance toutes les fois qu'il leur restera le moindre
doute à cet égard. Le doute doit en effet, en matière de
simple police, comme en matière criminelle, profiter au
prévenu.

584. — *Art.* 2. *Clous des bandes.* 4. L'article 2, qui
prescrit l'emploi des clous à tête de diamant, est tiré de
l'article 18 du décret du 23 juin 1806, et demeure applicable comme par le passé.

585. — *Art.* 3, 4, 5 *et* 6. *Maximum du nombre des
chevaux.* 5. La limitation des attelages est une disposition nouvelle, rendue nécessaire par l'absence de toute
fixation de poids. Du moment où on laisse au voiturier
pleine liberté en ce qui concerne le chargement, il devient indispensable d'empêcher que, pour transporter un
poids considérable, il n'attelle à un même véhicule un
nombre de bêtes de trait qui serait une cause d'embarras
et d'accidents pour la circulation.

Les nombres cinq et huit, adoptés respectivement pour
les charrettes et les chariots, correspondent au maximum
actuellement en usage, et laissent au roulage toute la
latitude convenable dans les circonstances ordinaires. Il
en est de même des nombres trois et six, fixés pour les
diligences à deux ou à quatre roues.

Si, pour les objets indivisibles, pour les côtes rapides

et les temps de neige, il devient nécessaire de dépasser ces maximum, les exceptions stipulées par les art. 4, 5 et 6 donnent à cet égard, toutes les facilités désirables.

6. Avant de donner leur avis conformément à l'article 4, sur l'emploi d'un attelage exceptionnel pour le transport des blocs de pierre, des locomotives ou d'autres objets d'un poids plus considérable, MM. les ingénieurs ou agents voyers exigeront l'indication de l'itinéraire qu'on se proposera de suivre, et s'assureront avec soin qu'on ne rencontrera sur cet itinéraire aucun ouvrage dont la solidité puisse être compromise par le passage demandé. Si ce passage faisait naître des craintes contre lesquelles on ne pourrait se prémunir par une consolidation temporaire, il faudrait modifier l'itinéraire. Les ponts, et plus particulièrement les ponts suspendus, doivent, dans ce cas, appeler l'attention de MM. les ingénieurs et agents voyers.

7. Pour l'application de l'article 5, vous avez, monsieur le préfet, à demander immédiatement des propositions à M. l'ingénieur en chef, ainsi qu'à M. l'agent voyer en chef, et à prendre un arrêté pour déterminer les parties de routes ou de chemins sur lesquelles l'emploi des chevaux de renfort peut être autorisé. L'utilité des renforts dépend de la raideur, de la fréquence ou de la continuation des pentes, du plus ou moins bon état de viabilité des routes ou chemins, et aussi de la force des animaux qui composent les attelages en usage dans la contrée. Ces diverses circonstances varient à l'infini, et l'administration locale peut seule les apprécier. Il ne m'est donc pas possible, monsieur le préfet, de fixer par voie de disposition générale un minimum de déclivité au dessus duquel on permettra les renforts. Je vous laisse ce soin, en ce qui concerne votre département. Si cependant vous éprouviez quelques doutes, je vous prie de me les soumettre, et je m'empresserai de vous donner des instructions.

586. — *Art. 7. Barrière de dégel.* L'art. 7 remplace l'ordonnance de 1816, qui n'a jamais été appliquée que dans quelques départements du Nord de la France. D'après cette ordonnance les barrières de dégel ne pouvaient être établies que sur les chaussées pavées. Le nouveau règlement permet d'en établir sur les chaussées empierrées. Sur les routes nationales où les chaussées d'empierrement sont solidement construites, où les moyens de réparation sont régulièrement et puissamment organisés, où les ressources sont abondantes, on n'usera de cette faculté, si on en use, que dans des circonstances tout à fait exceptionnelles ; mais il deviendra plus souvent nécessaire de protéger les chemins vicinaux de grande communication et même certaines routes départementales. C'est donc principalement en vue de ces communications qu'on a étendu aux chaussées d'empierrement des dispositions qui, sous la législation actuelle, ne s'appliquaient qu'aux chaussées pavées. Comme d'ailleurs les dommages causés aux chaussées d'empierrement sont plus faciles à réparer que ceux causés aux chaussées pavées, les restrictions imposées à la circulation seront moindres sur les premières que sur les secondes.

9. Vous remarquerez, monsieur le préfet, qu'en ce qui concerne les routes nationales et départementales, c'est au ministre des travaux publics qu'il appartient de désigner les départements dans lesquels la mesure peut être exécutée. Si donc la nécessité de recourir à cette mesure se fait sentir dans votre département, vous devez m'en référer avant de l'appliquer aux routes nationales et départementales, vous n'avez d'initiative sur ce point qu'en ce qui touche les chemins de grande communication.

Les principales modifications apportées à cette partie de l'ancienne législation sont la conséquence de la suppression des ponts à bascule. Aux conditions de poids mises à la circulation de certaines voitures pendant le dégel, il a fallu substituer la limitation de l'attelage, l'exécution du règlement en sera plus facile.

Comme il s'agit ici de dispositions qui ne recevront l'application que dans un petit nombre de départements, je ne développerai pas davantage ces instructions, me réservant de les compléter, s'il en est besoin, lors de la désignation des départements, conformément au premier paragraphe de l'article 7.

587. — *Art. 8. Ponts suspendus.* 10. En ce qui concerne le passage des ponts suspendus, le règlement confirme purement et simplement les dispositions de l'instruction ministérielle du 19 septembre 1851, instruction que j'ai complétée par ma circulaire du 15 mai dernier. Je n'ai rien à ajouter aux prescriptions de cette circulaire dont je vous recommande l'application.

588. — *Art. 9. Règles à suivre pour éviter ou dépasser d'autres voitures.* 11. L'article 9 ne fait que consacrer l'usage généralement adopté par les cochers et voituriers. Cet usage devient ainsi une obligation pour tous, et la pénalité dont les contrevenants se trouveront frappés assurera l'exécution de la mesure.

589. — *Art. 10. Stationnemeut des voitures.* 12. L'article 10 défend de laisser stationner, sans nécessité, sur la voie publique aucune voiture attelée ou non attelée. En introduisant dans cet article les mots : sans nécessité, on ne s'est pas dissimulé, monsieur le préfet, qu'on laissait beaucoup à l'arbitraire des agents chargés de constater les contraventions, puisqu'ils se trouvent ainsi constitués juges en premier ressort de la nécessité du stationnement. On ne s'est pas dissimulé que certains agents chercheraient, dans l'interprétation plus ou moins large de cette disposition, la justification de leur négligence ou d'une tolérance coupable. Mais on a dû considérer, d'un autre côté, qu'il est des stationnements

indispensables, soit pour le repos des personnes et des chevaux, soit enfin en cas d'accidents. Or, il est certain qu'en
présence d'une disposition réglementaire portant une
interdiction absolue, beaucoup d'agents ne tiendraient
pas compte des circonstances de force majeure. Les
conducteurs et voituriers seraient ainsi exposés à des
poursuites pour des stationnements insignifiants ou iné-
vitables, et souvent le juge, qui se croirait lié par la
lettre du règlement, appliquerait indistinctement la
pénalité à toutes les contraventions constatées ; de
sorte que si les mots sans nécessité peuvent quelquefois
donner ouverture, à la fraude, il n'est pas douteux,
d'un autre côté, qu'une interdiction générale conduirait
à une répression abusive. Dans un sens comme dans l'autre, les abus ne pourraient être prévenus par une interprétation intelligente et modérée du règlement.

13. Il est encore un autre point sur lequel je vais
appeler particulièrement votre attention. Dans l'état
actuel de la législation, les stationnements sont assimilés à des dépôts sur la voie publique et tombent sous
l'application de l'ordonnance du 4 août 1731, qui
prononce une amende de 500 livres, laquelle peut être
réduite à 25 francs, en vertu de la loi du 23 mars 1842.
Ce minimum est encore trop élevé pour la plupart des
stationnements, qui, souvent, sont de peu de durée et
accompagnés de circonstances atténuantes. Aussi l'administration se trouve-t-elle amenée, par la force des
choses, à provoquer la modération, par la voie gra-
cieuse, du plus grand nombre des condamnations prononcées par les délits de l'espèce ; la nouvelle pénalité,
amende de 6 à 10 francs, sera bien mieux proportionnée avec ces délits. Il est d'ailleurs au moins douteux
que l'ordonnance du 4 août 1731, prohibant d'une
manière générale tout dépôt de nature à nuire à la circulation, ait eu en vue les stationnements de voitures,
et si cependant elle a été appliquée à ce genre de contravention, c'est à défaut d'autres dispositions répressives

La promulgation du nouveau règlement fera cesser cette application.

Titre II.

590. — *Voitures ne servant pas au transport des personnes. Art.* 11. *Largeur du chargement.* 14. Les dimensions exagérées de certains chargements et les inconvénients, les dangers qui en résultent quelquefois pour la circulation font, depuis longtemps, sentir la nécessité d'une réglementation. Il était rationnel d'adopter pour limites maximum de la largeur du chargement, la limite maximum de la longueur de l'essieu. Mais il importe de ne pas perdre de vue que rarement on donne à l'essieu la longueur maximum, de sorte que le plus souvent, le chargement pourra saillir sur l'essieu, sans que cependant il y ait contravention. Les agents devront donc se garder de prendre l'essieu pour mesure du chargement ; ce dernier devra toujours être l'objet d'un jaugeage spécial.

15. La loi du 31 mai fait une exception en faveur des voitures d'agriculture, lorsqu'elles sont employées au transport des récoltes de la ferme aux champs, et des champs à la ferme ou au marché. Tout le monde sait cependant que l'abus des larges chargements se rencontre surtout dans l'exploitation agricole. Il faut donc, monsieur le préfet, renfermer rigoureusement l'exception dans les limites tracées par la loi même. Tout chargement, quelle que soit sa nature, dont la largeur excédera 2 m. 50 centimètres, tombera sous l'application de l'article 11, toutes les fois que la voiture, alors même qu'elle appartiendra à l'agriculture, ne se trouvera pas dans l'un des cas d'exception spécifiés par la loi, c'est-à-dire, tontes les fois que le transport ne s'effectuera pas de la ferme aux champs, des champs à la ferme ou au marché. Dans toute autre circonstance,

en effet, la voiture appartenant à l'agriculture doit être assimilée à une voiture de roulage. Comme il s'agit d'une disposition nouvelle, il se présentera d'abord des espèces qui feront doute dans l'esprit des agents et des juges ; mais ces doutes disparaîtront à mesure que la jurisprudence se formera.

Du reste, c'est à vous, monsieur le préfet, qu'il appartiendra de délivrer des permis de circulation pour des objets d'un grand volume, qui ne seraient pas susceptibles d'être-chargés dans les conditions du règlement.

591. — *Art.* 12. *Saillie des colliers.* 16. Le développement exagéré donné, dans plusieurs provinces, aux pattes d'attelles des colliers de chevaux, appelait une réforme. On entend par pattes d'attelles des colliers, les parties supérieures et latérales dans lesquelles sont passés les guides ou cordeaux, soit au moyen d'anneaux, soit au moyen de trous pratiqués dans les planchettes. La grande variété qui existe dans les largeurs adoptées par le roulage pour des attelles de même force, démontre suffisamment qu'il importe peu, au fond, que les pattes des attelles soient plus ou moins saillantes. Ainsi les colliers du roulage flamand sont généralement fort étroits, tandis que ceux du roulage normand sont au contraire d'une largeur abusive, sans que rien justifie cette différence.

Le plus ou le moins de largeur est donc ici une affaire d'habitude, de goût, de fantaisie, et l'administration ne serait pas occupée, si certains colliers n'atteignaient pas des dimensions excessives, qui peuvent être une cause d'embarras pour la circulation, surtout quand il y a plusieurs chevaux de front.

17. Les motifs qui ont fait admettre 2 m. 50. cent. comme maximum de la longueur de l'essieu et de la largeur du chargement ont servi de base pour déterminer la largeur des colliers. En effet, le but qu'on

s'est proposé ne serait pas atteint si, après avoir circonscrit le chargement dans ces limites déterminées, ces limites étaient dépassées par la largeur de certains attelages. Or, en fixant la largeur maximum des colliers à 0. m. 90 cent. on a 1. mètre 80 centimètres, pour les attelages des deux chevaux de front, et en supposant entre les deux colliers un intervalle de 0. m. 70 cent. on atteint les 2. m. 50 cent. assignés comme maximum à l'essieu et au chargement. Cette limitation laisse, d'ailleurs, toute la latitude désirable. D'un autre côté, le délai de deux années accordé pour user les colliers existant à la date du nouveau règlememment, sera tout à fait suffisant. Le roulage n'éprouvera donc aucune gêne, ne subira aucune perte par suite de la nouvelle règlementation dont il s'agit.

592. — *Art . 13 et 14. Convois.* 18. J'aurai peu de chose à dire, monsieur le préfet, des articles 13 et 14, qui sont d'une application facile. Depuis longtemps, le besoin de régler la marche des convois se faisait vivement sentir. Qui n'a été frappé en effet, des graves inconvénients qui résultent de ces longues files de voitures allant au pas, qui, se succédant sans interruption, sont une cause d'embarras pour la circulation, et compromettent quelquefois la sûreté des voyageurs ? Les articles 13 et 14 du nouveau réglement viennent donc combler une lacune fâcheuse, et il importe de tenir la main à leur stricte exécution. Le nombre quatre, adopté pour les convois de voitures à quatre roues, n'a pas été fixé arbitrairement ; on a pris en considération les habitudes du roulage, notamment du roulage comtois. Ce nombre a été réduit à trois pour les voitures à deux roues. Voici le motif de cette différence. L'articulation de l'avant-train donne au chariot le moyen de se déranger et détourner, sans que le derrière de la voitnre se porte en travers de la roue, comme cela a lieu inévitablement pour les charrettes. Une file de chariots embarrasse donc moins la circulation qu'une file semblable de charrettes.

JURISPRUDENCE

La distance de 50 mètres entre les divers convois de voitures prescrite par l'article 13 du décret du 10 août 1852 est obligatoire aussi bien pour les voitures voyageant isolément que pour les voitures voyageant en convoi, pourvu qu'elles marchent à la suite les unes des autres. Dès lors chaque conducteur doit tenir sa voiture à la distance de 50 mètres, dès l'instant où les voitures qui précèdent la sienne forment le nombre nécessaire pour former un convoi. (Cass. 7 juin 1855. S. 55. 1. 678.)

Dans le cas d'un convoi formé seulement de deux voitures, chacune d'elles peut-être attelée de plus d'un cheval (Cass. 7 juillet 1854. S. 54. 1. 477.)

La contravention à l'article 14 du décret du 10 août 1852, qui prescrit à tout voiturier de se tenir constamment à la portée de ses chevaux et en disposition de les guider, est indépendante du nombre des chevaux composant l'attelage. En conséquence lorsqu'un procès-verbal régulier constate qu'un voiturier, conduisant une voiture attelée de deux chevaux placés en colonne, était monté sur le premier de ces chevaux et n'était pas en position de guider son attelage, le juge de police n'a qu'à rechercher si les faits établis constituent la contravention reprochée, et il ne peut acquitter le prévenu par l'unique motif que sa voiture était attelée seulement de deux chevaux. (Cass. 15 mars 1878. S. 79. 1. 48.)

593. — *Art. 15. 19 .Éclairage.* L'article 15, qui rend obligatoire l'éclairage de toute voiture marchant isolément, ou en tête d'un convoi, est aussi une disposition nouvelle qui offrira, j'en ai la conviction, de sérieuses garanties pour la facilité et la sécurité de la circulation. Vous aurez à apprécier, monsieur le préfet, si, pour tout ou partie de votre département, cette disposition doit être rendue applicable aux voitures d'agriculture.

Vous pourrez consulter à cet égard, si toutefois vous le jugez convenable, le conseil général et les conseils d'arrondissement.

JURISPRUDENCE

594. — Les voitures d'agriculture circulant la nuit sur les routes ne sont soumises à l'obligation de l'éclairage qu'autant qu'elle leur est expressément imposée par un arrêté préfectoral. (Cass. 15 juin 1855. S. 55. 1. 678.)

Toutefois ces voitures ne sont dispensées de l'obligation de l'éclairage, quand elles marchent la nuit, qu'autant qu'elles sont alors employées aux usages déterminés par le nᵒ 4 de la loi du 30 mai 1851, c'est à dire, qu'elles se rendent de la ferme aux champs ou des champs à la ferme, ou qu'elles transportent les récoltes au lieu où elles doivent être conservées ou manipulées. Dans tout autre cas, les voitures d'agriculture sont, comme toutes autres, soumises à la nécessité de l'éclairage: à cet égard la disposition de l'article 15 du décret du 10 août 1852, de laquelle il résulte que les voitures d'agriculture se trouvent dispensées de cette obligation, à moins de prescription spéciale par arrêté préfectoral, doit s'interpréter par la disposition précitée de la loi de 1852. (Cass. 1ᵉʳ mars 1856. S. 56. 1. 634. 30 avril 1857. S. 57. 1. 620. 3 mars 1859 S. 59. 1. 769.)

Elles y sont soumises notamment lorsqu'elles transportent les récoltes de la ferme au marché.

Ou lorsqu'elles reviennent du marché à la ferme. (Mêmes arrêts.)

Par la même raison elles y sont soumises lorsqu'elles transportent des récoltes de la ferme à une destination non déterminée (Cass. 14 avril 1859. S. 59. 1 769.)

Les voitures destinées au transport de marchandises sont soumises à l'obligation d'être éclairées pendant la nuit alors même qu'elle ne sont pas actuellement chargées de marchandises, et bien qu'elles soient établies sur ressorts et munies d'une banquette pour le conducteur. (Cass. 1ᵉʳ mars 1855. S. 55. 1. 316.)

Mais les voitures particulières, servant au transport des

personnes, ne sont pas assujetties comme celles servant au transport des marchandises, à l'obligation de l'éclairage lorsqu'elles circulent la nuit. (Cass. 27 août 1853. S. 53. 1. 70. Cass. 20 avril 1854. S. 54. 1. 486.)

A moins qu'il n'existe un règlement tout contraire (Cass. 1er mai 1859. S. 59. 1. 769).

Ou que l'éclairage de ces voitures n'ait été prescrit par un arrêté préfectoral. (Cass. 10 nov. 1846. S. 57. 1. 70.)

Jugé de même, en d'autres termes, que les voitures particulières ne servant ni au transport des marchandises, ni au transport des personnes ne sont pas soumises en l'absence de tout règlement local, à l'obligation de l'éclairage pendant la nuit. (C. 8 fév. 1856. S. 59. 1. 769.)

L'obligation imposée par l'article 15 du décret du 18 août 1852, à toutes voitures marchant pendant la nuit, isolément ou en tête d'un convoi, d'être pourvues d'un falot ou d'une lanterne allumée, est applicable aussi bien aux voitures de commerçants qu'aux voitures de roulage proprement dit. (Cass. 11 août 1853. S. 54. 1. 70.)

Elle est aussi applicable à une voiture marchant à la suite d'une autre, mais sans faire parti d'un convoi, peu importe celle qui la précédait fût-elle munie d'une lanterne. (Cass. 20 août. 1853. S. 54. 1. 70. 7 juillet 1865. S. 66. 1. 134.)

· La lanterne allumée dont l'article 15 du décret du 10 août 1852 exige que soient pourvues les voitures particulières circulant pendant la nuit, doit pour satisfaire au vœu de cet article, être fixée à la voiture et placée en avant : il ne suffirait pas qu'elle fût tenue par une personne placée dans la voiture. (Cass. 20 juillet 1861. S. 61. 1. 1019.)

Le conducteur d'une voiture est à bon droit relaxé d'une poursuite pour défaut d'éclairage, quand il est constaté que l'extinction de sa lanterne est due à un fait accidentel présentant les caractères de la force majeure. (Cass. 10 janv. 1879. S. 79. 1. 435).

La dispense d'éclairage, admise dans certains cas, et en l'absence d'arrêtés administratifs contraires, en faveur des voitures d'agriculture, doit être restreinte aux voitures allant de la ferme aux champs ou des champs à la ferme, ou transportant des récoltes au lieu de leur dépôt ou de leur manipulation. (Cass. 15 fév. 1879. S. 79. 1. 435).

Ainsi demeure soumise à l'éclairage la voiture chargée de charbons et la voiture chargée de grains pris chez divers cultivateurs, et que le voiturier conduisait au moulin de son père.

595. — *Art.* 16. *Plaques.* 20. L'article 16, relatif à la plaque, est emprunté au décret du 23 juin 1806 (art. 34,) on a ajouté aux prescriptions du décret l'obligation de donner aux lettres cinq millimètres au moins de hauteur. Cette disposition remédiera à un abus assez fréquent à Paris, et dans plusieurs autres villes, abus qui consiste dans l'emploi de caractères microscopiques, d'une lecture difficile pour les agents chargés d'assurer la répression des délits. On a complété, en outre, les indications précédemment obligatoires, en exigeant la désignation du canton du domicile. On évitera ainsi les confusions qui se commettent, quand il existe plusieurs communes dans le même département.

21. Aux voitures qui, d'après le décret du 23 juin 1806, étaient affranchies de l'obligation de la plaque, la loi du 30 mai 1851, (art 3) a ajouté les voitures employées à la culture des terres, aux transports des récoltes, à l'exploitation des fermes qui se rendent de la ferme aux champs et des champs à la ferme, et qui servent au transport des objets récoltés du lieu où ils ont été recueillis jusqu'à celui où, pour les conserver ou les manipuler, le cultivateur les dépose ou les rassemble.

22. Ce n'est pas sans beaucoup d'hésitations, monsieur le préfet, que le législateur s'est décidé à accorder cette nouvelle exception ; les voitures de la campagne donnent lieu, comme les autres voitures, à des accidents, commettent des délits, pour la constatation desquels on a besoin de recourir à la plaque. Cependant on a considéré que tant que ces voitures ne sortent pas de la commune ou de la circonscription de l'exploitation, les gens qui les conduisent y sont parfaitement connus.

Dans ce cas donc, la plaque n'est pas nécessaire, mais elle devient indispensable dès que les mêmes voitures sont employées en dehors des limites ci-dessus indiquées, comme, par exemple, lorsqu'elles se rendent aux marchés ou dans les foires. C'est une distinction que les agents ne devront pas perdre de vue. Il ne faut pas que les immunités dont l'agriculture jouit à juste titre tournent au préjudice de la sécurité publique.

JURISPRUDENCE

596. — Il ne suffit pas qu'une voiture soit habituellement employée à des exploitations agricoles, et qu'elle ait servi à des transports de produits, d'une propriété rurale dans une autre, pour qu'elle soit dispensée de la plaque imposée par les articles 3 de la loi du 30 mai 1851 et 16 du décret du 10 août 1852 à toute voiture circulant sur les routes impériales, départementales et les chemins vicinaux de grande communication, non employés pour des exploitations rurales : la dispense de la plaque n'est pas accordée à la simple destination des voitures, mais seulement à leur emploi, à leur usage et pour le temps de leur usage aux besoins de l'agriculture. (Cass. 24 juin 1864. S. 65. 1. 196.)

La disposition du § 4 de l'article 4 de la loi du 30 mai 1851, qui excepte de l'obligation d'être munies d'une plaque les voitures employées au transport des récoltes du lieu, où elles ont été recueillies jusqu'à celui où, pour les conserver ou les manipuler, le cultivateur les dépose ou les rassemble, ne peut être étendue aux voitures transportant les récoltes aux marchés. (Cass. 22 juillet 1857. S. 54. 1. 70.)

Le défaut de mention sur la plaque des voitures dont parle l'art. 16 du décret du 18 août 1852, de la profession du propriétaire de la voiture, est passible de l'amende portée par l'article 7 de la loi du 30 mai 1851, quand même la plaque contiendrait toutes les autres indications prescrites. (Cass. 25 août 1854. S. 55. 1. 72.)

Titre III.

597. — *Messageries, Voitures publiques*. Art. 17 à 42 inclusivement. 23 La plupart des dispositions du titre III ont été empruntées à l'ordonnance du 16 juin 1828, sauf révision de la réduction. On a dû, d'ailleurs, r e-trancher tout ce qui se rapportait au service des ponts à bascule, ainsi que plusieurs dispositions tombées depuis longtemps en désuétude.

D'un autre côté, de nouvelles prescriptions ont été introduites, qui précisent et complètent les obligations des messageries, et tourneront à l'avantage du public. Il est un certain nombre de modifications ou additions qui se justifient d'elles-mêmes, et auxquelles je ne m'arrêterai pas ; il en est d'autres, au contraire, sur lesquelles j'appellerai votre attention.

598. — *Art. 18. Vérification des voitures*. Dans les départements autres que celui de la Seine, les hommes de métiers qu'on désigne comme experts pour procéder à la visite des voitures, manquent le plus souvent de données qui leur sont indispensables pour faire un travail sérieux : d'abord, parce qu'ils n'ont pas ordinairement une connaissance suffisante des dispositions règlementaires sur lesquelles ils doivent baser leurs opérations ; puis, il faut le dire, parce que, jusqu'à présent, ces dispositions n'étaient ni assez précises, ni assez explicites. Aussi arrive-t-il que les entrepreneurs sont exposés à voir refuser leurs voitures, bien qu'elles soient établies dans de bonnes conditions de stabilité et suivant les règles prescrites, ou que les voitures sont admises, quoique n'offrant pas toutes les garanties désirables pour la sûreté et la commodité des voyageurs.

25. Il fallait donc, pour remédier à ces inconvénients, d'une part, adjoindre à l'homme du métier un agent de

l'administration, qui lui faciliterait l'interprétation des règlements, et, d'autre part, préciser davantage les conditions auxquelles les voitures doivent satisfaire : c'est ce que fait le règlement, aussi l'article 18 dispose que l'expert chargé de la visite, procédera en présence du commissaire de police. Pour que cette disposition produise toute son efficacité, il ne faut pas que le commissaire de police assiste à la visite en simple spectateur ; si certaines conditions prescrites par le règlement peuvent être vérifiées uniquement par un homme du métier, il en est d'autres, et c'est le plus grand nombre, dont l'appréciation est facile pour le commissaire de police. Il doit, avant tout, faire connaître à l'expert les dispositions règlementaires qu'il s'agit d'appliquer ; puis suivre de point en point l'opération, afin d'éviter toute erreur ou omission.

Il mentionnera dans son rapport toutes les circonstances qui lui paraîtront de nature à influer sur la décision que vous aurez à prendre en vertu de l'article 18 précité.

Du plus ou du moins de soin apporté à la visite peuvent dépendre, vous le comprenez, monsieur le préfet, la sécurité et la commodité des voyageurs. Il est, dès lors, très-essentiel que cette visite offre toutes les garanties désirables. Le choix des experts auxquels vous confierez ces visites est donc un point important. Vous ne sauriez, d'un autre côté, trop insister pour obtenir des commissaires de police une intervention active, un contrôle sérieux.

599. *Art.* 20 *et* 21. *Largeur de la voie. Distance des essieux.* 26. De légères modifications ont été apportées à la largeur de la voie et à la distance des essieux des voitures publiques. Je ne déduirai pas ici, monsieur le préfet, les motifs de ces modifications, dont le but principal a été de faire droit aux légitimes réclamations des entrepreneurs de messageries, sans influer d'une manière sensible sur la stabilité des voitures ; je constate seulement que la nouvelle réglementation diffère peu de l'ancienne, et qu'on ne devra appliquer cette nouvelle réglementation qu'aux voitures construites après la promulgation du règlement ci-annexé.

600. — *Art.* 23. *Dimension des places.* 27. Jusqu'à présent, les dimensions des places, la largeur et la hauteur des banquettes n'avaient été l'objet d'aucune prescription générale ; il ne convenait pas d'abandonner plus longtemps le soin de régler, en quelque sorte arbitrairement, un détail qui intéresse à un aussi haut degré la commodité des voyageurs. Tous les chiffres inscrits dans le règlement résultent, d'ailleurs, d'investigations faites avec soin, ils n'imposent pas d'autres conditions que celles dont les bonnes entreprises ont pris l'initiative dans l'intérêt public. L'expert et le commissaire de police devront, dans ce même intérêt, s'assurer, lors de la visite prescrite par l'article 18, si toutes ces conditions sont exactement remplies.

601. — *Art.* 24. *Banquette de l'impériale.* 28. D'après l'ordonnance de 1828 (art 14) la banquette de l'impériale était destinée au conducteur et à des voyageurs.

Plus tard, on a autorisé le conducteur à se placer à côté du cocher : ce qui laisse libres trois places de voyageurs. Depuis, le conducteur a repris son poste sur la banquette, et néanmoins on a continué d'y placer trois voyageurs. Cet état de choses, qui paraît avoir été toléré, constitue une infraction à l'ordonnance de 1828, et constituerait également une contravention à l'article 24 du nouveau règlement, article d'après lequel il n'est permis de placer trois voyageurs sur la banquette que si le conducteur se met à côté du cocher. Les agents devront veiller à ce que cette disposition reçoive son exécution.

Du reste, il est bien entendu que l'article 24 du nouveau règlement n'est pas applicable aux voitures dites des environs de Paris, ni aux autres voitures publiques parcourant moins de 20 kilomètres de distance. Ces voitures, qui ne transportent point ou peu de messageries, pourront, comme par le passé, en vertu d'autorisations spéciales, recevoir un plus grand nombre de voyageurs sur l'impériale.

Les autres articles du règlement ne renferment que des dispositions depuis longtemps en vigueur, ou qui, si elles sont nouvelles, ne paraissent présenter aucune difficulté dans l'application. Je ne m'y arrêterai donc pas. Je terminerai ces instructions par quelques observations sur les juridictions, la procédure et la pénalité qui résultent de la loi du 30 mai 1851.

602. — *Juridiction, procédure. **Pénalité.** 29. Sous l'ancienne législation, les conseils de préfecture connaissaient de toutes les contraventions aux lois, ordonnances et règlements sur la police du roulage. Il faut toutefois en excepter l'ordonnance du 16 juillet 1828, dont l'application a été, de tout temps, dévolue aux tribunaux correctionels et de simple police.

Aux termes de l'article 17 de la loi du 30 mai 1851, les conseils de préfecture ne doivent plus connaître que des contraventions prévues par les articles 4 et 9 de la même loi ; mais ces contraventions embrassent à peu près toute l'ancienne police du roulage, sauf les contraventions à l'obligation de la plaque, qui passe des attributions des conseils de préfecture dans celles des tribunaux de simple police.

En résumé, l'article 17 de la loi du 30 mai, combiné avec les articles 2, 4 et 9, place dans la juridiction des conseils de préfecture les disposition suivantes :

Aux essieux et moyeux (art. 1er du règlement.)

Aux clous des bandes (art. 2. id.)

Au maximum des attelages (art. 3, 4, 5 et 6, id.)

Aux barrières de dégel (art. 7, id.)

Aux ponts suspendus (art. 8, id.)

A la largeur du chargement (art. 11, id.)

A la largeur des colliers des chevaux (art. 12, id.)

Le surplus du règlement est placé dans les attributions des tribunaux.

603. — *Pénalités*. D'après l'ancienne législation, les amendes encourues pour contravention. à la police du roulage étaient fixées. Le conseil de préfecture ¦n'avait pas de faculté de se mouvoir entre un maximum et un minimum. Cette faculté a été accordée par la loi du 30 mai 1851. Toutes les contraventions dont le jugement est dévolu au conseil de préfecture sont punies d'une amende de 5 à 30 francs. Le conseil pourra donc désormais, entre ces deux chiffres, graduer les peines et les proportionner aux délits. Les recours en grâce seront ainsi à peu près supprimés.

604. — *Circulaire ministérielle du 20 mars 1877. Voitures de place*. Aux termes du décret du 10 août 1852, les entrepreneurs de voitures publiques allant à destination fixe doivent déclarer à la préfecture ou à la sous-préfecture le siége principal de leur établissement, le nombre de leurs voitures, celui des places qu'elles contiennent, le lieu de destination, les jours et les heures de départ et d'arrivée. Le préfet ou le sous-préfet ordonne la visite des voitures, afin de constater si elles sont entièrement conformes aux prescriptions des articles 19 à 29 et si elles ne présentent pas des vices de construction qui puissent occasionner des accidents. Aucune voiture ne doit être mise en circulation sans une autorisation préfectorale ; le préfet transmet au directeur des contributions indirectes copie par extrait des autorisations par lui accordées. L'estampille prescrite par l'article 117 de la loi du 25 mars 1817, concernant les droits dus au trésor par les entrepreneurs, n'est délivrée que sur le vu de l'autorisation préfectorale.

Ces dispositions sont-elles applicables aux voitures allant d'un point fixe à un autre, telles que celles qui desservent les marchés et les gares de chemins de fer, sans sortir d'une même ville ou d'un rayon de quinze kilomètres de ses limites?

La question paraît devoir être résolue négativement. En effet, le décret du 10 août 1852, (titre III) a surtout en vue, les voitures faisant un long trajet. D'un autre côté, la loi du 28 juin 1833 (art. 8) assimile aux voitures partant d'occasion ou à volonté, celles qui, dans leur service habituel d'un point fixe à un autre, ne sortent pas d'une même ville ou d'un rayon de quinze kilomètres de ses limites. On doit dès lors, les considérer comme n'étant pas soumises aux prescriptions du décret du 10 août 1862 (titre III.) C'est l'avis de MM. les ministres des finances et des travaux publics, et il suffira de les soumettre à une certaine réglementation dans l'intérêt de la sécurité des voyageurs. Les mesures de police édictées dans ce but, ayant un caractère purement local, doivent, en principe, émaner de l'autorité municipale. (L. 16-24 août 1790, titre XI, art. 3 ; L. 18 juillet 1837, art. 10 et 11.) Ce n'est que dans des circonstances exceptionelles qu'il vous appartiendrait de les prendre, en vertu de la loi des 22 décembre 1789, 8 janvier 1790. Mais, en général, votre droit de réglementation devra se limiter aux voitures qui desservent plus d'une localité.

605. — LOI DU 14 JUILLET 1879, PORTANT MODIFICATION DE L'IMPÔT SUR LES VOITURES DE TERRES ET D'EAU EN SERVICE RÉGULIER, ET SUR LES CHEMINS DE FER.

Art. 1er. L'article 8 de la loi du 28 juin 1833 est modifié ainsi qu'il suit :

· Le droit fixe imposé sur les voitures publiques, par·

tant d'occasion ou à volonté, par l'article 113 de la loi du 25 mars 1817, pour tenir lieu du droit du dixième imposé sur les voitures en service régulier, est perçu, en principal, suivant le tarif ci-après.

Par voiture	à 1 et 2 places.	40 fr. par an.
	à 3 —	60 —
	à 4 —	80 —
	à 5 —	96 —
	à 6 —	110 —

Pour chaque place au delà de 6, jusqu'à 50 inclus. . . , . . 10 —

Pour chaque place au-delà de 50 fr., jusqu'à 150, inclus. . . 5 —

Pour chaque place au-delà de 150. . . . . 2 50 —

Les droits fixés par le présent article sont exigibles par mois et d'avance. Ils sont toujours dus pour un mois entier, à quelque époque que commence ou cesse le service.

Art. 2. Sont exceptées des dispositions de l'article 112 de la loi du 25 mars 1817 et considérées comme partout d'occasion ou à volonté les voitures qui, dans leur service habituel d'un point fixe à un autre, ne sortent pas d'une même ville ou d'un rayon de 40 kilomètres de ses limites, pourvu qu'il n'y ait pas continuité immédiate de service pour un point plus éloigné, même après changement de voiture.

Art. 3. Le tarif des droits sur les prix de transport auxquels sont assujettis les entrepreneurs de voitures publiques de terre et d'eau en service régulier, autres que les compagnies de chemins de fer, est établi ainsi qu'il suit, décimes compris :

Vingt-deux francs cinquante centimes pour cent de recettes nettes lorsque les prix de transport sont de cinquante centimes.

Douze francs pour cent des recettes nettes, lorsque ces prix sont inférieurs à cinquante centimes.

Les recettes nettes servant de base au calcul de l'impôt sont obtenues en déduisant des prix demandés au public le montant des impôts spécifiés ci-dessus.

Art. 4. En ce qui concerne les chemins de fer, les mesures d'exécution, les bases d'abonnement et de réduction que comporte l'application de l'art. 12 de la loi du 16 septembre 1871, sont déterminées par un règlement d'administration publique.

Sont maintenues toutes les dispositions des lois en vigueur qui ne sont pas contraires à celles de la présente loi.

Titre II. — Principes généraux applicables à toutes les contraventions. à la police du roulage.

606. — *Procès-verbaux, agents et fonctionnaires chargés de constater les contraventions.* Ces agents et fonctionnaires sont énumérés·à l'article 15 de la loi du 30 mai 1851.

Les procès-verbaux des agents doivent être affirmés comme il est dit à l'article 18, même loi, à l'exception de ceux des gendarmes dispensés de cette formalité par la loi du 17 juillet 1856.

Ces procès-verbaux doivent être enregistrés. Art. 19, L. 30 mai 1851.

Ils font foi jusqu'à preuve contraire ce qui veut dire que si le prévenu conteste les faits énoncés au procès-verbal, il est obligé de produire des témoignages contraires. (Art. 15 L. du 30 mai 1851.)

Aux termes de la jurisprudence.

La répression des contraventions à la police du roulage n'est pas subordonnée à la validité des procès-verbaux qui les ont constatées. Lors donc que le prévenu n'a pas dénié la contravention qui lui était reprochée, il doit être condamné à la peine portée par la loi, à raison de cette contravention, encore bien que le procès-verbal qui en avait été dressé fût nul, par exemple pour défaut d'enregistrement dans le délai légal. (Cass. 15 oct. 1852. S. 53. 1. 233.)

Les procès-verbaux doivent être transmis aux préfets et aux sous-préfets comme il est dit à l'article 30 de la loi du 30 mai 1851.

Les articles 20 et 21 de la même loi prévoient les précautions à prendre lorque le délinquant est inconnu ou étranger.

L'estimation des dégats faits aux routes a lieu selon les formalités tracées par l'article 16 de la loi du 30 mai 1851.

607. — *Partie civile.* Les particuliers, lésés par une contravention à la police du roulage n'ont pas qualité pour en poursuivre la répression devant le conseil de préfecture (C. d'Et. 15 juillet 1841. —24 janvier 1872.) Ils doivent porter leur action en dommages-intérêts devant les tribunaux civils. Les conseils de préfecture ne peuvent prononcer des réparations civiles, en matière de contravention, qu'au profit de l'état des départements ou des communes.

608. — *Responsables.* Tout propriétaire de voiture est responsable des amendes, des dommages-intérêts et des frais de réparations prononcés, en vertu des articles du présent titre, contre toute personne préposée par lui à la conduite de sa voiture.

Si la voiture n'a pas été conduite par ordre et pour le compte du propriétaire, la responsabilité est encourue par celui qui a préposé le conducteur. (Art. 13. L. 30 mai 1851.)

L'article 23. § 1 et 2, ajoute : s'il s'agit d'une contravention de la compétence du conseil de préfecture, copie du procès-verbal, ainsi que de l'affirmation, quand elle est prescrite, est notifiée avec citation, par la voie administrative, au domicile du propriétaire, tel qu'il est indiqué sur la plaque, ou tel qu'il a été déclaré par le contrevenant, et, quand il y a lieu, à celui du conducteur.

Le conseil d'état a jugé :

Que le propriétaire d'une voiture, poursuivi à raison de ce que sa voiture était attelée contrairement aux règlements sur la police du roulage, ne saurait être renvoyé des poursuites sur le motif que le procès-verbal n'a pas été notifié au conducteur de la voiture, s'il n'est pas allégué par lui que la contravention provient du fait personnel de ce conducteur.(C. d'Et. 28 fév. 1867. S. 68. 2. 31.)

609. — *Cumul des peines*. Lorsqu'une même contravention ou un même délit prévu aux articles 4, 7, et 8, a été constaté à plusieurs reprises pendant le parcours d'un même relais, il n'est prononcé qu'une seule condamnation.

Sauf les exceptions mentionnées au présent article, lorsqu'il aura été dressé plusieurs procès-verbaux de contravention, il sera prononcé autant de condamnations qu'il y aura eu de contraventions constatées.

Pour les contraventions prévues aux articles 4, 7 et 8 de la loi du 30 mai 1851, il n'est prononcé qu'une amende, si elles ont fait l'objet de plusieurs procès-verbaux à plusieurs reprises pourvu qu'il ne se soit pas écoulé plus de 24 heures entre la première et la dernière constatation.

Ces contraventions sont définies, par les articles 2, § 1er, nos 1, 2, 3, 5 et 6 et § 2, nos 1, 2, 3.

Et par les articles 7 et 8, relatifs aux plaques.

Les infractions diverses en matière de police du roulage sont passibles d'autant d'amendes qu'il y a de contraventions constatées encore bien qu'un seul procès-verbal ait été dressé; l'exception écrite dans l'article 12 de la loi du 30 mai 1851, n'est établie que pour le cas où une même contravention a été plusieurs fois constatée à la charge du même individu, sans qu'il fût en son pouvoir de la faire cesser immédiatement. (Cass. 27 juillet 1854. S. 54. 1. 747.)

610. — *Récidive*. La récidive dans les contraventions prévues par l'article 5 titre 11, est punie d'une amende qui peut être portée à 15 francs- et l'emprisonnement à 5 jours.

611. — *Circonstances atténuantes*. Les dispositions de l'article 463 du code pénal, concernant les circonstances atténuantes, sont applicables dans tous les cas où les tribunaux correctionnels ou de simple police prononcent en vertu de la loi du 30 mai 1851.(Art. 14 de la dite loi.)

612. — *Prescription de la contravention et des amendes.*
L'action civile et l'action publique qui résultent d'une contravention ou d'un délit punissable par le tribunal correctionnel, en matière de police du roulage se prescrivent par trois ans révolus,comme pour les délits de droit commun. (Art 638. code Inst.crim.)

L'action publique et l'action civile résultant d'une contravention se prescrivent après une année révolue à compter du jour où la contravention a été commise, même lorsqu'il y a eu procès-verbal et poursuite si la condamnation n'est pas intervenue dans l'année, comme pour les contraventions de droit commun. (Art. 640. code Inst. crim.)

Selon qu'une contravention de voirie est successive ou instantanée, la prescription de l'action publique et de l'action civile reste en suspens ou court à partir de la contravention.

613. — *Prescriptions des peines.*Les peines portées par des arrêts ou jugements correctionnels se prescrivent par cinq années révolues. (Art 636. Code Inst. crim.)

Les peines portées pour contraventions par les tribunaux, se prescrivent après deux années révolues. (Art. 639. code Inst. crim.)

Art. 26. L.30 mai 1851. L'instance à raisons des contraventions de la compétence des conseils de préfecture est périmée par six mois, à compter de la date du dernier acte des poursuites, et l'action publique est éteinte, à moins de fausses indications sur la plaque, ou de fausses déclarations, en cas d'absence de la plaque.

Dans ces derniers cas la prescription de l'action publique est celle d'un an fixée par l'article 640, code d'Inst. crim. pour les contraventions en général. (C. d'Et. 28 juillet 1849. 8 déc. 1857.)

614. — *Prescriptions des amendes.* Art. 27. Les amendes prononcées par les conseils de préfecture se prescrivent par une année, à compter de la date de l'arrêté du conseil de préfecture, ou à compter de la décision du conseil d'état, si le pourvoi a eu lieu.

En cas de fausses indications sur la plaque, où de fausses

déclarations de noms ou de domicile, la prescription n'est acquise qu'après cinq années.

615. — *Recouvrements des amendes.* Comme pour les contraventions ordinaires en général les amendes sont recouvrées par l'administration des contributions directes et l'exécution des réparations civiles est poursuivie par les soins des préfets ou des maires.

616. — *Attribution des amendes.* Art. 28. Loi du 30 mai 1851.

Lorsque le procès-verbal constatant le délit ou la contravention a été dressé par l'un des agents désignés au § 1er de l'article 15, le tiers de l'amende prononcée appartient audit agent à moins qu'il ne s'agisse d'une contravention ou d'un délit prévu aux articles 10 et 11.

Les deux autres tiers sont attribués, soit au trésor public, soit au département soit aux communes intéressées, selon que la contravention ou le dommage concerne une route nationale, une route départementale ou un chemin vicinal de grande communication. Il en est de même du total des frais de réparation réglés en vertu de l'article 9, ainsi que du total de l'amende, lorsqu'il n'y a pas lieu d'appliquer les dispositions du paragraphe premier du présent article.

Titre III. — Contraventions qui relèvent du conseil de préfecture[1].

617. — *Amendes de 5 francs à 30 francs à prononcer par les conseils de préfecture.*

1o Pour toutes les voitures.

Infractions relatives :

1o A la forme et à la saillie des moyeux, 8 m. 12 cent. de saillie, y compris celle de l'essieu, tolérance de 0 m. 02 cent. pour les vieilles routes.

---

[1] Nous allons suivre le tableau dressé par Noyer dans ses tables de législation en y ajoutant les décisions postérieures de la jurisprudence et un résumé sommaire de la procédure devant *les conseils* de préfecture.

2º A la longueur et à la saillie des essieux.

2 m. 50 cent. de longueur plus 0 m. 06 cent. au-delà du moyeu. Si c'est une voiture de messageries, la largeur minimum de la voie est fixée à 1 m. 65 cent. entre le milieu des jantes de la partie des roues reposant sur le sol ; toutefois, si la voiture est à quatre roues, la voie de devant peut être réduite à 1 m. 65 cent.

Il y a des exceptions autorisées par les préfets dans les pays de montagnes.

La distance entre les deux axes des essieux, dans les voitures publiques à quatre roues, doit être égale au moins à la moitié de la largeur des caisses mesurées à la hauteur de leur ceinture, sans pouvoir néanmoins descendre au-dessous de 1 m. 55 cent.

3º A la forme des bandes des roues.

4º A la forme des clous des bandes.

5º Au nombre des chevaux de l'attelage.

Pour le transport des personnes :

3 chevaux, si la voiture est à 2 roues ;

6 » » 4 roues ;

Jamais plus de 5 chevaux de file aux voitures à 4 roues. (C. d'Et. 17 sept. 1854.)

Les ânes et les mulets comptent pour des chevaux. (C. d'Et. 29 juin 1844, déc. min. 13 juin 1844.)

En temps de neige ou de verglas toute prescription relative au nombre des chevaux est suspendue. (D. 10 août 1852, art. 6.)

Un attelage exceptionnel peut être autorisé par le préfet pour les objets indivisibles d'un poids considérable. (D. 10 août 1852. art. 4.)

L'exception autorisée pour les voitures marchant avec relais réguliers ne s'applique qu'au roulage accéléré marchant par relais et non au roulage ordinaire s'arrêtant à la dinée et à la couchée. (Lettre minis. 15 mai 1855.)

Les endroits où l'emploi des chevaux de renfort est autorisé sont fixés par des arrêtés préfectoraux.

6º A la circulation pendant les jours de dégel.

Les arrêtés pris pour fixer le nombre exceptionnel des chevaux de l'attelage doivent être approuvés par le ministre. Le peu de chargement n'entre pas en considération. (C. d'Ét. 24 août 1858.)

La suspension de la circulation de certaines voitures de roulage sur une grande route, ordonnée par un préfet, en vertu des pouvoirs qui lui sont conférés par la loi pour la conservation de ces voies publiques, ne peut donner lieu à un recours en indemnité de la part des entrepreneurs de roulage, à l'industrie desquels une telle mesure porte préjudice. (C. d'Ét. 14 juillet 1859. S. 61. 2. 239.)

7° A la protection des ponts suspendus.

S'il s'agissait de la protection des ponts fixes, la loi sur le roulage ne serait pas applicable et la contravention serait réprimée par le juge de simple police par application de l'article 471 du code pénal, avis du ministre de l'agriculture, (6 septembre 1853. dec. min. agri. 14 janvier 1860.)

618. — *Mêmes amendes de 5 à 30 francs pour les voitures ne servant pas au transport des personnes.*

Infractions relatives :

1° A la largeur du chargement des voitures.

2ᵐ. 50 cent. de largeur s'il n'y a pas autorisation exceptionnelle du préfet pour les objets indivisibles d'un grand volume. (D. 10 août 1852. art. 11.)

Le préfet ne pourrait accorder des autorisations pour le transport de bourrées dont la longueur excéderait la largeur réglementaire du chargement. (D. m. 4 août 1864.)

Sont affranchies de toute prescription de largeur les voitures de l'agriculture servant au transport des récoltes de la fermes aux champs et des champs à la ferme ou au marché. (Loi de 1851 art. 2 § 2 et décret du 10 août 1852. art. 11.)

2° A la largeur des colliers.

0ᵐ. 90 cent. de largeur entre les points les plus saillants des pattes des attelles.

3° Au mode d'enrayage.

Jugé implicitement que la contravention de cette nature causée sur un chemin de grande communication peut être réprimée par le conseil de préfecture, si le chemin est livré à la circulation. (C. d'Ét. 23 décembre 1853.)

619. — *Amende de 3 à 50 francs, paiement des dommages constatés. art. 9, L. de 1851.*

Dommages causés, par la négligence ou l'imprudence des voituriers, aux routes ou à leurs dépendances.

La dégradation causée aux routes par des charrues non pourvues de roues ou rouleaux, contrairement aux règlements préfectoraux, doit-elle être réprimée par application de la loi sur le roulage, ou bien comme en matière de grande voirie? dans le sens de l'application de la loi du roulage, voyez avis du ministre de l'agriculture du 19 mars 1855.

Une exception est quelquefois autorisée dans les côtes, arrêté du maire de Bourges, 19 août 1864. Les articles 9 et 17 de la loi du 30 mai 1851 qui attribuent aux conseils de pré-préfecture la connaissance des dommages quelconques que les voitures peuvent causer aux routes ou à leurs dépendances, sont inapplicables au cas de dégradations occasionnées par une voiture à un chemin vicinal encore en construction et qui n'a pas été livré à la circulation. C. d'Ét. 28 décembre 1853. S. 54. 2. 410.)

620. — *Circulation des locomotives.* Amendes ci-dessus pour les cas analogues par application de la même loi et le règlement du ministre de l'agriculture du 20 avril 1866.

621. — *Constatation des contraventions.* Les contraventions qui relèvent des conseils de préfecture (art. 4. T. II. L. 30 mai 1851,) ne peuvent, en ce qui concerne les voitures publiques allant au trot, être constatées qu'au lieu de départ, d'arrivée, de relais et de stations desdites voitures, ou aux barrières d'octroi, sauf toutefois celles qui concernent le nombre des voyageurs, le mode de conduite des voitures, la police des conducteurs, cochers ou postillons, et les modes d'enrayage.

622. — *Procédure.* Voici comment s'exprime, sur ce point, l'article 30 de la circulaire ministérielle jointe au règlement de 1852.

La procédure à suivre devant les conseils de préfecture à été nettement définie par le titre III de la loi du 30 mai.

Plusieurs points demeurés jusqu'à présent indécis, ou réglés seulement par la jurisprudence, ont été fixés par la loi même.

J'appelle particulièrement votre attention sur les délais déterminés par les articles 23. 24. 25. 26. La plupart de ces délais doivent être observés, sous peine de déchéance. Il

importe, dès lors, qu'ils ne soient pas dépassés. Vous veillerez
surtout à ce que la notification des procès-verbaux aux contrevenants (art. 23) soit faite en temps utile, et aussi lorsqu'il
y aura lieu de se pourvoir contre l'arrêté du conseil de préfecture (art. 25) à ce que les pièces de l'affaire parviennent à
l'administration centrale assez tôt pour que le recours puisse
être formé dans les trois mois de la date de l'arrêté.

623. — *Assignation*. Le procès-verbal est adressé dans les
deux jours au sous-préfet, qui le transmet dans les deux jours
au préfet. Une copie du procès-verbal comprenant l'affirmation est ensuite notifiée avec citation par la voie administrative
au domicile du propriétaire tel qu'il est indiqué sur la plaque,
ou tel qu'il a été déclaré par le contrevenant, et, quand il y
a lieu, à celui du conducteur ; cette notification a lieu dans
le mois de l'enregistrement, à peine de déchéance. Ce délai
est étendu à deux mois, lorsque le contrevenant n'est pas domicilié dans le département où la contravention a été consta-
tatée. Il est étendu à un an lorsque le domicile du contrevenant n'a pu être constaté au moment du procès-verbal. Si le
domicile du conducteur est resté inconnu, toute notification
est faite au domicile du propriétaire. (art. 22. 23. L. du 30
mai 1851.)

La citation ou acte de notification mentionne le délai fixé
pour produire, sur timbre, des moyens de défense devant le
conseil de préfecture. Elle doit aussi inviter le prévenu à
faire connaître s'il veut user de la faculté de présenter des
observations orales.

Le délai de la défense écrite est de 30 jours à compter de
la date de la notification.

624. — *Notification de l'arrêté, défaut*. L'arrêté du conseil
de préfecture est notifié au contrevenant, dans la forme administrative, dix jours au moins avant toute exécution. Si la
condamnation a été prononcée par défaut, la notification
faite au domicile énoncé sur la plaque est valable. L'opposition à l'arrêté rendu par défaut doit être formée dans les
quarante jours, à compter de la date de la notification. (art. 24
L. 30 mai 1851.)

625. — *Pourvoi*. Le recours en conseil d'état contre les arrêtés des conseils de préfecture peut avoir lieu par simple mémoire timbré, déposé au secrétariat général de la préfecture ou à la sous-préfecture, et sans l'intervention d'un avocat au conseil d'état. Il est donné au déposant un récépissé du mémoire. Le mémoire doit être immédiatement transmis par le préfet au secrétariat général du conseil d'état.

Le recours de l'administration doit être formé dans les trois mois de la date de l'arrêté.

Celui des particuliers doit être formé dans les trois mois de la notification de l'arrêté, si l'arrêté est contradictoire.

Ou dans les trois mois de la mise à exécution, si l'arrêté est rendu par défaut.

L'intervention d'un avocat au conseil d'état ne rend pas recevables les conclusions à fin de dépens.

Titre IV. — Contraventions qui relèvent de la police correctionnelle.

626. — *Titre II. Loi du 30 mai 1851.* Toute contravention aux règlements rendus en vertu du troisième paragraphe de l'article 2 est punie d'une amende de 16 francs à 200 francs, et d'un emprisonnement de 6 à 10 jours.

Le paragraphe 3 de l'article 2 est ainsi conçu :

Des règlements d'administration publique déterminent :

Pour les voitures de messageries :

1° Les conditions relatives à la solidité et à la stabilité des voitures, (articles 17, 18, 19, 20, 21, 22, 26, du règlement du 10 août 1852.)

2° Le mode de chargement, de conduite et d'enrayage des voitures art. 27, 28, du règlement.

3° Le nombre des voyageurs qu'elles peuvent porter. art. 23, 24, 25, du règlement.

Le conducteur de voitures publiques qui transporte un nombre de voyageurs supérieur à celui que la voiture doit contenir, commet deux contraventions : l'une fiscale, l'autre de police, et les peines afférentes à ces deux contraventions doivent être cumulées. (C. d'Et. 18 décembre 1876.)

4° La police des relais, art. 36, 37, du règlement.

5° Les autres mesures de police à observer par les conducteurs, cochers ou postillons, notamment pour éviter ou dépasser d'autres voitures, articles 29, 30, 42, 31, 39, 40, 41, 32, 33, 34, 35, 38, du règlement art. 8. titre II. Tout propriétaire ou conducteur de voiture qui aura fait usage d'une plaque portant un nom ou domicile faux ou supposé sera puni d'une amende de 50 à 200 francs, et d'un emprisonnement de six jours au moins et de six mois au plus.

La même peine sera applicable à celui qui, conduisant une voiture dépourvue de plaque; aura déclaré un nom ou domicile autre que le sien ou que celui du propriétaire pour le compte duquel la voiture est conduite.

Art. 10. Sera puni d'une amende de 16 à 100 francs, indépendamment de celle qu'il pourrait avoir encourue pour toute autre cause, tout voiturier ou conducteur, qui sommé de s'arrêter par l'un des fonctionnaires ou agents chargés de constater les contraventions, refuserait d'obtempérer à cette sommation et de se soumettre aux vérifications prescrites.

Art. 11. Les dispositions du livre II, titre 1er, chap. III, section 4, paragraphe 2 du code pénal, sont applicables en cas d'outrages ou de violences envers les fonctionnaires ou agents chargés de constater les délits et contraventions prévus par la présente loi.

Art. 12. Lorsqu'une même contravention ou un même délit prévu aux articles... 8, a été constaté à plusieurs reprises pendant le parcours d'un même relais, il n'est prononcé qu'une seule condamnation.

Sauf les exceptions mentionnées au présent article, lorsqu'il aura été dressé plusieurs procès-verbaux de contravention, il sera prononcé autant de condamnations qu'il y aura eu de contraventions constatées.

Art. 13. Tout propriétaire de voiture est responsable des amendes, des dommages-intérêts et des frais de réparation prononcés, en vertu du présent titre, contre toute personne préposée par lui à la conduite de sa voiture.

Si la voiture n'a pas été conduite par ordre et pour le compte du propriétaire, la responsabilité est encourue par celui qui a préposé le conducteur.

Art. 14. Les dispositions de l'art. 463. cod. pén. sont applicables dans tous les cas où les tribunaux correctionnels ou de simple police prononcent en vertu de la présente loi.

Titre V. — Contraventions de simple police.

627. — *Titre II, L.* 30 *mai* 1851. Art. 5. Toute contravention aux règlements rendus en exécution des dispositions des n°ˢ 4 et 5 du deuxième paragraphe de l'article 2 et punie d'une amende de 6 à 10 francs, et d'un emprisonnement de 2 à 3 jours. En cas de récidive, l'amende pourra être portée à 15 francs et l'emprisonnement à 5 jours.

628. — *Plaque*. Art. 7. Tout propriétaire d'une voiture circulant sur des voies publiques sans qu'elle soit munie de la plaque prescrite par l'article 3 et par les règlements rendus en exécution du n° 4 du premier paragraphe de l'article 2, sera punie d'une amende de 6 à 15 francs et le conducteur d'une amende de 1 à 5 francs.

Lorsqu'une voiture trouvée circulant sur la voie publique, sans être munie d'une plaque, était conduite par le propriétaire lui-même, il n'y a lieu de le condamner qu'à une seule amende ; en ce cas, n'est pas applicable l'article 7 de la loi du 30 mai 1851, qui prononce deux amendes distinctes contre le propriétaire de la voiture et contre le conducteur.(Cass. 6 janv. 1854. S. 54. 1. 350.)

Contraventions multiples. Art. 12. Lorsqu'une même contravention ou un même délit prévu aux articles 7... a été constatée à plusieurs reprises pendant le parcours d'un même relais, il n'est prononcé qu'une seule condamnation.

Sauf les exceptions mentionnées au présent article, lorsqu'il aura été dressé plusieurs procès-verbaux de contravention, il sera prononcé autant de condamnations qu'il y aura eu de contraventions constatés.

Circonstances atténuantes. Art. 14. Les dispositions de l'art. 463 du code pénal sont applicables dans tous les cas où les tribunaux correctionnels ou de simple police prononcent en vertu de la présente loi.

Article 2. § 2. Des règlements d'administration publique déterminant :

629. — *Convoi*. n° 4. Le nombre des voitures qui peuvent être réunies en un même convoi, l'intervalle qui doit rester libre d'un convoi à un autre, et le nombre de conducteurs exigé pour la conduite de chaque convoi ;

630. — *Mesure de police. Stationnement dépassé.* n° 5. Les autres mesures de police à observer par les conducteurs, notamment en ce qui concerne le stationnement sur les routes, et les règles à suivre pour éviter ou dépasser d'autres voitures.

631. — *Règlement d'administration publique du 10 août 1852. Art. 9.*

Tout roulier ou conducteur de voiture doit se ranger à sa droite à l'approche de toute autre voiture, de manière à lui laisser libre au moins la moitié de la chaussée.

Art. 10. Il est interdit de laisser stationner sans nécessité sur la voie publique aucune voiture, attelée ou non attelée.

Art. 13. Lorsque plusieurs voitures marchent à la suite les unes des autres, elles doivent être distibuées en convois de quatre voitures ou plus, si elles sont à quatre roues et attelées d'un seul cheval ; de trois voitures au plus, si elles sont à deux roues et attelées d'un seul cheval, et de deux voitures au plus, si l'une d'elles est attelée de plus d'un cheval.

L'intervalle d'un convoi à l'autre ne peut être moindre de 50 mètres.

Art. 14. Tout voiturier ou conducteur doit se tenir à

portée de ses chevaux ou bêtes de.trait, et en position
de les guider.

Il est interdit de faire conduire par un seul conducteur
plus de quatre voitures à un cheval, si elles sont à quatre roues, et plus de trois voitures à un cheval, si elles
sont à deux roues.

Chaque voiture attelée de plus d'un cheval doit avoir
un conducteur. Toutefois une voiture dont le cheval est
attaché derrière une voiture attelée de quatre chevaux
au plus n'a pas besoin d'un conducteur particulier.

Les règlements de police municipale détermineront,
en ce qui concerne la traverse des villes, bourgs et villages, les restrictions qui peuvent être apportées aux
dispositions du présent article et de celui qui précède.

Art. 15. Aucune voiture marchant isolément ou en
tête d'un convoi ne pourra circuler pendant la nuit
sans être pourvue d'un falot ou d'une lanterne allumée.

Cette disposition pourra être appliquée aux voitures
d'agriculture par des arrêtés des préfets ou des maires.

Art. 16. Tout propriétaire de voiture ne servant pas
au transport des personnes est tenu de faire placer, en
avant des roues et au côté gauche de sa voiture, une
plaque métallique portant, en caractères apparents et
lisibles, ayant au moins cinq millimètres de hauteur,
ses nom, prénoms et profession, le nom de la commune,
du canton et du département de son domicile.

Sont exceptés de cette disposition, conformément à la
loi du 30 mai 1851 :

1° Les voitures particulières destinées au transport
des personnes, mais étrangères à un service public de
messageries ;

2° Les malles-postes et autres voitures appartenant à
l'admisnistration des postes ;

3° Les voitures d'artillerie, chariots et fourgons appartenant aux départements de la guerre et de la marine.

Des décrets du président de la république déterminent les marques distinctives que doivent porter les voitures désignées aux paragraphes 2 et 3 et les titres dont leurs conducteurs doivent être munis.

4° Les voitures employées à la culture des terres, au transport des récoltes, à l'exploitation des fermes, qui se rendent à la ferme aux champs ou des champs à la ferme, ou qui servent au transport des objets récoltés du lieu où ils ont été recueillis jusqu'à celui où, pour les conserver ou les manipuler, le cultivateur les dépose ou les rassemble.

632. — *Pénalités. Art.* 475, *code pénal.* Seront punis d'amende depuis six francs jusqu'à dix francs inclusivement :

§ 3. Les rouliers, charretiers, conducteurs de voitures quelconques ou de bête de charge, qui auraient contrevenu aux règlements par lesquels ils sont obligés de se tenir constamment à portée de leurs chevaux, bêtes de trait ou de charge et de leurs voitures, et en état de les guider ou conduire : d'occuper un seul côté des rues, chemins ou voies publiques ; de se détourner ou ranger devant toutes autres voitures, et, à leur approche, de leur laisser libre au moins la moitié de nos chaussées, routes et chemins.

4° Ceux qui auront fait ou laissé courir les chevaux, bêtes de trait, de charge ou de monture, dans l'intérieur d'un lieu habité, ou violé les règlements contre le chargement, la rapidité ou la mauvaise direction des voitures ;

Ceux qui contreviendront aux dispositions des ordonnances et règlements ayant pour objet :

La solidité des voitures publiques ;

Leur poids ;

Le mode de leur chargement ;

Le nombre et la sûreté des voyageurs ;

L'indication, dans l'intérieur des voitures, des places qu'elles contiennent et du prix des places ;

L'indication à l'extérieur du nom du propriétaire.

Le § 4 de l'article 475 a été modifié par la loi du 31 mai 1851.

683. — *Routes et chemins vicinaux de grande communication*. Les dispositions de cette loi et du décret du 10 août 1852, sur la police du roulage, sont expressément limitées à la circulation des voitures sur les routes nationales, départementales et chemins vicinaux de grande communication. L'art. 475 n° 4 reste applicable aux voitures circulant dans l'intérieur d'une ville et dans les rues qui ne sont pas le prolongement d'une de ces grandes voies de communication, ou sur les chemins autres que ceux désignés par la loi précitée (Cass. 16 juillet 1857.)

Titre VI. — Pouvoirs réglementaires du chef de l'état des préfets et des maires.

684. — La loi du 30 mai 1851 doit trouver son complément pour la définition des contraventions dans les règlements d'utilité publique, dans les arrêtés préfectoraux et même les arrêtés municipaux.

On peut voir notamment, en ce qui concerne les préfets les articles 5, 7, 8, 15, 27 du règlement de 1852.

Et en ce qui concerne les maires les articles 14, 15, 34, 37, du même règlement.

Voici des décisons de jurisprudence, qui déclarent les attributions des préfets et des maires en cette matière.

JURISPRUDENCE

La Jurisprudence juge :

Que la loi du 31 mai 1851 et le décret du 10 août 1852 ne réglementent que la police des routes nationales, des routes départementales et des chemins vicinaux de grande communication. Le § 3 continue donc à régir les contraventions commises sur les autres voies publiques. (Cass. 28 avril 1859 ; 23 janvier 1875).

Mais la loi et le décret précités ne réglementent que les voitures ; il en résulte que le code pénal a conservé toute son autorité pour les infractions provenant de la mauvaise direction ou de l'abandon des bêtes de charge, non attelées, sur quelque route ou chemin que l'infraction ait lieu. (Cass. 1er juin 1855).

Les dispositions de l'article 475 § 3, doivent recevoir leur application, indépendamment de tout règlement de police à ce sujet ; (Cass. 22. nov. 1856.)

Ainsi le voiturier monté sur l'un des chevaux de l'attelage de sa voiture contrevient à l'art. 475 § 3. cod. pén. qui veut que les voituriers soient à portée de conduire leurs chevaux. (Cass. 5 sep. 1854. Sirey. 54. 1. 736. 6 mai 1856. S. 56. 1. 636.)

635. — Jugé que l'autorité municipale est sans pouvoir pour réglementer le service des voitures publiques sur les routes impériales ou départementales et sur les chemins vicinaux de grande communication, si ce n'est dans les parties de ces routes ou chemins traversant les villes, bourgs et villages. (Cass. 15 fév. 1856. S. 56. 1. 632.)

La cour de cassation dit :

Vu l'article 3 § 1er titre 11 de la loi des 16-24 août 1790 qui po.te :

Les objets de police confiés à la vigilance et à l'autorité des corps municipaux sont :

1o Tout ce qui intéresse la sûreté et la commodité du passage dans les rues, quais, places et voies publiques.

Attendu qu'il est de règle que, par ces expressions, voies publiques, rapprochées des expressions rues, quais et places, et interprétées par la nature même des attributions qui sont de l'essence du pouvoir municipal, la loi des 16-24 août 1790 n'a entendu parler que des voies publiques purement communales, et nullement des routes impériales, des routes départementales et des chemins vicinaux de grande communication, qui appartiennent tous trois à la grande voirie :

Attendu que, s'il est également de règle, règle consacrée à nouveau par les articles 14 et 34 du décret organique du 10 août 1852, sur la police du roulage que les maires peuvent, pour tout ce qui rentre dans leurs attributions, réglementer ces grandes voies de communication, en ce qui concerne la traversée des villes, bourgs et villages, il ne saurait en être ainsi en dehors de cette exception, et alors qu'il ne s'agit pas de telles traversées.

Il est de règle que lorsque le pouvoir judiciaire constate qu'un arrêté en matière de police a été pris en dehors des attributions du fonctionnaire, il n'applique pas cet arrêté.

L'arrêté municipal qui prescrit aux entrepreneurs de voitures omnibus d'attacher au service de ces voitures des conducteurs, indépendamment des cochers, est légal et obligatoire, comme pris dans l'intérêt de la sûreté et de la commodité de la circulation. (Cass. 7 juin 1860. S. 60. 1. 394.)

Est pareillement légal et obligatoire, l'arrêté municipal qui défend à tous entrepreneurs de voitures de transport en commun, autres que ceux autorisés à cet effet, de s'arrêter sur quelque partie que ce soit de la voie publique pour y prendre ou décharger des voyageurs. (Cass. 24 fév. 1858. S. 58. 1. 408.)

Toutefois un tel arrêté n'est légal qu'en ce qui touche le service des voitures sur les voies publiques purement communales ; il est sans effet, quant au service sur les routes impériales, départementales et chemins vicinaux de grande communication. L'autorité municipale et même les préfets, sont sans pouvoir à ce sujet, la loi du 30 mai 1851 et le décret du 10 août 1852, ayant réglementé la police de circulation sur ces voies publiques. (Cass. 28 juin 1856. S. 56. 1. 609. Cass. 4 janvier 1862. S. 62. 1. 556.)

Le pouvoir réglementaire des maires pour les objets placés par la loi dans leurs attributions, ne peut s'exercer qu'à défaut de règlement d'administration publique, ou qu'autant que

s'il existe un tel règlement, le droit de modifier ses dispositions, de les restreindre ou d'y ajouter a été formellement
réservé à l'autorité municipale.

Ainsi, est sans effet obligatoire l'arrêté municipal qui, pour
les voitures circulant dans les rnes formant prolongement de
routes impériales ou départementales ou de chemins vicinaux
de grande communication, a élevé jusqu'à 18 ans, l'âge d'admis-
sibilité des cochers, fixé à seize ans seulement par l'article 38
du décret du 10 août 1852 : aucune disposition soit de ce décret, soit de la loi du 30 mai 1851 pour l'exécution de laquelle
il a été édicté, ne réservant à l'autorité municipale un droit
de réglementation à cet égard. Cass. 4 janv. 1862. S. 62. 1.
556.)

La sanction des arrêtés préfectoraux ou municipaux, en
matière de voirie est dans l'article 471. Code pénal, à moins
que la loi n'en ait explicitement édictée une autre.

L'infraction à un arrêté préfectoral pris en vertu du décret
du 24 fév. 1858, qui autorise les préfets à appliquer, par des
arrêtés spéciaux, aux voitures particulières servant au transport des personnes, l'obligation de l'éclairage pendant la nuit,
imposée aux voitures par l'article 15 du décret du 10 août
1852, est passible non des peines de l'article 5 de la loi du
30 mai 1851, mais seulement de celles de l'article 471 n° 15.
Cod. pén. (Cass. 18 mars 1859. S. 59. 1. 543. Cass. 14 mai
1859. S. 59. 1. 769).

FIN

TABLE DES CHAPITRES

a

TABLE ALPHABÉTIQUE

CHEMINS VICINAUX

A

D

E

F

I

L

O

P

CODE DES ROUTES DÉPARTEMENTALES

A

D

H

L

T

Travaux sur ou sous les routes, 571.

POLICE DU ROULAGE

FIN DE LA TABLE

Imprimerie de DESTENAY. Saint-Amand (Cher.)

9 782013 557702